초기 이스라엘
이해의 새로운 지평

저자: 로버트 쿠트(Robert B. Coote)
역자: 정 희 원

Early Israel: A New Horizon by Robert B. Coote
Fortress Press
1990

목차

역자 머리말

로버트 쿠트의 저서 <초기 이스라엘 이해의 새로운 지평>은 이스라엘의 기원에 대한 끝없는 논쟁에 날카로운 비판과 통찰력을 제시하고 있을 뿐만 아니라, 새롭게 제기된 다양한 견해들에 한층 놀라운 시각을 더하고 있다. 그는 본서에서 놀라운 상상력과 창조성을 발휘하며 정치적 관점에 바탕을 둔 그의 역사 이해를 통해 최근 제기되고 있는 초기 이스라엘 역사의 재구성과 관련된 논의들을 평가하고 이해의 폭을 확대 발전시킨다.

이스라엘 기원을 재구성하면서 사용한 쿠트의 정치사회학적 방법론은 고고학적 발견들과 고대 문서자료 사이의 간극을 역사적인 관점에서 통섭하려는 것이다. 그의 이러한 방법론은 먼저 성서를 포함한 모든 고대 문서들이 실제적 역사의 자료가 아닌 이데올로기적 혹은 신학적 *히스토리오그라피*(historiography)로서 이스라엘은 물론 인근 관련 국가들이 자국의 정치, 사회, 종교적 이념을 바탕으로 자의적으로 역사적 사실을 해석하고 그 해석된 것에 재해석하여 진술한 것이라는 전제에서 시작한다. 구체적으로, 쿠트는 초기 이스라엘의 역사를 재구성하기위한 문헌 자료로서 성서의 역사성(historicity)에 의문을 제기하고, 초기 이스라엘에 대한 성서의 기록들이 다윗 왕실에 의해 작성된 것이며, 그 내용들은 당 시대의 역사적 현실들을 바탕으로 초기의 세계관을 이해하고 과거의 사건들을 재해석한 것임을 전제하고 역사를 재구성하고 있다.

이러한 쿠트의 이해는 윌리엄 올브라이트(William F. Albright)와 그의 후학들 - 브라이트(John Bright), 라이트(G. Ernst Wright), 볼링(Robert G. Boling) 등으로 대표되는 소위 '올브라이트 학파'(Albright School)가 초기 이스라엘의 역사를 기술하면서 히브리 성서(구약성서)의 역사성과 역사적 사료로서의 가치를 전적으로 인정하고 고고학이 성서의 역사성을 입증하고 있다는 견해와는 정반대의 대척점에 위치하고 있다. 쿠트가 역사를 재구성하면서 제기하는 성서의 역사성의 문제는 현대 성서고고학계에서 벌어지는 논쟁들 가운데 중심이자 가장 근본적인 문제이기도 하다.

실제, 1970년대 이후 성서 고고학계는 '과연 성서가 과거 사건들의 실제적 진실을 담지하고 있으며 사료적 가치가 있는가?'라는 문제를 두고 논쟁을 벌여왔다. 이러한 논쟁은 20세기 중반 성서학계에서 다시금 새롭게 조명되기 시작한 문학비평과 역사 비평학의 상대적인 퇴조와 더불어 성서해석과 고고학에 사회과학적 접근방법들의 적용, 고고학 발굴 자료를 분석하는 신기술과 장비의 개발 등을 통해 심화되었다. 80년대 이후 성서의 역사성에 관한 대표적인 세 가지의 관점들이 제기되고 있는데, 먼저 올브라이트 학파를 위시하여 소위 "맥시멀리스트"(maximalist)[1]라 불리는 학자들 - 소긴(Alberto J. Soggin)과 보다 최근의 학자들 중 데버(William G. Dever) 등은 성서의 사료적 가치를 인정하고 이스라엘 역사를 재구성하는데 성서가 일차적 자료로 사용될 수 있다고 주장하였다.[2] 두 번째로 밀러(J. Maxwell Miller), 헤이스 (John H. Hayes), 호얼트(Alfred J. Hoerth)로 대표되는 일부 학자들은 성서의 역사성에 대해 수정주의적 견해를 제시하였다. 이들은 다윗과 솔로몬 시대 이전에 대한 성서기록들은 최소한의 역사적 사실만을 담지하고 있어 이스라엘의 기원과 초기 이스라엘의 실체를 설명하기에는 너무나 불충분 하다는 견해를 제시하였다.[3] 그럼에도 불구하고 이들은 성서를 이스라엘 역사 기술에 기초자료로 사용해야만 한다는 견해를 유지하였다. 따라서 소위 '수정주의자'(revisionist)들로 불릴 수 있는 이들 학자들은 역사 기술에 있어서 성서 본문에 대한 조건적 취사선택의 정도에 차이가 있을 뿐 성서가 이스라엘 역사를 재구성하는 근본적인 자료라는 시각에는 소위 "맥시멀리스트" 학자들과 큰 차이가 없다. 마지막으로 톰슨(Thomas L. Thomson)과 렘키(Neils P. Lemche)로 대표되는 '코펜하겐 학파'(Copenhagen School)를 위시해 프릭(Frank S. Frick), 휘틀럼(Keith W. Whitelam), 알스트롬(Gösta W. Ahlström), 데이비스(Philip R. Davies), 그리고 본서의 저자인 쿠트(Robert B. Coote) 등 소위 "미니멀리스트"(minimalist)라 불리는 학자들은 성서의 기록이 초기 이스라엘의 실제적 역사를 기록한 것이 아니라 다윗 왕실 혹은 바벨론 포로 후기 이스라엘 사회의 신학적 진술이라고 주장하며 초기 이스라엘의 역사를 재구성하는데 성서가 역사적 사료로 사용될 수 없음을 주장하였다.[4] 성서의 역사성에 수정주의적 견해를 피력한 학자들이 '과연 어디까지 성서가 역사적 사실을 증언하고 있는가?'라는 질문을 제기했다면, 이들 학자들은 '과연 성서가 역사적 사실을 증언하고 있는가?'라는 근본적인 질문을 제기하며 초기 이스라엘의 역사를 새로운 방법론을 통해 기술하려고 시도하였다.

쿠트는 이와 같이 성서의 역사성에 대한 이해를 전제로 본서에서 초기 이스라엘 기원과 실체를 파악하기 위해 고고학적 유물과 유적들에 대한 사회과학적 해석, 기존의 문헌자료와 고고학적 연구결과에 대한 재해석, 고대 세계의 일반적인 정치사회적 현상들에 주목한다. 기존의 성서 고고학이 성서의 진술을 입증하는데 사용된 도구였다면, 쿠트는 이러한 시도를 배제한 소위 "신고고학"(new archaeology)을 통해 발굴되고 해석된 자료를 바탕으로 역사 기술을 시도하였다. 즉 유물과 유적을 지리, 문화, 환경적 상황에서 해석하고 이를 통해 밝혀진 정착지의 형태와 양식, 환경, 경제와 기술의 변화와 발전, 인구 통계를 기초로 밝혀진 초기 이스라엘의 사회·경제적 실체와 고대 문헌 자료들에 대한 재평가와 해석을 통해 추측 가능한 당시 팔레스틴의 정치·사회적 정황과의 종합을 시도하였다.

이러한 시도에서 보이는 쿠트의 놀라운 통찰력은 고대 자료에 대한 새로운 해석에서 잘 드러나 있다. 그는 메르넵타 *스텔라*(stela)를 정치적 비평물로 간주한다. 그에 따르면, 메르넵타의 서기관은 "이스라엘"을 무시할 수 없는 힘을 보유한 일단의 군사세력으로 이해했다는 것이다. 따라서 당시 "이스라엘"은 무엇보다 정치적 개념으로, 이 용어가 암시하고 있는 단일성과 공동체성은 정치적 투영이었다는 것이다. 이러한 정치적 투영 이면의 복잡한 혈연, 인종, 문화, 혹은 언어적 실체는 여전히 분명하지 않다. 따라서 "이스라엘"이라는 개념의 중요성과 불확실한 실체를 파악하기 위해 쿠트는 팔레스틴의 지정학적 이해에 주목한다. 팔레스틴의 역사는 외부 세력들이 지역의 대리인들을 통해 직간접적으로 통제해온 국제 정치의 틀에서 통상적으로 이해되었고 이들 지역의 세력들에 대한 중대한 평가가 요구되었다고 그는 주장한다. 따라서 메르넵타가 특별히 "이스라엘"을 주목한 이유는 당시 이집트가 세력을 확장하며 불가피하게 대결할 수밖에 없었던 힛타이트 제국과의 직접적인 충돌을 방지할 수 있는 방안으로 팔레스틴 완충지대에서 그들의 역할의 중요성에 주목했기 때문이었다는 것이다. 이스라엘의 지정학적 위치를 고려한 쿠트의 메르넵타 *스텔라*에 대한 정치적 해석은 당시 이스라엘 부족들이 이집트를 대신하는 방어세력의 역할을 수행했을 뿐만 아니라, 부족의 수장들과 제국의 지방 영주들이 제국들의 지배체제를 벗어나려는 공동의 관심사를 가지게 되거나 지배 세력이 약화될 경우 동맹 체제를 구축하고 주변 열강의 지배 체제를 모방하여 팔레스틴을 관장하는 대체 세력으로 부상했음을 이해할 수 있다. 따라서 성서 외에 초기 이스라엘을 유일하게 언급하고 있는 메르넵타 *스텔라*는 이집트 제국과 이스라엘 부족의 이러한 역동적 관계성을 반영하고 있다는 것이다. 이러한 해석은 논란의 여지가 있기는 하지만, 쿠트가 메르넵타 *스텔라*의 표면적 가치에 함의적인 해석을 제공하고 이러한 해석을 팔레스틴의 역사와 성공적으로 조화시킨 것은 초기 이스라엘의 실체를 새롭게 이해하도록 한 그의 뛰어난 상상력과 통찰력이라 할 수 있다.

또한 수많은 이스라엘 부족 지도자들의 이름들이 이집트에 기원을 두고 있는 사실에서 알 수 있듯이, 이스라엘이 이집트와 밀접한 동맹관계 속에서 기원했을 수 있다는 놀라운 사실은 13세기 말 메르넵타의 행정구역에서 이스라엘이 팔레스틴 북부 저지대에 위치했다는 쿠트의 판단과 일치함을 발견할 수 있다. 이러한 쿠트의 주장은 이스라엘 기원과 관련한 최근의 연구들과 상당한 차이가 있으며, 이스라엘 기원에 대해 새롭고 신선한 시각을 제공하고 있다. 그에 의하면, 저지대에서 고원지대로의 이스라엘의 정착은 변화된 정치적 환경에 대한 반응으로, 필리스틴 세력에 대한 이집트의 대응의 일환이자 저지대에서 세력을 확대한 필리스틴의 압력의 결과였다고 주장한다. 이러한 이스라엘의 지정학적 기원에 대한 재평가는 오늘날 많은 지지를 받지 못하고 있는 알브레히트 알트(Albrecht Alt)와 마틴 노트(Martin Noth)가 주장한 이스라엘의 팔레스틴 침공 가설과 이스라엘이 유목 난민들이었다는 핑켈스타인(Israel Finkelstein)의 애매한 가설에 대한 대안적 모색이라 할 수 있다. 하지만 쿠트의 주장처럼 변화된 정치 지형이 팔레스틴 변경지역의 변화를 초래하였고, 그 결과 부족별로 촌락들의 조직적 확산이 허용되었음이 분명하다 하더라도, 부족 이스라엘이 북부 저지대에서 기원했다는 그의 주장은 더 많은 설명이 요구된다.

결론적으로, 쿠트는 사회정치적 관점을 바탕으로 초기 이스라엘이 고대 팔레스틴 사회의 전형적인 역사적 발전단계에서 기원했다는 일종의 "규범화"와 초기 이스라엘 사회의 특성과 그 발전과정에 대한 탈신화화를 시도하고 있다. 이러한 시도는 그가 서문에서 언급하고 있는 것처럼 성서의 진술을 바탕으로 이스라엘 역사를 재구성하려한 이들과 신앙을 기초로 이스라엘 기원의 독특성과 차별성을 강조하며 초기 이스라엘에 대한 탈역사적 이해를 추구하는 이들에게는 불편한 고고학적 그리고 정치사회학적 증거들이다. 동시에 초기 이스라엘이 일반적인 우리의 인식과 역사의 불확실성을 초월한 특별한 실체로서 기원하지 않았다고 주장하며 기적적이고 불가사의한 이스라엘의 기원을 부정하는 이들에게는 새로운 이해의 폭을 더해주고 있다. 따라서 이러한 쿠트의 초기 이스라엘 역사의 "규범화"는 앞서 소개한 바와 같이 인류역사 속에서 유례를 찾아볼 수 없는 이스라엘의 기원, 평등한 사회구조, 종교적 성취의 전거는 후대 성서시대 역사가들에 의해 도출되었다는 주장으로 귀결된다. 초기 이스라엘 기원에 대한 쿠트의 통찰력과 사회과학적 시도는 분명 논란의 여지가 있으며 더 많은 연구의 과정이 동반되어야 함은 분명한 사실이다. 또한 성서 기록들의 역사성에 대한 쿠트의 평가와 초기 이스라엘의 역사를 재구성하면서 일부 사용하는 성서를 포함한 다른 고대 문헌 자료에 대한 선택적 인용과 해석으로 야기되는 신뢰성과 관련된 문제는 논란의 여지가 있다. 그럼에도 불구하고, 본서가 제기하는 솔직하고 때론 급진적인 논의에서 나타나는 쿠트의 해석학적 통찰력과 역사에 대한 사회과학적 시도는 이스라엘 역사와 성서 해석에 대한 새로운 시각과 비전을 제시하고 있음은 주지의 사실이다.

서 문

본서의 목적은 지난 10년간의 연구로 밝혀진 초기 이스라엘에 관한 이해를 개괄하는 것이다. 본서의 주안점들은 이견을 보인 연구결과 보다는 합의에 이른 결과에 기초하고 있다. 물론 논의과정에서 본인의 견해도 제시할 것이다. 일부 견해는 새로운 것들이며, 상당수는 논쟁의 여지가 있는 것들이다. 하지만, 본인은 관련연구에서 중요한 쟁점들로 인정된 문제들과 그 관련 증거들, 그리고 연구가 집중되고 있는 분야에 주목하고자 한다. 본서는 모든 성서 연구자들의 핵심 주제인 초기 이스라엘에 대한 연구에 새롭게 입문한 독자들의 이해를 돕기 위해 의도되었다. 이미 뛰어난 연구 개론서들이 많이 있기에, 본서는 수십 년을 거슬러 올라가 학계에서 공론화된 논의 전체를 다루지는 않는다.

어떤 이들은 본서의 이러한 목적을 시기상조라 여길 것이다. 하지만 본 저자가 다양한 견해를 제시한 동료 학자들의 연구에 주목한 결과, 학자들 사이에 뚜렷한 견해 차이에도 불구하고 이들이 공유하고 있는 전제를 확장시키고 있다는 공통점을 발견하였다. 어떤 부분에서는 견해차로 결론에 도달하지 못한 논의에서 제기된 문제 해결의 실마리를 찾아냈다. 그러나 여전히 불확실성은 존재한다: 아마 단 두 명의 역사학자들도 모든 문제에 의견의 일치를 도출하지 못할 것이다. 답이 내려진 것들 보다 해답을 찾지 못한 질문들이 훨씬 많으며, 초기 이스라엘에 관한 문제에 있어서는 항상 그러할 것이다. 하지만 새로운 지평이 보이기 시작했다. 초기 이스라엘에 대한 최근의 연구물들은 우리를 새로운 이해의 장으로 인도하고 있다.

본서의 또 다른 목적은 초기 이스라엘을 둘러싸고 있는 신비감을 제거하는데 있다. 이스라엘의 기원이 불명확하긴 하지만 본인의 견해로는 불가사의한 것이 아니다. 유대교나 기독교 신앙과 문화에 대한 신비감을 제거하기 위한 단서를 제공하려는 것은 물론 아니다. 초기 이스라엘을 이해하기 위해서는 이상적 공동체의 개념을 단호하게 버려야 한다. 유일무이한 이스라엘이라는 개념이나 숭고한 최고의 인종, 국가, 종교, 도덕, 사회적 특성을 가진 이스라엘이라는 개념들을 논외로 하고, 대신에 이스라엘은 팔레스틴 역사에서 일반적이며 전형적인 그리고 예상가능한 실체라는 시각을 가지고 연구해야 한다. 이러한 관점은 그 어떤 특정 이론보다도 초기 이스라엘에 대한 이해전환에 필수적인 것이며, 또한 이러한 관점이야말로 보기와는 달리 성서에 관심을 가진 모든 이들에게 초기 이스라엘이라는 주제를 더욱 중요하고 흥미롭게 하는 것이다.

본 저자는 최근 키스 휘틀람(Keith Whitelam)과 함께 초기 이스라엘에 관해 보다 전문적인 내용을 담고 있는 <역사적 관점에서 초기 이스라엘의 출현> (*The Emergence of Early Israel in Historical Perspective*)을 공동 집필하였다.[1] 이 책은 특별히 역사지리학에 주목하여 보다 상세한 방법론들에 대한 논의를 제공하고 있다. 제한적이지만 위 연구의 결론은 여전히 본 저자의 견해에 근간을 이루고 있다. 따라서 본서와 위의 책은 어느 정도 중복되는 부분이 있다. 이전 책에 친숙한 독자들은 정치적인 면을 강조하는 본서와의 차이점을 즉시 발견할 것이다. 본서에서 소개된 이스라엘 기원에 대한 간략한 설명조차 이전의 책에서는 발견할 수 없다. 본서는 역사이며, 방법론에 대한 논의는 아니다.

본서는 데이비드 오르드(David Ord)와 본 저자가 집필한 <성서의 첫 번째 역사> (*The Bible's First History*)의 5장과 6장에서 소개된 역사 개요를 확대한 것이며,[2] 또한 엘로히스트(Elohist)의 역사를 소개한 본 저자의 책 <혁명의 옹호: 엘로히스트 역사> (*In Defence of Revolution: The Elohist History*) 가운데 다윗의 죽음에 관해 기술한 5장과 연결된다. 이들 세권의 책들은 이스라엘의 기원부터 다윗 왕가에 대한 반란까지의 이스라엘 역사를 다루고 있다. 본서 7장에서 다루고 있는 J문서(야훼문서)에 대한 내용은 위의 책 <성서의 첫 번째 역사>에서 발췌하였다.

의도적으로 인용을 최소화 하였다. 각 장과 관련된 자료들과 인용문헌은 쉽게 참고문헌에서 찾아볼 수 있다.

본서의 주제와 관련해 여전히 활발한 연구가 진행되고 있다. 본 연구는 마빈 채니(Marvin Chaney)와 같은 강의실에서 함께한 15년간의 배움의 과정을 통해 현재의 모습을 가지게 되었다. 그의 연구를 알고 있는 독자들은 본서 곳곳에서 그의 영향을 인지할 수 있을 것이다. 모든 답들에 전적으로 동의하지 않는다 할지라도, 항상 유사한 질문을 제기하고 동일한 문제의식을 가진 누군가와 함께 할 수 있다는 것은 영광이자 행복이기에 그에게 많은 빚을 지고 있음을 고백한다.

서 론

본서는 고대 이스라엘의 출현 배경과 초기 모습을 간결한 용어로 설명하려한다. 이런 시도에는 먼저 연구 대상이 지닌 신비감을 제거하는 것이 필수적이다. 인류사에서 이스라엘의 출현은 고유성 때문에 특별한 것은 아니다. 오히려 그 과정은 전형적인 팔레스틴 지역의 정치적 역학관계와 무관하지 않다. 이러한 논거는 70여 년 전 알브레히트 알트(Albrecht Alt)가 초기 이스라엘에 대한 비평적 분석을 시작했을 때 그의 대전제였으며, 오늘날에도 이 전제는 여전히 유효하다.[1] 초기 이스라엘은 다른 유사집단들과 별반 다름없이 권력의 횡포와 위협 앞에 혼란에 빠졌던 족장, 예속민, 노동자들로 구성된 변화무상한 전형적인 정치집단으로, 전대미문의 불멸의 존재이자 미증유의 국가, 인종, 사회, 혹은 종교적 실체가 결코 아니었다. 본질적인 범주화에 반대한 갓월드(N. Gottwald)가 제기한 이러한 반론은 이후 초기 이스라엘에 대한 모든 이해에 기초가 되었다.[2]

최근 초기 이스라엘을 이해하는 이러한 인식의 대전환은 성서에 관심을 가진 모든 이에게 중요하다. 이스라엘은 어떻게 기원하였을까? 최근 연구결과에 의하면, 성서에서 소개되고 있는 것처럼 외부 침략자들에 의한 고원 지대 팔레스틴의 정복이 일어나지 않았으며, 알트(A. Alt)와 노트(M. Noth)의 주장처럼 부족 연합체로 흡수된 각기 다른 배경을 가진 유목민들의 점진적인 팔레스틴 산지로의 침공도 없었을 뿐만 아니라, 멘덴홀(G. Mendenhall)과 갓월드가 제안한 것처럼 농민 혁명도 일어나지 않았음이 명백하다.[3] 이들 세 가지 가설들은 여전히 초기 이스라엘의 이해에 중요한 역할과 영향력을 발휘하고 있지만, 이러한 견해들은 더 이상 초기 이스라엘을 이해하기 위한 개념으로는 적절하지 않다. 본서는 수많은 문헌에서 상세히 소개되어 있는 이들 관점들과 이들 사이의 논쟁에 초점을 맞추려는 것이 아니라, 다양한 연구결과들을 기초로 새롭게 부각되고 있는 논의에 주목한다. 지금 우리에게 필요한 것은 흥미로운 네 번째 대안적 가설이 아니라, 이스라엘 기원의 연구에 있어 우리가 대략적으로 추측하고 있는 것에 대한 이해의 전환이다. 따라서 본서는 최근의 학문적 성과를 요약하기 보다는 관련 연구가 나아가야 할 방향성을 지적하고자 한다.

독자들은 만약 어떤 책 전체가 비록 짧은 분량이지만 특정한 실체를 아무런 역사적 근거도 없음에도 불구하고 마치 특별한 기원을 가진 존재로 가정한다면, 이러한 전제를 제거해야할 필요가 있다고 여길 것이다. 하지만 갓월드, 채니(M. Chaney), 할퍼른(B. Halpern), 렘키(P. Lemche), 핑켈스타인(I. Finkelstein)의 최근 연구를 포함해 모든 연구서들은 여전히 그 같은 전제를 파기하는데 실패한 것으로 보이며, 그 결과 히브리 경전들의 교리들로 인해 이스라엘은 태생적으로 미증유의 응집력과 청렴성을 유지하고 있었다고 여기고 있다. 히브리 경전들은 초기 이스라엘 시대에 기록되지 않았다; 비록 히브리 경전의 기본 주제인 성전국가(temple state)를 대하는 경전들의 애매한 태도는 초기 이스라엘까지 거슬러 올라갈 수 있다 할지라도, 경전의 독특한 메시지나 그것에 기원한 사조와 풍조도 그 시대에 기록되지 않았다. 비록 히브리 경전이 초기 이스라엘의 연구에 많은 관련정보를 제공할 수 있다 할지라도, 경전들의 저자들은 이스라엘의 기원에 대해 아무것도 몰랐거나 단지 일부만 알고 있었을 뿐이다. 따라서 본서가 논의하고자 하는 시대에는 경전의 저자들이 고안해 낸 족장, 출애굽, 정복, 또는 사사들의 시대들은 포함하지 않는다. 이러한 시대들은 결코 존재하지 않았다. 경전 역사가들이 점차 인식한 바와 같이 경전 시대의 역사에서 그 같은 시대를 계속 적용하는 것은 엄청난 위험을 초래한다.

본 저자는 독자들이 만족할 만한 대안도 없이 이스라엘 황금기라는 개념에 대한 종언을 받아들일 것이라고는 예상하지 않는다. 잘 알려지지 않은 사실을 제시하기란 어려운 일이다. 가장 만족할 만한 역사는 나레이티브 역사(narrative history)이다. 불행히도 성서의 나레이티브는 초기 이스라엘에 관해 지금까지 알려진 유일한 나레이티브 자료이다.

그렇지만 성서의 나레이티브가 초기 이스라엘에 대해 거의 언급하고 있지 않고 있기에, 우리가 일반적으로 이해하고 있는 초기 이스라엘에 대한 나레이티브 역사는 존재할 수 없다. 이러한 나레이티브는 확실히 환영받을 만한 것이며, 이러한 점에서 다음 세대들은 우리보다는 행운이라 할 수 있다. 광활한 중동과 팔레스틴 지역에 현재까지 발굴되지 않은 채 묻혀있는 역사의 보고들이 얼마나 될지 누가 알겠는가?

본서는 팔레스틴 내 이집트 신왕국의 마지막 세기, 필리스틴(Philistine: 블레셋)이 팔레스틴 저지대를 지배했던 150년, 그리고 이스라엘 부족과 유다 부족이 팔레스틴 고원지대에서 왕국을 형성했던 시대에 주목한다. 또한 목적이 다르기는 하지만 예전 알트가 주목했던 것처럼, 팔레스틴 지역에서 이집트 제국주의의 본질과 배경에 주목한다. 본 저자가 다루는 이스라엘의 역사적 근거는 히브리 경전을 제외하고 역사적으로 이스라엘을 유일하게 언급하고 있는 기원전 1207년 이집트의 파라오 메르넵타(Merneptah) 왕실이 작성한 문서와[4] 기원전 1000년이 얼마 지나지 않아 작성되어 경전에 포함되어 있는 다윗 왕실의 문서에 나오는 이스라엘의 언급에 기초하고 있다.

이들 증거들로부터 제기되는 문제들은 다음과 같다: 메르넵타가 언급한 이스라엘의 본질은 무엇이었을까? 그리고 그 이스라엘이 어떻게 다윗의 이스라엘로 발전되었을까? 그 시기가 미합중국의 전 역사

보다도 짧은 200년이 조금 넘었을 뿐임에도, 이스라엘과 관련해서 알려진 것들은 대단히 도식적으로 남아있다. 렘키가 지적한 바와 같이, 초기 이스라엘 역사 연구에 있어서 주어진 제1차적 소여(primary datum)는 우리의 무지이다.[5] 이스라엘 기원에 관한 짧은 책은 긴 책보다도 무게는 덜 나갈 수는 있겠지만, 어쩌면 알려지지 않은 사실을 보다 더 많이 담고 있을 수 있다.

이스라엘의 기원에 대한 연구는 적어도 기본에만 충실하다면 복잡한 논지가 필요하지 않다. 본 연구는 두 가지 고고학적 자료로부터 출발한다. 첫째는 메르넵타 치세 5년에 만들어진 이스라엘을 언급하고 있는 비석(회화적 재현과 함께)으로, 여기에는 당시 이스라엘이 팔레스틴의 특정 군사세력이었다는 사실과 기원전 13세기 마지막 10년에 이스라엘은 도시나 국가가 아니었음을 지적하고 있다. 두 번째는 기원전 12세기와 11세기에 걸쳐 팔레스틴의 새로운 정착지로 촌락이 확산되었다는 증거이다. 이들 새로운 정착지들은 초기 경전 텍스트에서 이스라엘이라 불린 수많은 인구를 수용하였으며 11세기말에 들어서는 이스라엘의 왕에 의해 통치되었다.

메르넵타 *스텔라*(stela)와 정착지의 확산, 이 두 가지 증거들은 이미 오랫동안 잘 알려진 것들이다. 그렇다면 새로운 사실은 무엇이며, 초기 이스라엘에 대해 우리의 생각을 전환시킬 만한 것은 무엇일까? 초기 이스라엘을 이해하는 인식의 대전환은 최근 새롭게 발견된 엄청난 양의 고고학 자료들과 고고학, 비교 인종학, 역사 지리학, 그리고 전통적인 문학 비평에서 얻어진 새로운 시각들에 기초한다. 이들 모두는 이미 알려진 증거들에 다른 관점을 제시하고 있다.

본서의 제목에 언급된 새로운 지평은 8가지의 관점들을 내포하고 있다 (이것들은 적어도 희박한 나레이티브 역사의 기본적인 개요를 파악할 수 있는 실마리를 제공한다):

1. **이스라엘인들은 팔레스틴 토착민들이었다.** 이들 대부분은 가난한 농부들과 농장 노동자들, 그리고 그들의 가족들이었다. 이들의 삶을 좌우했던 주요한 정치적 영향력은 **외부 권력집단과 연결되어 있던 계층 내 파벌들의 분쟁**이었다.
2. **이집트 제국 세력은** 기원전 16세기 후반부터 팔레스틴을 지배하였고 **13세기와 12세기 초반에 그 세력이 절정에 달했다.**
3. **이집트의 팔레스틴 지배가 시작된 300년 동안,** 경제적 그리고 정치적 억압은 사회적 관계들을 와해시켰으며 내부적으로 지역 간의 적대감을 심화시켰다. 결과적으로, 국경지역에서 **정착지는 축소되었으며 인구는 감소하였다.**
4. 기원전 1207년 당시 **이스라엘은 이집트와 팔레스틴 실력자들의 지원을 받아 형성된 강력한 부족 연합체였다.** 이들은 이집트와 힛타

이트 제국 사이에서 국경지대의 관심사와 지역 부족의 권리를 관장하였다. 한 때 이들의 지도자였던 모세는 이집트의 대리인이었다. 이들 구성원들은 촌락민들인 동시에 텐트 거주자들로 팔레스틴 북부 저지대에 거주하였다. 단일체로서의 이스라엘이라는 개념은 이집트와 토착 군주들, 그리고 이들의 지지자들에 의해 고안된 것으로, 단지 이스라엘 부족들의 다양한 엘리트 정치 조직들에 적용되었을 뿐이다.

5. **유럽과 서부 아나톨리아의 침략자들은 이집트 제국 통치 마지막 세기에 팔레스틴 저지대를 공략하였다.** 기원전 1200-1150년에 많은 지역들이 **그들의 유력한 가문들에게 양도되었으며 지배계급으로** 이집트와 팔레스틴인들을 대체하였다. 이집트의 몰락과 함께 이들 새로운 외국 엘리트들은 팔레스틴 저지대의 통제권을 넘겨받았다.
6. **힛타이트와 이집트 제국의 몰락과 더불어 유럽과 아나톨리아 유력자들의 출현은** 이집트의 일부 주도로 형성되었던 **이스라엘 부족 연합의 통제 하에 있던** 팔레스틴 지역 내 **이들 부족의 개척지로 인구와 정착의 확산을 촉발시켰다.** 정치가 정착지의 확산을 주도하였다. 이러한 인구와 정착지의 확산은 유럽인들이 지배하던 시기인 기원전 1150-1100년에 걸쳐 지속되었다. **이들 새로운 정착지 인**

구는 이스라엘 부족들의 규모를 증대시켰으며, 이들의 족장들은 유럽과 아나톨리아의 통치의 합법적인 대안세력으로서 점차 서부 팔레스틴인들의 인정을 받았다.

7. 이스라엘 부족 사회는 기원전 1000년경 10년간 사울 왕국의 지배하에 들어갔다. 초대 이스라엘 국가는 유럽인 왕실 추종자들, 용병들, 지역 경제조직의 절대적인 지원을 받아 홀연히 나타난 팔레스틴 남부의 군 지휘관인 다윗에 의해 전복되었다. 다윗은 팔레스틴 전역을 망라하는 유일한 이스라엘의 고대 국가를 건설하기 위해 유럽과 팔레스틴 군부 연합세력의 힘을 빌려 저지대로 이스라엘의 세력을 확대하였다. **히브리 경전들은 다윗 왕실에서 형성되기 시작하였고,** 이들 경전에서는 이스라엘인에게 처음으로 유럽인들과 아나톨리아인들은 우군으로 이집트는 화해할 수 없는 적으로 간주되었다. **경전의 초기 텍스트에는 1000년 이전의 상황들과 발전상을 암시하는 중요한 단서들을 담고 있으나, 이스라엘의 기원과 초기 역사에 대한 역사적 진술은 아니다.**
8. **이스라엘의 황금기는 존재하지 않았다.** 이스라엘은 전적으로 팔레스틴 지역에서 반복된 정치적 역학관계의 틀에서 기원하였다. 초기 이스라엘은 특정 부족 엘리트의 지배를 받던 팔레스틴의 상황에서 전형적으로 복잡한 부족 집성체를 구성하였다. 이것은 이상

적인 정신과 사상체계를 구체화한 것이 아니다.

본서를 구성하는 8개의 장들은 이러한 요점들을 각기 다루고 있다. 각장마다 다소의 불확실성은 존재한다. 고원지대 정착 이전 이스라엘의 실체와 정착에 대한 이유들을 다루고 있는 4장과 6장은 특히 논란의 여지가 있다. 따라서 초기 이스라엘 관련 논의에 본서가 기여하는 부분이 무엇인지는 주로 4장부터 6장에 걸쳐 발견할 수 있다. 본서는 기본적으로 역사적 주제들을 연대순으로 다루고 있어, 적어도 역사편찬의 관례를 유지하고 있다. 독자들은 <옥스퍼드 성서 지도> (*Oxford Bible Atlas*) 또는 <하퍼 성서 지도> (*The Harper Atlas of the Bible*)와 같이 가급적 최근의 고고학적 지명들을 잘 보여주고 있는 성서 지도를 참고해야만 할 것이다.[6]

본서는 연구 대상에 대한 기초적인 논의들만 소개하려고 했다. 더 많은 것을 알고자 하는 독자들은 위에서 언급한 논의들을 포함해 수많은 소중한 연구결과들을 참고문헌에서 발견할 수 있다. 아직까지 그 누구도 어떻게 이스라엘이 기원했는지를 확실하게 주장할 만한 위치에 있지 않다. 이러한 사실은 본 연구의 토대가 된 키스 휘틀람과 본 저자가 출판한 이전의 책에 잘 반영되어 있다. 이스라엘 역사 연구에 신기원을 이룬 갓월드의 <야훼의 지파들> (*The Tribes of Yahweh*)이후 모든 연구들은 발굴되고 해석될 여지가 있는 고고학적 자료의 저장고가 남아있다는 이유만으로 자신들의 연구의 예비적인 특성을 강조하고 있으며, 우리 역시 마찬가지다. 우리는 연구에 더 많은 시간이 필요로 하는 초기 이스라엘 이해의 단지 첫 번째 지평에 도달하였다. 하지만 많은 것을 알기 원하고 간단한 책으로 연구를 시작하고자 하는 독자들에게 본서는 초기 이스라엘 역사를 이해하는 인식의 대전환을 제공할 수 있는 많은 내용들을 담고 있다.

제1장 생산과 소비

초기 이스라엘을 형성했던 이들 가운데 존재했으며 그들과 구별된 팔레스틴 백성들이라는 개념은 성서, 다른 고대 문서들, 고고학적 유물, 사회학적-민족지학적 유사성, 팔레스틴 사회에 대한 보다 최근의 진술들로 형성될 수 있다. 이들 증거들이 제시하는 개념들과 함께 기본적인 개략은 비교 증거들로부터 얻어진 것이지만, 일단의 세부사항들은 가설에 기초한다.[1]

의식주

고대 팔레스틴인들은 그들이 처한 상황과 직업에 따라 매우 다양하였으며, 무엇보다 스스로를 이스라엘인으로 여겼던 팔레스틴인들은 거의 모든 면에서 팔레스틴인들의 전형이었다. 아무튼 그들 모두는 빵을 주식으로 삼았다. 따라서 누구나 할 것 없이 모든 이들은 농지에 관련된 한 가지 직종에 종사하였다: 관개 농업과 구별되는 자연 강우에 의존한 곡물생산과 소규모 지역에서 두류생산에 가담하였다.

그들의 다양한 역할이 무엇이었든 간에, 거의 모든 이들은 이러한 생산과정의 한 부분에 참여하였으며 한 해 수확물에서 가능한 한 많은 몫을 차지하려고 경쟁하였다. 통상적으로 모든 이들이 경작에 참여했다면 한 사람에게 분배되는 몫은 적을 수밖에 없었다. 누군가 일을 하지 못했다면 분배량은 간혹 크기도 하였다. 더 많은 식량을 분배받기 위해 왕궁, 소도시, 촌락, 농지 거주민들은 물론 텐트와 동굴에 기거했던 자들까지 모든 사람들은 기후변화, 새떼들, 해충, 약탈자들에 맞서 고군분투하였을 뿐만 아니라 폭력성에 뿌리를 둔 정치사회적 상호작용에 관여하였으며, 당시 사람들은 혐오스러운 이들 방해 요인들로부터 결코 벗어날 수 없었다. 토지와 저장시설의 이용 그리고 곡식의 보관과 수송, 세금, 도난, 갈취의 문제들은 심지어 곡물 생산과 준비보다도 중요한 최우선 과제였으며, 남녀노소를 막론하고 누구나 이러한 팔레스틴의 가혹한 일상에 속박되어 있었다.

고대 팔레스틴인들은 딱딱한 밀, 보리, 에머밀(emmer), 에인콘(eincorn)으로 빵을 만들었다. 또한 이들 곡식들은 날 것으로 섭취되거나, 죽으로 만들어져 음용되었으며, 맥주로도 양조되었다. 밀은 해안평야지대, 저지대 충적지와 고지대 계곡에서 가장 잘 재배되었다. 보리는 알칼리와 염분 토양에 보다 내성을 가진 단기 작물이었다. 따라서 강우량이 적거나 단기 작물에 적합한 팔레스틴 산지와 건조 지대에서 재배되었다.

빵과 더불어 주요 식품은 올리브기름이었다. 올리브 나무는 팔레스틴 전역에서 경작이 가능하였으며, 특히 고원지대와 구릉지에 적합하였다. 지방질인 올리브유는 음식물 가운데 최고의 에너지원이었다. 올리브유는 빵과 곡식에 맛을 더했을 뿐만 아니라, 곡류로는 섭취할 수 없는 영양분들을 제공하였다. 올리브유는 그 외의 다른 음식들과도 잘 어울려 빵이나 콩으로 만들어진 후머스(hummus: 콩을 삶아 양념한 동부 지중해 연안지방의 음식)와 같은 음식들과 곁들어졌다. 올리브는 헬레니즘 시대나 로마 시대 이전까지는 팔레스틴 전역에서 식용되지는 않았다. 올리브유는 또한 상처에 바르는 연고와 불을 밝히는 연로로도 이용되었다.

그 외 식량들로는 식물성 단백질의 공급원이자 질소성분을 함유하여 토양을 비옥케 한 누에콩, 편두, 병아리콩, 완두콩을 포함해 가난한 이들이 주로 섭취했던 살갈퀴와 같은 두류가 있었으며, 포도주와 건포도로 만들어졌던 포도, 무화과, 대추야자, 석류, 살구와 같은 과일류, 아몬드, 피스타치오, 호두를 포함한 견과류, 우유, 치즈, 응유(凝乳), 요구르트의 유제품, 꿀, 쥐엄열매로 알려진 구주콩, 그 외의 다양한 식용 야생식물들이 있었다.

육류는 대다수의 사람들에게 매우 귀한 것이었다. 일반적인 육류는 양고기였다. 염소와 영양, 그리고 비둘기와 메추라기 같은 사냥감들도 어느 정도 식용되었으며, 돼지고기와 소고기를 섭취하는 경우는 드물었다. 많은 이들은 일 년에 단지 몇 차례만 육류를 섭취할 수 있었다.

육류를 제외한 다른 모든 식량들은 보관이 용이하였다. 육류는 소금으로 절여 저장될 수 있었지만, 어느 정도까지 이러한 염장방식을 활용하였는지는 알려져 있지 않다. 이렇게 식량을 저장했음에도 불구하고 대부분의 식량은 일정기간 동안에만 이용이 가능하였다. 이 같은 식량 수급의 편차로 인해 빵과 기름이라는 주제는 중요하게 다루어졌다. 특별한 경우를 제외하고 초기 이스라엘 사람들은 식사 때마다 빵과 기름을 먹거나 오로지 빵으로만 끼니를 해결하였다. 음식은 빵을 의미하였고, 셈어에서 두 단어는 동의어로 사용되었다.

음식준비는 여성들이 담당하였다. 그들은 물을 길고, 땔감을 모았으며, 곡식을 빻고, 빵을 구웠다. 여성들은 집이나 텐트에 보관해 놓은 곡식, 기름, 콩, 과일들을 지켰다. 식사 때 음식물을 그릇에 담을 수 있는 첫 번째 선택권은 남성들에게 있었다. 여성들과 아이들은 남성들이 남겨둔 음식만을 먹을 수 있었다.

가임 연령대의 여성들 대부분은 결혼했으며, 이들 중 대부분은 임신을 하였거나 육아에 종사했다. 유아들은 생후 늦게는 3년이나 4년째 되어서야 젖을 떼는 것으로 구분되었다. 노동에 종사하던 가정들은 통상적으로 대가족이 아니었다. 만약 한 여성이 임신 중이나 출산과정에서 죽지 않고 살아남았을 경우, 통상 5명에서 8명까지 아이들을 출산하였으며, 그 아이들 중 일부만이 유년기를 거치며 살아남았다. 간혹 출산한 아이들 중 아무도 생존하지 않는 경우도 있었다.

전 가족 구성원들은 식량생산에 종사하였다. 농지조성을 위해서는 돌을 골라내야했으며 용수로 경계와 제방의 구축이 필요했다. 많은 산지에 위치한 계단식 농지는 늘 유지보수가 필요했다. 남성들은 쟁기로 토지를 일구었으며 11월과 12월에 밀, 보리, 아마를 파종하였다. 1월과 2월에는 완두콩, 병아리콩, 채소류를 이양하였다. 3월에는 남녀노소 모두 경작지와 휴경지의 잡초를 뽑고 풀을 베야했으며, 예취된 풀은 건초로 사용하기 위해 보관되었다. 가족들은 4월에 보리와 살갈퀴, 5월에는 밀, 완두콩, 편두, 6월에는 병아리콩을 수확하였다. 추수된 곡식은 촌락마을 (모든 이들이 촌락에 살지는 않았지만, 노동자들의 본거지를 언급하기 위해서 본장에서는 촌락이라는 용어를 사용한다)의 타작마당으로 집하되었고, 그곳에서 간단한 막대기로 줄기들을 두들겨 타작하거나 혹은 가축으로 하여금 곡식을 밟거나 연자 맷돌을 돌리게 하여 탈곡하였다. 그 후 타작된 곡물을 키질하였다. 키질하는 사람은 바람에 겨와 알곡을 골라내기 위해 타작된 곡식을 공중으로 던져 올렸다. 그동안 여성들과 아이들은 나무로 만든 부삽을 사용하거나 바람을 불어가며 타작

더미를 말끔히 정돈하였으며, 그러면서 알곡을 걸러내었다. 0.25 에이커에서 약 100파운드 (약 45킬로그램) 정도의 밀을 생산하였다. 추수가 끝나면 지주의 대리인이 와서 지주의 몫으로 통상 수확량의 절반이 넘는 양을 가져갔으며, 노동자 가족들은 그 나머지를 항아리나 자루에 담아 집으로 가져가 곡식 저장공(grain pit: 집 내부에 직경 1m 안팎의 구덩이를 파서 곡물이나 열매 등의 식량을 저장하는 구덩이), 저장고, 혹은 상자에 담아 보관하였다. 여성들은 곡식을 빻거나 볶기 전 혹은 죽을 만들기 위해 으깨기 전에 돌과 다른 불순물들을 한 차례 이상 골라내는 수고를 하였다.

새로운 포도원을 개간하거나 사용한 과수원을 복구하기 위해서 농부는 포도밭의 불필요한 잡초와 풀을 제거하고 지표면에 흩어져 있는 돌을 치워야했을 뿐만 아니라 관목이나 석재로 울타리를 쌓고 망루나 전망대를 건축하였다. 포도나무들 사이의 이랑은 정기적으로 경작되었으며 해마다 그곳에 작물을 심었다. 포도는 6월에 익기 시작하여 7월부터 9월까지 수확되었다. 신선한 포도는 8월, 9월, 10월 동안 일상적인 끼니로 소비되기도 하였다. 포도 수확과 경작기 사이에는 포도나무의 전지작업이 이루어졌고, 포도를 건조하거나 압착하였으며, 몇몇 가정에서는 포도주를 양조하였다.

무화과 열매의 첫물은 6월에 여물었다. 이것들은 신선한 채로 식용되었다. 몇몇 지역에서는 아마를 생산하여 7월에 추수하였다. 석류와 제철 무화과는 8월과 9월에 익었다. 무화과는 건조되어 겨울을 대비해 보관되었다. 올리브는 9월, 10월, 11월에 여물었다. 올리브의 수확과 압착을 끝내자마자, 첫 가을비가 내리고 나면 곧바로 또 다시 경작을 시작해야할 시기가 되었다.

촌락의 가축은 대부분 양과 염소였다. 양과 염소들의 착유는 일 년에

3번까지 가능하였고, 우유는 치즈, 응유, 요구르트로 만들어졌다. 대다수 촌락민들에게 양과 염소는 통상적인 식품 공급원 이상이었다. 충분한 양의 우유는 식량수급이 가장 불안했던 때인 곡식의 첫 수확기 직전 식용으로 도살을 해도 상관이 없던 숫양을 포유한 암양이나 염소로부터 얻을 수 있었다. 만약 가축 무리가 겨울철에 풀을 먹거나 소비 가능한 가축의 수가 너무 적은 경우에는 우유의 공급량은 부족할 수 있었다. 어떤 경우이든 우유는 필수 불가결한 식품의 장기적인 대용품으로서는 안정적이지 않은 식품이었다. 일부 가정들은 나귀, 수소나 암소를 길렀다. 소는 토지를 경작하고 곡식을 타작하는 일에 그리고 나귀는 수송을 위해 필요하였다. 수소나 암소를 소유하지 못한 이들은 소유한 이들로부터 임대하였다. 작은 촌락의 가축은 대부분 어린 아이들이 집안이나 집 인근에서 돌보았다. 보다 규모가 큰 촌락의 대규모 가축 무리는 어느 정도 나이가 찬 청소년들의 인도로 계절 변화에 따라 적당한 목초지나 통상적인 보호지에서 방목되었다. 비가 내리는 겨울 동안에는 가축들이 새로운 목초를 먹을 수 있는 건조지대에서 방목되었으며, 통상적으로는 봄과 여름에 추수가 끝나고 남은 곡식의 그루터기와 휴경지의 목초를 먹이고 동시에 농경지에 거름을 주기 위해 마을과 인접한 경작지대에서 방목되었다.

사람들은 양모와 염소 털로 옷을 만들어 입었다. 따라서 초지는 옷과 먹을거리의 토대였다. 기본적인 음식은 사람들의 입맛에 맞는 볏과 식물로 만들어졌으며, 의복은 맛이 없는 식물을 먹이로 삼은 동물들의 털로 만들어졌다. 기원전 11세기나 10세기경 양털을 깎는 전단기가 발명되기 전에는 양들의 털갈이 때 손이나 청동 빗으로 털을 뽑아 양모를 모았다. 전단기를 사용하게 되면서 양은 지속적인 수적 증대를 위해 번식되었고, 양모는 일 년에 두 차례 봄철 새끼를 낳은 후와 가을에 생산되었다. 가능하면 털을 뽑거나 깎기 전에 양들을 물웅덩이에서 씻겨 불순물을 제거하였다. 양모 자체의 무게는 갓 깎은 텁수룩한 양털 무게의 절반 정도에 불과하였다. 양털 무게의 절반을 차지한 잔여물들은 기름덩어리, 나무가시들, 나뭇가지 조각들, 각종 씨앗들, 염분, 먼지들이었다. 씻긴 후에 한 사람이 날 뛰는 양을 붙잡고 있는 동안 다른 사람은 털을 깎거나 뽑았다. 그러면 여성들은 양털을 모아 다시 한 번 세탁을 하였으며 그리고 엉클어진 양털을 빗질 하거나 펼쳐서 방적하여 천을 짜고 그것을 빨고 삶아서 올을 촘촘하게 하였다 (성서 시대 후기에 이르러서는 염색을 하기도 하였다). 염소 털 역시 수집되어 직조되었다. 가죽으로도 옷을 지어 입었으나 선호되지는 않았다. 가죽은 벨트, 끈, 남성용 샌들을 만드는데 이용되었다. 보다 고급 의복은 경우에 따라 리넨으로 만들어졌다.

식량 생산과 의복 제조에는 다양한 목재, 금속, 도기, 가죽, 석제로 된 도구들과 쟁기, 쟁기 고리, 탈곡용 쇠스랑, 전지용 갈퀴, 괭이, 도끼, 곡괭이, 선별기, 멍에, 마구, 바구니, 빗자루, 물주머니, 단지, 저장용 항아리, 대접, 램프, 제분기, 압착기와 같은 용구들이 필요하였다. 이러한 도구들은 관련 기술을 가진 촌락 자체 내 여성들과 남성들에 의해 제조되었으며, 특별한 도구의 경우에는 제조기술을 보유한 촌락들에서 제조되었다.

요즘처럼 당시 팔레스틴에도 겨울철에는 비와 눈이 내렸고 가을부터 봄까지 그리고 연중 내내 야간에는 상당히 추웠다. 팔레스틴인들은 자신들과 가축들을 보호하기 위해 집을 건축하였다. 건축 재료로는 나무막대와 가지, 진흙 벽돌, 짚과 야자, 석회석, 예비용 들보, 아주 드물게 석회 모르타르가 사용되었으며, 이들 재료들의 이용여부는 건축현장과 재산 상태에 좌우되었다. 건축이 시작되기 전 재료들은 하나씩 모아져

미리 준비되어야만 했다. 가옥 바닥이나 건축물 경내에는 물탱크나 지하 저장공을 굴착하여 설치하기도 하였다. 다양한 주택 도면이 사용되었다. 몇몇 집들은 안뜰에 여러 방들이 연결된 구조를 가졌다. 어떤 건축물은 복층으로 지어졌거나 적어도 가족의 생활공간으로 사용된 주실내에 높은 연단을 설치하기도 하였다. 하지만 여전히 많은 집들은 진흙이나 진흙 벽돌로 단순하게 지어진 오두막이었다. 가축들은 안뜰과 가옥의 1층에서 숙영되었다. 고고학적 발굴결과 주요 생활공간이 있던 지층면에서 저장 항아리, 점토상자, 농기구들, 둥글게 말아놓은 거적, 그리고 연장들과 함께 불 피운 흔적이 발견되었다. 반면에 가구는 발견되지 않았다. 사람들은 일하는 동안 보관해 놓은 가죽이나 양털로 만든 깔개 혹은 멍석위에서 옷을 입은 체 잠을 잤다. 잠자리 근처나 침실 아래층에 모여 있던 가축 떼는 야간의 냉기와 눈과 비가 내린 겨울철 추위와 습기를 몰아낼 수 있는 어느 정도의 온기를 제공하였다. 모든 가정은 아주 더운 시기에 그늘과 쾌적함을 얻기 위해 가능하면 거주지 근처에 포도나무나 무화과나무, 소나무, 삼나무, 혹은 참나무를 심어 놓고 관리하였다.

대다수 사람들은 3-4 가구부터 100여 가구, 때로는 그 보다 많은 가정들이 집단을 이루어 공동 농장, 촌락, 소도시에서 살았다. 거주지의 위치는 안전과 취수의 용이성을 바탕으로 선택되었다. 가옥들은 서로 인접해 모여 있었다. 가옥들 사이에 난 길은 좁고 꾸불꾸불했으며 경사가 많아 지면의 변화가 심했다. 촌락은 전형적인 방벽이 둘러쳐 있지 않았지만, 외곽에 위치한 가옥들이 부분적이나마 경계를 나타내는 벽을 형성하도록 건설되었다. 촌락에 거주하던 몇몇 가정들은 보통 집 안 구석진 곳이나 석조 오두막에 구덩이처럼 생긴 둥근 지붕 모양의 진흙 화덕을 설치하고 공유하였다.

모든 사람이 집에서 거주한 것은 아니다. 수많은 극빈자들과 정신병자들 그리고 반사회적 인물들이나 범법자들은 동굴이나 산막에서 살았다. 부족 구성원들 경우 가옥을 가지고 집에서 살아가는 것이 일반적인 것이었지만, 부족민들이든 그렇지 않든 주로 소떼나 양떼를 돌보는 일로 생계를 유지했던 이들로 일정한 영토 안이나 정해진 이동경로를 따라 이곳저곳을 떠돌아 다녀야 했던 사람들은 조립용 목조 틀에 양모나 염소 털로 만든 옷을 걸쳐 세운 텐트에서 장기간 거주하였다. 부족민은 아니지만 촌락에 거주하던 이들 역시 결실기에 자신들의 포도원을 지키기 위해 야영을 했던 것처럼 이따금 텐트에서 생활하였다.

대부분의 팔레스틴인들은 최저 생계수준이나 그 수준도 못 미칠 정도로 가난하여 영양실조 상태에 있었으며 먼지, 동물의 배설물, 벼룩, 이, 모기, 그 외에 각종 벌레들에 둘러싸여 아주 열악한 환경 속에서 살았다. 일은 힘들었으며 식량은 귀했고 물은 부족하였으며, 기근과 한발은 빈번하게 발생하여 삶을 위협하였다. 비가 언제 내릴지 예측할 수 없었다. 평균적으로 매 3년마다 강우량이 부족하였다: 가끔씩 한발은 장기간 이어져 해마다 닥치기도 하였다. 페스트, 해충, 곰팡이는 도처에 산재하였다. 쥐, 생쥐, 새, 벌레들은 사람들이 소비하는 양보다 더 많은 식량을 먹어 치웠다. 더욱이 근로 가정의 권한을 훨씬 능가하는 정치 세력은 생산 활동 전반에 참견하였으며, 그들은 불안정한 주변 환경에 놓여있던 근로 가정에게 겨우 생명을 연명할 정도의 식량만을 가져가도록 하였을 뿐만 아니라 장기적으로 엄청난 악영향을 초래할 단기 목표들을 수행하도록 강요하였다.

비참한 촌락에서의 생활은 사람들을 질병과 폭력에 쉽게 희생당하도록 방치하였다. 유아들과 어린이들의 생존율은 신생아 출생률에 비해 훨씬 낮았다. 부모들의 남아선호 사상으로 인해 특히 여자아이들이 피해를 입기 쉬웠다. 어린아이들이 성년으로 성장하였다 하더라도 성장과 발육에 있어서 정상적인 유전적 잠재력에 미치지 못했다. 촌락민들은 신체적 그리고 정신적인 발달과정에서 여러 가지 저해 요인으로 인해 제대로 성장하지 못했다. 당시 유행했던 질병으로는 자연 환경적 재앙인 말라리아, 비위생적인 생활 조건으로 인해 발병하는 이질, 트라코마(trachoma: 박테리아 감염으로 인한 안과질환), 발진티푸스, 십이지장충, 콜레라와 같은 감염성 질환, 영양실조와 그에 따른 합병증, 성병, 광견병, 한센병, 알코올 중독이 있었다. 모든 질병들이 치명적인 것은 아니었으며 질병 발생이 특정 촌락에만 한정되지도 않았다. 전염병은 많은 사람들이 모여 살았던 소도시들과 도시에 보다 많은 피해를 주었다. 하여튼 일반적으로 가난으로 인한 허약함은 팔레스틴 노동자들의 삶을 단축시켰으며 힘들게 하였다. 혹독한 삶 가운데서도 기쁨과 즐거움이 상존하였으며, 그들은 즐거운 노래와 춤으로 결혼, 추수, 원기 회복, 번영을 축하하였다. 촌락의 시인은 사람들의 이야기, 복수, 사랑을 노래하였다. 어쨌든 그 당시 삶의 기저에는 착취, 피로, 열병, 발진, 가려움, 치통, 골절, 불구, 출산의 고통과 위험, 그 외에도 다양한 비참한 현실이 깔려 있었으며, 따라서 팔레스틴인들의 심정을 담은 애가와 넋두리는 널리 많은 사람들에 의해 노래로 불리어졌다.

토지 보유와 이용

기초적인 자원은 토지였다. 촌락과 비(非) 촌락 토지에서의 노동은 다양한 형식을 취했으며, 모든 일은 실제 경작지에 적용된 토지 보유권의 형식과 연관되어 있었다. 토지 보유권은 단순히 소유권을 의미한 것이 아니라 토지 이용의 관리규정들과 관계가 있었다. 이들 규정들은 거주지, 직종, 생산 활동, 토지 사용권, 생산물에 대한 청구권한을 관장하는 권리와 의무, 특권 및 예외조항들로 이루어졌다. 이 같은 권한들은 주어진 단위 토지와 연관이 있던 많은 사람들에 의해 동시에 지켜졌으며 시간이 지나며 수정되었다. 따라서 토지 보유권과 관련된 규정들은 복잡다단하고 서로 중복되었으며 그리고 상대적이며 가변적이었다. 토지 보유권은 법률 혹은 사회적 관습과 관련이 없었던 것은 아니었다; 보유권은 기본법과 종합법, 관습, 그리고 생산 활동, 신용과 부채, 혈연, 변호권, 사람들의 이동권한, 재산의 분배를 다루는 제한규정들과 관련이 있었으며, 간단히 고대 팔레스틴에 행해졌던 권력과 특권과 관련된 제도는 히브리 성서 여러 곳에서 암시되어 있을 뿐만 아니라 구체적으로 언급되어 있다.

노동의 형태들은 다양하였다. 개인의 토지 권리에 따라 남녀 모두 소규모 임차농이 될 수 있었다; 토지 임차를 위해 현금이나 현물로 고정 소작료를 지불하는 소작농; 작업반의 소작 책임자; 작업반의 책임자는 아니지만 소나 나귀를 소유하고 생산 작업을 지원하는 물납 소작인; 경지의 한 구역에 일시적 배속되거나 작업반에 일정한 지위를 가지고 노동력만을 제공하는 물납 소작인; 현금이나 현물로 정기적인 임금을 받는 노동자; 농번기에만 고용되는 일용직 노동자; 계약 노동자 또는 부채 노예; 강제 노역을 하는 노예(콜비[*corvée*]라 불리는 농노 혹은 부역민); 법적 노예. 농사와 관련된 일은 여러 직업중 하나에 불과하였다. 촌락은 자체적으로 양치기, 벌목꾼, 도공, 제련공들을 보유하고 있었다. 여성이 할 수 있는 일은 농사일이었다. 가난한 가정들의 여자 아이들은 가족의 일원으로 남아있는 동안 가족 생계에 도움을 주기 위해 노예나 매춘을 강요당하기도 하였다.

설사 그 당시에도 지금과 같이 토지의 완전한 소유가 가능했다 할지라도, 토지를 소유할 수 있는 노동자는 극히 드물었다. 그들은 단지 토지를 사용했을 뿐이었으며 토지생산물을 얻고 임차권의 상속을 보장받기 위해 왕, 영주, 주인, 족장, 후견인, 대출업자, 여러 권리를 주장하는 이들의 가혹한 요구를 충족시켜야 할 의무가 있었다. 가장 기본적인 요구사항은 세금이었다. 세금은 현물, 노동력, 현금으로 징수되었다. 가장 일반적인 세금의 형태는 현물이었다. 지주와 국가는 수확의 절반 또는 그 이상을 가져갔다. 초기 이스라엘 시대의 한 이집트 문서는 당시 팔레스틴인들의 고통스러운 현실을 다음과 같이 묘사하고 있다:

> 서기관이 [도착한다]. 그는 수확물을 조사한다. 수행원들은 막대기를 들고 그의 뒤에 있고, 누비아인들은 곤봉을 들고 서있다. 한 사람이 그에게 말한다. "곡식을 주세요." "아무것도 없다." 그는 무참히 두들겨 맞는다. 그는 묶여 거꾸로 우물에 던져 졌다. 그의 아내도 그의 면전에서 결박되었다. 그의 자녀들은 족쇄가 채어졌다. 그의 이웃들은 그들은 남겨둔 채 도망간다. 그 일이 끝났을 때, [가난한 남자와 그의 가족을 위해 남겨진] 곡식은 없었다.[2]

노역세(콜비 [*corvée*]: 강제노역)는 각 가정에 부과되었으며 수행해야 할 일에 따라 남성이나 여성, 혹은 어린아이들은 일정기간동안 노동력을 지주, 영주, 국가에 제공해야만 했다. 강제 노역에 징집된 이들은 토지 경작과 추수 그리고 성전, 왕궁, 성벽, 토목 공사와 같은 군주와 국가의 기념비적 건축물들을 건설하는 일에 종사하였다. 현금으로 내는 세금은 성서 시대 후기의 일반적인 상황처럼 지역 경제가 상업화된 시기나 지역에 징수될 수 있었다.

다양한 요구조건들이 각종 토지에 부과되었다. 대체로 일년생 식물이 경작된 토지가 다년생 식물이 경작된 토지보다 더 많이 경작권이 주어졌는데, 그 이유는 농산물 거래나 공물 수혜자들이었던 군주들과 지주들이 경작 가능한 땅과 다목적 농지들을 다년생 식물 생산에 유용한 토지로 전환하는데 관심을 가졌기 때문이다. 포도원과 과수원의 경작권에 대한 상속가능성을 축소시키는 법률은 상대적으로 농지에 대한 상속가능성을 증대시켰다. 대부금의 담보물로 토지를 저당 잡히도록 강요당한 촌락민은 농경지를 내놓았으며, 따라서 만약 촌락민이 대부금을 갚지 못해 담보물을 되돌려 받을 수 있는 권리를 상실하게 되면 가족의 생계유지에 필요한 기본식량, 즉 빵을 만들 곡식을 생산하는 소작지 일부의 감소를 감내해야 했으며 때로는 소작지 전부를 잃기도 하였다. 대체적으로 식량생산 방법을 알고 있던 이들은 생계유지에 필요한 양 이상의 생산량 증대에 힘써야 할 어떠한 동기도 부여받지 못했으며, 반면에 생산량 증대의 동기를 가진 이들은 식량생산에 관해 무지하였다. 이러한 교착상태는 천년동안 농업 기술의 발전을 더디게 하였다.

촌락민들은 외부 세계의 압력에 맞서 단일체로서 함께 단결해야할 이유가 있었다. 촌락의 실상은 그렇지 않았음에도 자립자족이 가능하고 외부인들을 경계하는 편협하고 비우호적인 세상으로 간주되었다. 일정한 관습은 적게는 한 촌락에서만 시행되었다. 생산문화는 촌락별로 상당히 다양하였는데, 그 이유는 팔레스틴의 지리적 다양성으로 인해 한 촌락이 자리한 지역의 생태학적 지위(ecological niche)가 다른 촌락의 그것과 상당한 차이가 있었기 때문이다. 음식물, 의복, 언어는 미묘하지만 현저한 차이가 있었다. 사람들은 자신들의 출신성분을 위장할 수 없었을 뿐만 아니라, 특정 지역이나 촌락의 지역적 태생조차 숨길 수 없었다. 단일 촌락은 군사, 행정, 정치, 성직을 담당하며 무의 도식하던 지배 계급과 이들의 통제를 받는 식량 생산자들 사이의 계층별 단절이 분명한 사회였다.

촌락의 결속을 이루는 한 가지 방편은 촌락 농지에 대한 경작권의 공동분배였다. 촌락에 부속된 모든 농지는 경작권을 보유한 가정들이나 혹은 필요한 경우 외부인들에 의해 정기적으로 재분배되거나 재설정되었다. 농경사회에 확산된 이러한 관행은 전체 촌락 경지의 절반 혹은 1/3을 단일 구획으로 설정해 매년 휴경지로 남겨두는 것을 용이하게 하였다. 촌락은 방목을 위한 휴경 구역을 구별하였으며, 이로 인해 토지를 재설정하지 않았을 경우 가축들이 경작지와 휴경지 구역 이곳저곳에 함부로 돌아다니는 것을 막을 수 있었다. 촌락 내 경작을 담당하는 모든 가정들은 매년 다른 구역의 경작지를 개간하였다. 경작지를 구획별로 나누고 순환경작이 이행됨에 따라 농지는 재분배되었다. 토지의 재분배는 무작위로 경지를 배정받은 가정에 토질이 보다 좋은 촌락 토지에서 농사일을 할 수 있는 기회를 제공하는 또 다른 이점이 있었다. 또한 이러한 제도는 징수관의 과도한 요구에 지렛대 역할을 제공하는 장치로서, 촌락은 개인이 아닌 공동의 토지에 부과된 세금만을 지불하면 되었다. 또한 군주는 개인별로 세금을 징수하는데 필요한 군사 및 행정 능력이 부족하게 되면, 마치 이러한 조치가 통상적인 제도인 양 옹호하고 차선책으로 삼았다.

사회정치적 계급

노동자들의 결속을 분열시키려는 반작용 역시 강력하였다. 평등한 사회적 단계를 이룬 기초적인 사회적 관계성은 확대가족이나 씨족사회를 거의 벗어나지 못했을 뿐만 아니라 이들 사회 내부조차도 남성들에 의해 통제되었다. 따라서 사회적 교류는 미미하였으며 혈족간의 오래된 반목에 따른 원한과 복수 그리고 부채 상환 문제는 단호하게 처리되었다. 확대가족의 경계를 넘어서는 혈족과 친족 간의 결속은 철저히 이해관계에 따라 분열되곤 하였으며, 외부세계와의 교류를 통제당한 세상에서 살아남기 위해 은전을 베푸는 보다 힘 있는 자들에 대한 충성심에 의해 쉽게 와해되었다. 이들 유력자들은 외부 세계에 촌락을 대표하고 촌락민들에게 세금을 징수했던 촌장이나 족장, 지역 지주, 착취자, 농장주, 지역 군주, 왕들이었다. 이들 모두는 남성들로 다양한 신분의 촌락민들을 지원할 수 있었다: 곤경에 빠진 촌락민에게 재정적 지원을 하고, 다른 족장들과 군주들에 맞서 촌락민의 권리를 옹호하며, 법적 분쟁이 일어나면 촌락민의 사건을 맡아 변호하고, 촌락민의 삶을 결정짓는 부족한 자원을 두고 일어나는 끝없는 분쟁에 촌락민의 이익을 보호하였으며, 심지어 그들은 촌락민이 마을을 벗어나 위험지대로 여행을 떠날 때에 안전을 보장하기도 하였다. 촌락민은 보호자가 돌보는 세상 속에서 살아가는 의존적인 예속민이었다. 촌락민이 생산물과 각종 보호를 받을 수 있는 가능성과 기회보장은 지역 유력자들과의 친분과 개인적인 호의에 좌우되었다. 이들 지역 유력자들도 동일하게 자신들보다 더욱 강력한 힘을 지닌 자들과 결부되어 있었으며, 두세 명의 최고 실력자들이 자신들의 파벌의 지원을 받아 정치적 패권을 차지하기 위해 끊임없이 권력투쟁을 일으켰던 최고위 계층의 특권과 힘에 의존하였다.

당시 관습으로 촌락민들에게는 주변 친구들과 이웃들과 상부상조의 의무가 주어졌다. 보호자의 의무조항은 분명히 정립되지는 않았다. 보호자는 대개 남성이었지만, 아주 드물게 여성인 경우도 있었다. 그가 베푸는 호의는 권력과 영향력을 차지하기 위한 다른 유력자들과의 경쟁에 자신의 대의명분에 대한 충성심을 기반으로 주어졌다. 중재자는 예속민과 보호자 사이의 문제를 중재하였다. 중재자는 보호자처럼 인적자원을 통제하지 못했지만, 예속민들로 하여금 보호자와의 연락이나 접근을 용이하게 할 수 있었다. 이러한 역할은 일반적으로 촌락민이 아닌 외부의 비경작자들에 의해 수행되었지만, 부유한 촌락민들 가운데 많은 이들이 자발적으로 이러한 역할을 수행하였다.

중재자가 수행한 역할 가운데 가장 중요한 분야는 대출과 채무 관리였다. 최저 생계나 그 이하 수준의 삶은 극도로 불안정하였다. 가난은 장기적인 계획의 수립을 불가능하게 만들었다. 급변하는 기후와 정치 환경은 흔히 수많은 가정들이나 촌락 전체를 식량과 농사지을 씨앗의 절대부족과 무일푼의 극빈상태로 전락시켰다. 이러한 어려움에 처한 촌락민은 대출을 받도록 강요당했다. 이자율은 연간 50%에서 100%에 달했다. 촌락민은 그들이 보유하고 있던 가축, 경작지 사용권, 노동력, 혹은 다른 가족 구성원의 노동력을 담보로 제시하였다. 부채를 상환하지 못하는 경우는 촌락민이 아닌 사람들보다 더 많았으며, 무자비하게 담보물을 차압당했다. 이런 경우 가축이나 토지는 보호자의 소유가 되거나 촌락민이나 그의 가족은 부채노예가 되었다. 부채노예는 사실상 관례적으로 일정기간, 예를 들면 7년 정도로 제한되었다. 설사 이 같은 관습이 지켜졌다 하더라도, 한 가족의 가장의 노예화는 그의 가정을 비탄에 빠트렸다. 토지에 대한 어떠한 권리도 없이 다른 사람에게 노동력을 전적으로 제공해야 하는 상황에서는 한 가정이 경제적으로 회복할 수 있는 기회는 거의 드물었다.

촌락민들은 계약에 따라 보호자에게 토지의 양도와 노동력의 제공뿐만 아니라 보호자가 라이벌과의 분쟁과 충돌에서 그를 지지하는 것으로 자신들의 충성심을 보여주었다. 그들의 삶은 지역의 폭력적인 조직간의 싸움으로 인해 고통당했고, 전쟁을 일으켰던 보호자들에게 맡겨졌으며, 중개자에 의해 구속받았다. 촌락의 파벌주의는 복잡하였다. 라이벌간의 분열은 지리적 구역, 방언의 차이, 부족, 씨족, 촌락에 따라 나뉘어졌으며, 심지어 사회질서 유지를 위해 결사적이고 과감한 행동도 불사하며 흥망성쇠의 부침을 경험하면서 자발적인 조직화를 이룬 가문들에 의해 나뉘어졌다. 파벌의 서열을 나타내는 용어들은 가족관계, 집단, 군대 계급을 표현하는 용어들이 사용되었다. 최상위 계층들은 물론 그들의 피보호자들 사이에 벌어진 파벌 경쟁은 토지에 대한 궁극적인 소유권을 주장했던 군사 및 행정 조직인 국가의 통제권을 두고 벌어진 대립에서 절정에 달했다. 국가의 최고 지위는 왕이었지만, 실제 왕들은 변함없는 토지보유의 자율권한을 행사하지 못했다.[3]

촌락민들은 가능한 모든 방법을 동원하여 보호자들과 적들의 침해에 저항하였다. 그들은 생산물을 감추고 산지와 동굴을 은신처로 삼았다. 그들은 외부인들의 감시를 벗어나 자신들의 안전을 보장받을 수 있는 위험이 없는 곳으로 도주하였다. 노역을 강요받게 되면 가능한 최선을 다하지 않았다. 그들은 이웃 영지로 도망가거나 통제가 심하지 않은 지역에 거주하고 있던 일단의 유목민들이나 산적들에게 의존하기 위해 개인이나 가족, 때로는 촌락민 전체가 들판과 촌락을 포기하였다. 이러한 일반적 형태의 농민 저항은 촌락민들이 엘리트집단의 부당한 요구에 절대복종을 강요당했을 때조차도 그것을 당연하게 받아들이기 보다는 그들의 특권을 경멸했음을 입증한다. 적절한 조건만 갖추어지면 촌락민들은 대규모 반란을 일으켰으며, 비록 촌락을 벗어나 일치단결한 노동자들의 집단행동이 성공하기 어렵고 지속되기 어려웠음에도 지배체제에 대한 반란이 감행되었다. 농민반란은 고대 팔레스틴의 농촌지역에서 빈번하게 일어났다. 간혹 농민들은 최상류층 사이에 일어난 분쟁에 중대한 정치적인 영향력으로 작용하기도 하였으나, 노동자들의 일반적인 상황에는 지속적인 영향을 미치지는 못했다.

통상적으로 토지보유의 자율권과 내부적 경쟁관계의 두 번째 장은 동일한 팔레스틴 사회 내에서 권력과 특권을 두고 형성된 대안적 피라미드 조직체인 국가를 상대로 나타났다. 이 무대에서는 추측이나 허구적인 친족관계로 종족의 분파를 규정했던 부족조직의 개념들이 적용되었다. 흔히 부족조직은 국가가 관리할 수 없는 영토나 부족에게 관리하도록 양도된 토지 가운데 일부 토지의 보유권을 결정하였다. 족장들은 부족이 관리하는 농경지에 세금을 부과하는 영주가 되었다. 일반적인 경우는 아니지만 간혹 부족들은 양과 염소를 사육하는 목축업에 전업하여 특정 경작지에 얽매어 있지 않는 경우도 있었다. 이들 집단들의 유동성은 그들의 독립적인 사회적·정치적 정체성을 형성하는데 일조하였다. 부족과 부족 연합은 부족 간의 분쟁에 국가의 간섭을 배제함으로 파벌들 사이의 분쟁을 처리하거나 미연에 방지할 수 있는 자치권과 권한을 주장하였다. 하지만 부족들이 주장한 자치권이란 협력관계에 있던 부족들 서로 간에 전투가 벌어지는 현실과 또한 이러한 전투과정에서 국가 내 패권을 두고 경쟁을 벌였던 라이벌들이었던 피지배 계층들의 지원을 받아야 하는 상황에서 거의 현실성이 없는 미사여구에 불과하였다. 그렇지만, 부족주의(tribalism)라는 용어는 정치적 권리를 암시하였으며, 비록 부족의 주된 역할이 국가를 위해 용병들을 제공하는 것이었을 때에도 국가를 상대할 수 있는 실질적인 권력 집단이었음을 보여주었다. 팔레스틴 사회에서 고착화된 사회적 경계는 존재하지 않았다: 간혹 부족의 상류층은 스스로 국가의 최고위층이 되기도 하였다. 부족조직에 관한 보다 자세한 내용은 4장에서 논의할 것이다.

팔레스틴인들은 오늘날 일반적으로 이해되는 국가라는 개념을 가지고 있지 않았을 뿐만 아니라 그들 스스로 어느 특정 국가에 소속된 일원이라고도 생각하지 않았다. 점차 국가개념이 발전하게 되면서, 일정한 지역에서 확산된 정치적 합의의 개념은 왕과 그의 지식계층이 적대세력과 반대자들을 탄압하기 위한 수단으로 그리고 촌락민들로 하여금 하나의 조직체로서 경쟁관계에 있던 지역 귀족들과 외국의 왕들에 대항하도록 하기위한 방편의 전제로 왕실에 의해 철저히 계획된 것이었다. 수많은 통치자들 가운데 일개 지배자에 불과했던 왕은 마치 자신이 촌락인구 전체를 통제하는 체 했지만, 실제로는 그렇게 할 수 있는 위치에 있지 못했다. 왕은 끊임없이 확장과 축소가 반복된 영토의 흔히 곤경에 빠진 군주였기에, 국가라는 개념은 일반적으로 무리하게 확대되거나 혹은 자신들의 독특한 팔레스틴 문화를 지니고 있던 다른 지역에까지 미치지 못했다. 모든 상황들은 문화적 경계라는 측면에서 정치적 단위를 정의내리는 것에 반하여 진행되었다. 이집트, 이스라엘, 또는 그 외의 다른 어떤 나라의 경우에도 국가라는 개념은 계층과 파벌의 위협적인 공포감을 조성하였다. 최고 지도계층의 행태가 보여준 면면처럼, 농업시대에 나타난 국가개념의 목적은 곡물세 수입의 극대화였다.

모든 국가의 인종적 순수성은 상상력이 가미된 허구에 지나지 않았다. 팔레스틴의 지도층은 다양한 지역적, 인종적, 언어적 배경을 가진 자들이었다. 지도층 가문의 영고성쇠와 그들의 성적인 특권과 기회를 감안하면, 통치자들 사이의 생태학적·문화적 다양성은 비록 그리 현저하지 않았다 하더라도 피지배자들 사이의 다양성을 반영하였다. 성서시대 초기의 팔레스틴 군주들은 팔레스틴 지역뿐만 아니라 시리아, 이집트, 아나톨리아, 동부 지중해 전역의 연안지역 출신이었다. 후대의 상황도 마찬가지였다. 성서 시대 전체 기간 동안 팔레스틴의 모든 토착민들은 단지 두 가지 방언, 즉 히브리어를 포함해 서로 연관성이 있는 팔레스틴의 토착 방언과 이후에는 아람어 방언들을 사용했던 반면, 토지를 보유한 도시지역 거주민들은 히브리어, 이집트어, 힛타이트어, 후르리어, 인도-아리아어, 루비어, 그리스어, 페니키아어, 아람어, 앗시리아어, 바빌로니아어, 페르시아어, 라틴어, 아랍어를 포함한 스무 가지 언어 혹은 그 이상의 언어를 각기 구사하는 이들로 구성되었다. 팔레스틴의 도시인들은 국제인(international)이 아닌 세계인(cosmopolitan)이었다. 다시 말해, 비팔레스틴인(non-Palesinian) 도회지 인구는 단순히 외지출신이 아니라 각자 자신의 고유한 지역적 기반을 가진 촌락과 도시 지역 출신들이었다. 지배자가 교체되었을 때에도 농민들의 삶에는 별 차이가 없었다: 변함없이 세금, 임대료, 부채를 상환해야만 했다.

노동 그리고 신들과 여신들

일과 집, 일과 여가, 일과 교육, 일과 종교와 같은 현대적 구분은 고대 팔레스틴의 촌락민에게 아무런 의미가 없었다. 촌락민들은 어린 시절부터 세상을 떠나는 날까지 평생을 일해야만 했다. 그들이 행한 모든 것은 노동의 일부였다. 노동은 당연한 것으로, 필연적이며 자연스럽고 고귀한 것이었다. 파종과 추수, 토양과 씨앗, 비, 수원지와 우물, 그리고 식량과 저장 등 모든 분야의 일은 촌락민들에게 끊임없이 염려와 관심의 대상이 되었던 것처럼 심오한 종교적 의미를 내포하고 있었다.

노동 집단들 촌락의 신들, 신령들, 도깨비, 악마들, 마귀들, 정령들 모두는 생산과 번식 과정 전반에 관여한다고 여겨졌다. 집과 들판의 모든 구석진 곳과 갈라진 틈에는 악한 신령들이 거주하고 날이 어두워지면 땅에서 나오고 동이 틀 때 자신들의 소굴로 돌아간다고 믿어졌다.

그들이 내는 발자국 소리, 잡담, 속삭임과 비명, 쉿 하는 소리와 깔깔거리는 웃음소리들은 종종 동물, 벌레, 바람이 일으키는 소리와 분간하기 어려웠다. 신령이 신중하지 못한 사람을 현혹시키기 위해 속세의 모습으로 가장하여 나타나면, 사람은 속아 넘어가지 않도록 신중해야만 했다. 마력은 실재했으며, 악마는 위험을 주시하였다. 망자는 공동체의 일원으로 남아 겁을 주거나 위로하기 위해 환생하였다. 주술, 마술, 점술은 "작용하였다." 지역의 성자들과 여러 다른 기묘한 사람들은 신성한 의식을 거행했다. 여성이 반드시 지켜야만 하는 가부장적 규범을 어긴 여자들은 마녀로 간주되었다. 가난하며 늙고 아이가 없으며 신체적으로 불구인 여성은 건강한 자녀, 넘쳐나는 수확물, 늘어나는 가축을 소유한 가정에 질투심을 가지고 있는 것으로 여겨졌다. 그녀는 정상적인 관계를 가지는 대신 위험한 신령들과 어울리는 것으로 간주되었다. 따라서 이러한 여성은 출산의식, 장례식 전야에 치러지는 입관예식, 결혼식, 그 외의 다른 인생의 전환기를 기념할 신성한 의식에 참여하여 돕도록 요청되었다. 동시에 그녀가 심각한 폐해도 유발할 수 있었기에, 그녀에 대한 특별한 주의도 요구되었다. 다분히 문제의 소지가 있는 특별한 능력을 보유한 남녀 지역 성자들("예언자들")이 촌락들 간에 발생한 적대감, 사실의 진위파악, 권력에 대한 이견을 원만히 조정하고 촌락 간 공동체 정체성을 통합하여 확대된 공동체로 발전될 수 있도록, 그들에게 지배자와 피지배자의 구별 없이 공동체의 역량을 도출해 낼 수 있는 권한이 주어졌다.

중재자들과 후견인들처럼 신, 여신, 신령, 악마, 정령들은 제멋대로 행동하고 속임수를 쓰며 교묘하게 책임을 회피하며 훼방을 놓는 의심의 대상인 동시에 숭배의 대상으로 여겨졌다. 촌락에서 거행된 의식은 보리, 밀, 포도를 수확하는 추수 감사 축제일에 집중되었다. 제례 의식은 살아있거나 이미 사망한 거룩한 남녀들과 신령들을 위한 의식이 주를 이루었다. 이러한 예식은 점쟁이, 강령 술사, 예언자, 또는 혼령들에 의해 집안의 구석진 곳이나 화로나 구유 근처에 있던 가정 제단 또는 신비스러운 우물, 나무, 돌무더기, 무덤 근처에 위치한 지역 성소들에서 거행되었다. 신령한 영을 따르는 이들이 함께 했던 이들 소규모 지역 성소들은 촌락의 경계를 넘어 다양한 사회집단들이 도움과 허락을 구하고 사법권이 행사되는 중심지였다.

촌락민들은 팔레스틴의 남신들과 여신들인 엘(El), 바알(Baal), 아스타르(Athtar), 아스탈트(Athtart/Asrarte), 아낫(Anat), 아세라(Asherah), 다곤(Dargon), 레셉(Reshep), 샤마쉬(Shamsh/Shamash), 호론(Horon), 그리고 그 외의 여러 신들 모두에 대해 잘 알고 있었으며, 이들이 망령들과 주술사들처럼 생산과 번식에 영향을 미친다고 믿었다. 하지만 이들 신적 존재들도 영향력을 행사하던 다른 수많은 실체들 중 하나에 불과했기에, 따라서 집, 들판, 혹은 우물에 보다 즉각적인 영향력을 행사하고 있던 지역의 다른 세력들과 촌락민들의 주목을 끌기 위해 경쟁해야만 했다. 노동자들은 왕, 관리, 군주들이 신들에 관한 모든 사항들을 선점하고 있었기에 신적 존재들과 직접적인 관계를 가지지 못했다. 다양한 신들의 역할에 대한 자세한 설명, 그들의 행동과 영향력에 대한 이론, 공식적 제의에 사용되는 규정화된 기도문, 경전의 제작과 연구와 같은 이 모든 활동들은 엘리트 계층이 거행한 제례 의식의 후원을 받아 이루어졌다. 노동자들의 경우 신들과 영들이 활동하는 세계는 촌락, 주거지, 들판이었다: 그들은 신적 존재들이 일에 대한 끊임없는 염려, 생산량의 증대와 감소, 사회적 관계에서 경험하는 명예와 치욕, 질병과 부채에서 벗어날 수 없는 괴로움, 변덕스러운 편애, 불만스러운 운명과 속임수 등 노동생활과 관련된 모든 일에 관여한다고 믿었다.

적대적인 집단들 모든 사람들이 생산과 재생산 활동에 종사한 것은 아니었다. 직접적으로 노동활동에 관여하지 않았던 촌락의 비경작인들에는 단지 황소, 쟁기, 그 외의 생산 활동에 필요한 도구들을 제공한 작업반 감독들, 작업 인부를 제공하는 인력 공급업자들, 지역의 소지주로 자신의 경지를 개간하는데 필요한 노동인력을 채용할 수 있는 여유를 가진 이들, 외부에는 지주로 알려졌지만 실제로는 촌락에 거주하고 있던 관리들과 대리인들이 있었다. 도회지와 도시 그리고 자신들의 농장에 거주했던 부유한 가정들은 일을 하지 않았다. 농촌 지역에 반해 도회지의 부유한 도시 가정들은 자체적으로 식량을 조달할 수 없었다. 그들은 식량을 촌락들에서 구했다. 부자들은 팔레스틴에서 토지에 대한 가장 확고한 권리를 소유하고 있었다. 이들 부자들에는 왕, 왕족, 군인, 고위관리, 행정관, 종교기관의 최고위 사제들과 함께 유력한 부족의 족장, 장로, 군인들이 포함되었다. 직접 농사를 짓지 않던 이들 토지 소유자들은 부재지주였다. 그들은 촌락의 토지를 보유하고 있었거나 자신들의 농장에 노동력을 제공했던 촌락들과 그 인근지역에 대규모 농장을 소유하고 있었다. 만약 농장 지역 내에 촌락이 없는 경우에는, 그곳에서 일할 촌락민들은 다른 지역에서 데리고 왔다. 촌락과 대규모 농장의 경작지에서 일을 했던 촌락민들은 부재지주들을 대면할 기회는 거의 없었으며, 수확물의 배당몫, 세금, 임대료, 부채를 받으러 나타난 채권 대리인, 군대, 난폭한 중개인들만 만날 수 있었다.

한 가정이 더 많은 땅을 지배하면 할수록, 그 구성원들의 일은 점점 줄어들었고 더 많은 것을 소비할 수 있었다. 도회지와 부족의 지주들은 촌락민들보다 많은 양의 질 좋은 먹을거리를 소비하였다. 그들은 신선한 빵, 질 좋은 식용유와 포도주, 많은 과일을 먹을 수 있었으며, 많은 양의 육류를 정기적으로 섭취하였다.

대지주들은 촌락민들보다 화려하고도 질 좋은 많은 의복을 가지고 있었다. 그들은 양모 외에도 리넨과 무명으로 만들어진 외투와 수입원단으로 만들어진 의복을 흔히 착용하였다. 성서에 기록된 율법에 의하면, 도회지의 제사장들에게는 항상 처음 깎은 양털이 주어져 양이 생산할 수 있는 양모 중에서도 가장 길고 질 좋은 양털을 가질 수 있었다.

대지주들은 보다 좋은 집에서 거주하였다. 그들의 집은 규모가 컸을 뿐만 아니라 흔히 잘 다듬어진 돌로 건축되었다. 대부분의 대지주들은 여러 채의 집을 소유하고 있었다: 이들 엘리트 가정들은 한 곳에서만 거주하지 않고 계절의 변화와 기분에 따라 여러 지역으로 이사하였다.

이와 같이 의식주를 포함해 모든 면에서 유리한 입장에 있던 토지를 보유한 엘리트들은 촌락민들보다 일반적으로 키가 크고 건강했다. 이스라엘의 초대 왕인 사울은 그의 동료 위로 머리와 어깨가 있을 정도로 컸다고 전해진다. 성서의 초기 (허구적인) 역사에는 이주해 온 이스라엘인들이 조우한 소도시 거주 팔레스틴인들을 거인들로 묘사하고 있으며, 그에 반해 일반인들은 메뚜기 같았다고 전한다.

엘리트들이 상해를 입는 경우는 드문 일이 아니었는데, 엘리트 남성들의 가장 중요한 활동이 전쟁이었기 때문이다. 토지를 보유한 엘리트 남성의 최우선 과제는 증가하는 생산지와 생산 인구를 상대로 토지 보유권을 관리하기 위해서 자신의 세력을 확장하는 것이었다. 토지 보유자가 전차병, 궁수, 검술사, 행정관, 상인, 제사장, 성전 음악가이든 간에, 그는 통치가문이나 동맹관계에 있던 집단 혹은 이들과 반대진영에 있던 가문들이나 동맹세력을 위해 종사하였다. 지배자가 권력을 유지하거나 토지 보유자가 자신의 경작지를 확장할 수 있는 주된 방법은 더 많은 것을 차지하기 위해 싸우는 것이었다. 전투에는 무기, 수송수단, 전투식량, 보급품, 정신적 지지, 그리고 궁정문학에 의해 강화된 정의감의 단호한 실천이 요구되었으며, 전투에 필요한 모든 것들은 직접 촌락들로부터 획득한 것이거나 간접적으로 재산 일부를 처분하여 촌락 생산물과의 교환을 통해 얻어졌다. 촌락민들은 전쟁이 지속되는 동안 필요한 물자를 공급해야만 했을 뿐만 아니라 직접 전투에 참여해야만 했다. 이처럼 권력자들 간의 분쟁은 지배계층을 통해 그들을 지원하기 위해 강제 징집을 당해야만 했던 촌락민들을 분화시켰다.

노동자들의 경우와 마찬가지로 엘리트 가정은 단순한 가정 단위 이상이었다. 최고의 권한을 가진 사회적 단위이자 토지보유자인 엘리트 가정은 과세군주, 채권자, 행정관으로서의 권한을 행사한 권력의 중심이었다. 이 사회조직은 토지보유자가 재산과 신분을 상속할 수 있는 권리를 유지하며 스스로를 방어하거나 다른 이들에 맞서 전투를 벌이는 일련의 과정을 통해 형성된 조직이었다. 생산 활동에 직접적인 관여를 하지 않았던 엘리트들의 경우, 그들의 가문은 무엇보다도 정치적 조직체였다. 이들 가문은 자신들의 정치적 연대의식을 강화하기 위해 필요한 경우 가족 구성권, 하인, 예속민, 추종자들이 함께 모여 먹고 마셨으며 동일한 종교적 성지를 방문하였다.

제의와 사법권 성소의 제례의식은 엘리트 가문 내 실력자의 사법권을 강화하는데 이용되었다. 이들은 제의를 통해 지역의 법률을 해석하고 적용할 수 있는 핵심 보호자로서 권한과 힘을 공고히 하였다. 규정화된 법률에는 토지 사용, 대부, 세금, 불법 행위에 관한 제반 사항들이 포함되었다. 공적인 재판은 당시 거주지 환경이 비좁은 주택들과 좁은 골목길로 연결되어 많은 사람들이 모일 수 있는 공간이 부족했던 관계로 일반적으로 성문 어귀, 소도시 혹은 촌락의 외곽지역이나 촌락의 경작지와 같은 넓은 공개장소에서 진행되었다. 재판의 과정은 이해 당사자들이 진실을 규명하기 위해 각자 지역의 성인들과 신령들의 인정을 받기 위해 노력했던 만큼 권력의 대결장이기도 하였다. 토지 사용권처럼 사법권도 복잡한 형태로 얽혀있었다. 아주 드문 경우를 제외하고 사법권은 가문의 권력에 기반을 두고 있었으며, 사법권의 조직망은 가문들의 세력 향배를 결정지었던 동맹관계와 대결구도에 따라 결정되었다. 힘은 곧 정의였으며, 힘은 정치 가문을 의미하였다: 이러한 정치 가문에는 모험심이 강하고 맹렬히 전투에 임한 아버지들, 숙부들, 아들들, 사위들, 영리하고 고귀하며 건강한 가임 여성들이 있었다. 바로 이러한 힘의 정치학은 가장 근원적인 관습으로, "모든 만물의 왕인 관습은 강한 자의 손이 행하는 모든 야만적인 행위들을 합리화하는 길로 인도하였다"(핀다로스: 기원전 5세기 그리스 서정시인).

엘리트 집단의 제의는 그들을 후원한 신적 존재들이 무장 권력, 정복, 방어 그리고 식량의 집하, 저장, 배급, 운영에 대해 관심을 가지고 있다는 사실을 보여주었다. 이러한 모든 계획을 관장하는 수호신은 바알(Baal)이었다. 바알은 무력분쟁에 개입하며, 적을 무찌르고, 그의 왕궁을 건축하며, 그의 가문을 일으키고, 변덕스러운 날씨와 토지의 생산을 보장하고, 사회질서를 공고히 하는 것으로 믿어졌다. 바알은 직접적으로 일을 하지 않는 존재였음에도, 왕과 생산자 모두에게 선호와 존경의 대상이었다. 엘(El)은 여러 부족신들 가운데 최고의 신이었다. 그는 유목민들처럼 텐트에서 거주한다고 믿어졌지만, 가끔은 부족들이 왕래한 무역로와 여행로가 위치한 고원지대, 사막, 바다 근처 해안가나 산간지대에 거주한다고 여겨졌다. 아낫(Anat)과 아스탈트(Astarte)는 주권적 신의 배우자이자 통치자 그리고 성적 매력과 마력을 소유한 여신들이었다. 최고의 신 엘의 배우자는 아세라였으며 엘의 특별 관리대상이었던 바닷길을 공유하였다. 호론(Horn)은 지하세계를 관장하였으며, 그곳은 수많은 용맹한 군사들이 거주하도록 운명 지어진 곳이었다. 레셉(Reshep)은 전쟁 중에 전사들을 부상, 희생, 혹은 열병으로부터 보호하는 신이었다. 태양의 신 샤마쉬(Shamash)는 하늘을 통치하였으며 땅 위와 아래에 일어나는 모든 행위들을 판단하여 신들의 왕국과 지상에 올바른 판결을 내리는 신이었다. 이러한 신들과 여신들을 위한 제례의식에는 엄청난 양의 고기들이 제물로 사용되었고, 그것들은 신들의 즐거움을 위해 전량 불태워져 바쳐졌거나 제례를 담당한 사제 또는 제사장에게 제공되었으며, 가끔은 왕실뿐만 아니라 신들도 제물을 먹는지 염려했던 제물 공여자들에게도 나누어졌다. 도회지의 제의에서는 팔레스틴의 엘리트 계층이 해외무역을 통해 거래했던 값비싼 물품들, 즉 최상품 옷감으로 만들어진 의복, 청동 및 금은제 용구, 귀중한 보석류, 향료가 사용되었다.

통치 엘리트들도 마법과 신령한 세계에 깊이 관여하였지만, 그들의 관심사인 군사 활동과 통치영역의 측면에서만 제의에 참여하여 하층 계급보다는 덜 숙명적이었다. 전쟁용사 집단들은 전사자를 위한 예식을 거행하였으며, 이러한 예식에서 그들은 전사한 영웅들과의 영적 교감을 기념하기 위해 촌락민들의 희생으로 마련한 고기와 포도주로 과도한 향연을 베풀어 자신들의 신체를 튼튼히 했을 뿐만 아니라 자신들의 방탕함을 충족하였다. 재판이 벌어진 성소의 신령들과 악령들의 특전은 끊임없이 정의와 자비를 호소했던 피보호민들과 채무자들의 탄원과는 상관없는 방향으로 흘러갔으며, 이들은 자신들의 보잘것없는 탄원과는 비교할 수 없는 엄청난 계획들이 세상에서 진행되고 있다는 사실을 알지 못했다. 팔레스틴 용사들이 섬긴 신들은 대제국 이집트의 통치 시대에는 이집트인 용사들의 신들이 되었으며, 마찬가지로 이집트의 신들도 팔레스틴에서 같은 과정을 통해 신으로 추앙받았다. 일례로 팔레스틴을 침공한 파라오는 바알처럼 보였다. 이러한 현상은 이후 앗시리아와 바빌로니아가 지배하던 시기에도 그대로 나타났다. 팽창과 확장을 삶의 의미로 여겼던 부유한 자들의 문화와 그들의 제의 역시 쉽게 전쟁의 경계선을 넘나들었으며, 특별히 제국의 칙명이라는 기치아래 더더욱 그러하였다.

제2장
팔레스틴에서의 이집트

비옥한 초승달 지대(The Fertile Crescent)의 양 끝은 두 개의 거대한 풍요로운 하곡지역으로 이집트와 메소포타미아가 자리하고 있었다. 이들 두 계곡은 자연강우에만 의존한 농업보다 생산성이 몇 배 이상 높은 관개농업을 통해 엄청난 인구를 보유할 수 있었다. 각 계곡의 유력자는 세력을 규합할 수 있을 때마다 계곡을 넘어 통치권을 확장하였으며 세습제를 기반으로 영토에 대한 자신의 통치기반을 굳건히 한 후 그의 후계자에게 권력을 이양하였다. 이들 계곡 사이에 위치한 중앙 아나톨리아는 힛타이트 부족 왕국인 하티(Hatti) 제국과 북부 시리아의 미타니(Mitanni) 왕국을 지원하였다. 알트(Alt)가 지적한바와 같이, 이스라엘 역사는 이집트와 하티 왕국이 그들 사이에 위치한 초승달 지역의 패권 경쟁을 벌이는 것과 함께 시작되었다. 팔레스틴 지역을 차지한 나라는 이집트였다. 이스라엘의 출현 전후 수세기에 걸쳐 이집트의 권력자들, 지휘관들, 전사들, 대리군주들은 팔레스틴의 저지대와 산지로 군사원정을 감행하여 이집트의 통치권을 유지하였다.

이집트의 권력자들은 무역로와 영토 관할권을 획득하기 위해 팔레스틴 내륙의 여러 도시들과 해안도로가 통과하는 지역의 도시들을 정복하였다. 현존하는 당시의 이집트 부조상은 팔레스틴 도시를 포위하고 점령한 파라오에 관한 26가지의 구체적인 사례들을 보여주고 있다. 영토 확장은 이집트로 하여금 공물운반과 무역로의 확보는 물론, 보다 중요한 이집트 본토로의 침공을 방지하는 완충 지대를 제공하였다. 기원전 1500년경 시작된 이집트 신왕국의 시대는 해상무역과 내륙무역이 활발하게 전개되던 시기였다. 바다는 나일 강 삼각주와 팔레스틴과 시리아 연안을 오고가는 엄청난 물동량을 수용하기에 적합하였다. 내륙도로를 통해 이집트를 오가는 나귀 대상들의 규모는 가축무리의 수가 400마리에 달했거나 그 이상이었다. 이집트 왕실은 지역에서 구할 수 없거나 부족한 사치품과 군수품들을 공물과 무역으로 충당하였다. 이들 물품들에는 구리, 주석, 목재, 밀, 올리브유, 포도주, 암소, 양털, 보석, 노예, 땅콩, 향신료 등이 포함되어 있었다. 노예들과 목재는 특별히 중요하게 여겨졌는데, 나무는 건축과 목공품의 재료와 제련에 필요한 연료로 사용되었다. 그 대가로 팔레스틴의 실력자들은 이집트 왕실로부터 가끔 지역의 곡식 선적물, 안전보장, 은, 사치스러운 도자기들, 의류들, 희귀한 생선 등 이국적인 물품들을 받았다.

구리와 주석은 동을 생산하는데 필수적인 광물이었다. 이집트는 팔레스틴 노동자들과 노예들을 이용하여 시나이(Sinai)와 사해 남쪽 아라바(Arabah) 지역에서 일정양의 구리를 채굴했을 뿐만 아니라, 많은 양을 고대세계의 최대 구리 주산지인 사이프러스(Cyprus)로부터 수입하였다. 주석은 멀리 동쪽 이란과 아프가니스탄 그리고 멀리 서쪽의 스페인으로부터 가져왔다. 주석은 동쪽 지역에서 선적되어 앗시리아 그리고 유프라테스를 거쳐 다시 육로를 통해 해안지대로 운송된 후 다시 바다를 통해 지중해 동부 전 지역으로 수송되었다. 일부 주석은 중앙 유프라테스 지역에서 다마스쿠스를 거쳐 북부 팔레스틴의 하솔까지 내륙으로 운반되었다. 레바논과 아마누스(Amanus) 산맥의 산림지대는 이집트의 선박, 궁궐, 가구, 활, 그 외의 최고급 목제품 생산에 필요한 목재의 주요 산지였다.

동부 지중해와 그 연안지대는 주요 무역 중심지를 기반으로 활동한 다양한 정치, 군사, 해상 세력들의 치열한 격전장이자 기회주의적 동맹이 결성되던 무대였다. 유프라테스 상류와 동부 지중해 지역을 지배한다는 것은 모든 주요 왕실의 번영에 필수불가결한 조건인 전략적 무역 요충지를 차지하는 것을 의미하였다. 파라오의 왕실 역시 나일 지역 그리고 홍해와 아라비아 해의 무역을 관장하였다. 지중해 중동부는 그리스와 크레타의 일부 그리스 왕실의 지배하에 들어갔다. 하티는 중앙 아나톨리아와 북부 시리아의 일부 봉신국가들을 지배하였다. 15세기와 14세기를 거쳐 이집트와 하티가 세력을 확장함에 따라, 이들 두 제국은 시리아에서 대결하게 되었다.

투트모세(Tuthmose) 3세와 신왕국

기원전 1650-1550년경 중왕국의 쇠퇴기에 이르러, 힉소스 부족의 팔레스틴인 실력자들은 멤피스로부터 나일 삼각주의 아바리스(Avaris)까지 이집트와 팔레스틴 지역을 통치하였다. 이집트에서 그들의 통치는 신왕국 창시자인 카모세(Kamose)와 그의 형제 아모세(Ahmose: 1552-1527)에 의해 종말을 맞게 되었다. 마지막 힉소스 왕을 아바리스로부터 축출하는데 10년이 걸렸으며 그 다음 3년간 팔레스틴 내의 가자(Gaza) 동남쪽 샤루헨(Sharuen)을 함락하기 위해 줄기차게 포위공격을 감행하였다. 샤루헨에서 거둔 아모세의 승리는 팔레스틴에 이집트 신왕국 시대의 도래를 알리는 신호였으며, 신왕국이 주도한 이러한 정치질서는 그 후 400년간 팔레스틴에서 지속되었으며 이스라엘의 출현에도 중추적인 역할로 작용하였다.

초기 신왕국 군사 원정들은 산발적으로 이루어졌다. 이집트의 문서들은 투트모세 1세(1506-1494)가 미타니 왕국을 상대로 멀리 유프라테스까지 원정했다고 전한다. 투트모세 2세(1494-1490)는 반란을 일으킨 팔레스틴 동쪽의 부족들을 공격할 수 있었던 기간 동안만 통치하였다. 고고학적 탐사결과 팔레스틴에서 철저한 파괴가 진행되었음을 보여주고 있다. 약 1550-1480년 사이에 점유된 것으로 보이는 팔레스틴 지역의 모든 발굴유적지들에서 적어도 하나의 파괴 지층이 발견되었을 뿐만 아니라, 많은 지역에서는 그 시기에 더 많은 파괴가 일어났음을 입증하는 지층들이 드러나고 있다. 파괴 지층들의 원인으로 다양한 가능성이 제시될 수 있지만, 수많은 지역에서 동시다발적으로 나타나는 지층은 당시 팔레스틴 세력들의 퇴보와 혼란상을 반영한다 할 수 있을 것이다.

투트모세 3세(1490-1436)는 약 1468년부터 거의 20년간 매년 팔레스틴과 시리아로 군사 원정을 감행하였다. 매해 봄, 사막에서 겨울철 초목을 군마의 사료로 이용 가능하고 강우량이 줄어 원정대가 진흙과 습지에 빠지지 않는 시기가 되면 파라오는 군대를 소집하고 전차와 사수들로 구성된 선봉대를 앞세워 시나이를 거쳐 팔레스틴 해안을 따라 진군하였다. 팔레스틴에 이르면 곡식과 건초 수확이 절정기에 달했음으로, 그들이 이동한 간선도로의 사정거리에 위치한 모든 촌락들은 군량미 보충과 사료 획득을 위한 잠재적 공격 대상이었다.

투트모세 3세는 그의 첫 원정에서 카데쉬(Qadesh)의 지배자가 징수권과 사법권을 지키기 위해 주도한 지역 실력자 동맹과 시리아의 오른테스(Orontes) 강에서 맞닥뜨리게 되었다. 전선은 팔레스틴 북쪽에서 갈멜 산지를 지나 평야지대로 연결되는 주요 통로에 위치했던 전략요충지인 므깃도 근처 이스르엘(Jezreel) 골짜기에 형성되었다. 이집트에서 시리아에 이르는 해안 도로와 북쪽과 동쪽 지역의 모든 교통은 이 간선 도로를 통과했다. 므깃도를 방어하던 아시아 연합은 파라오와의 결전을 위해 전장으로 진격하였다. 투트모세는 그들을 상대로 압도적인 승리를 거두었으며, 목숨을 부지한 패잔병들은 이집트 왕이 손쉽게 전리품으로 노획한 금과 은으로 장식된 전차와 군마를 버려둔 체 그들의 도시로 퇴각하였다. 퇴각한 도시를 상대로 방어와 공격의 일반적 형태인 포위공격이 개시하였다.

공격은 5월부터 12월까지 계속되었다. 마침내 도시는 함락되고, 투트모세는 "외국의 왕자에게 자신의 위엄을 찬송하도록 엎드려 배를 땅에 닿게 하였다."[1] 정복자는 패배한 왕자들과 그들의 수하 장졸들과 그 가족들로 하여금 자신이 약탈한 금, 은, 청금석, 터키옥, 밀, 보리, 양, 염소, 소를 이집트로 수송하게 하였다. 노획한 물품의 규모는 엄청났다. 밀의 양은 병사들이 전리품으로 가져간 몫을 제외하고도 11,000톤에 달했다. 가축 떼의 규모는 양 20,500마리와 소 1,929마리를 헤아렸다. 그 이후 므깃도 지역에서는 농지 개간에 필요한 소의 쟁기가 오랫동안 사치품이 되었을 정도였다. 또한 파라오는 포로 340명, 말 2,041마리, 200벌의 가죽 외투, 502개의 활, 전차 924대를 약탈하였으며, 그 중 전차 한 대는 완전히 금으로 만들어진 기념비적인 예술품이었다. 그리고 그는 이전에 므깃도의 통치자와 그의 동맹들이 관리했던 비옥한 농지의 매해 수확물들을 자신에게 충성을 맹세한 이집트인과 팔레스틴인 실력자들에게 분배하였다. 이들 실력자들은 저지대 전역의 소유권을 선포한 파라오에게 은혜를 입은 새로운 도회지 엘리트 계층과 협정을 맺었다.

투트모세는 계속해서 카데쉬에 부속되었던 것으로 보이는 므깃도 북쪽의 세 개 도시들- 야노암(Yanoam), 누하쉐(Nuhashe), 할쿠르(Halkur)을 약탈하기 위해 원정을 이어갔다. 그곳에서 또 다른 1,796명의 노예들과 그들의 자녀들, 호사스럽게 장식된 수많은 접시, 항아리, 그릇, 가정용구들, 한 번도 사용하지 않은 둥근 주화형태의 금과 은 235파운드, 수많은 화려한 의자들, 식탁, 발판, 조각품, 옷가지를 노획하였다. 왕은 자신의 치적을 다음과 같이 소개하고 있다: "[이들 도시의] 광활한 토지들을 경작이 가능한 지역으로 재분할하였으며 ……. 수확물을 추수할 수 있도록 왕실의 감독관들에게 다시 할당하였다."[2] 따라서 이집트의 왕은 아시아 해안 저지대 전역에 대한 봉건적 영주권을 보유하게 되었다.

이러한 권리를 유지하기 위해 투트모세는 아시아에 적어도 15차례 이상의 군사원정을 더 감행하였다. 그의 다섯 번째 원정은 북부 시리아보다 더 북쪽으로 나아갔다. 원정 중에, 그는 두 척의 화물선에 실을 만큼의 "남여 노예들과 구리, 주석, 에머리(emery: 금강사의 일종), 그 외의 각종 광물들"을 노획하였다. 그가 파괴했던 반란도시 한곳에는 "곡식으로 가득했다. 그곳의 무성한 모든 관상수들이 베어졌다. 그의 위엄은 많은 열매가 달린 과수원이 즐비했던 자히(Djahi) 전역[시리아]에 달했다. 그는 물이 흐르는 것처럼 양조통에 포도주가 차고 넘치는 것과 타작마당에서 가득한 곡식들을 발견하였다……. 그곳의 양식은 해안의 모래보다도 더 많았다. 군대는 그들의 영지에 가득하였다……. 이제 그의 위대한 군대는 이집트에서 거행된 연회처럼 매일 술에 취했으며 기름이 부어졌다."[3]

여섯 번째 원정에서 투트모세는 이전 원정에서 약탈했던 소도시들과 카데쉬를 다시 파괴하였다. 여느 때처럼, 그는 이들 도시 엘리트들의 어린 자녀들을 포로로 삼았다. "목록에 오른 왕자의 자녀들을 그 해에 끌

고 갔다: 남자 36명; 남녀 노예 181명, 말 188마리, 전차 40대." 일곱 번째 원정에서 그는 해안가 도처에 위치한 항구들의 통제권을 공고히 하였다. 그는 자신이 파괴한 "모든 항구 도시"에서 선적 대기 중인 빵, 올리브유, 향료, 포도주, 꿀, 과일들을 확인하고 의기양양했다. 약탈한 물량은 서기관이 기념비석에 기입해야 하는 "단어들을 더하지 않으려고" 물품의 목록 작성을 거부할 정도로 많은 양이었다.[4]

투트모세는 복속한 도회지를 따라 이집트의 통제아래 놓인 영토를 관리할 요새들의 망상조직을 구축하였다. 주요 이집트인 총독들이 가자(Gaza), 레바논 비카(Biqa) 계곡의 주요 교차로에 위치한 쿠미디(Kumidi), 그리고 현재 트리폴리(Tripoli)로 불리는 고대 아무르(Amurru) 서쪽 지중해 연안의 수무르(Sumur)에 배치되었다. 팔레스틴 해안의 욥바는 북쪽 해안의 울라사(Ullasa)와 함께 주요 군수기지였다. 쿠미디(Kumidi)를 제외한 이들 모든 도시들의 지역 통치자들은 이집트인 관리들에 의해 좌천되거나 면직되어 교체되었다. 팔레스틴과 남부와 중부 해안은 하나의 행정 구역(가나안)이[5] 되었고 하솔 북부부터 카데쉬까지 남부 시리아 지역은 또 따른 행정구역(아푸[Apu] 또는 우푸[Upu])으로 편입되었다. 보다 북쪽에 위치한 세 번째 구역은 다른 방식으로 통치되었던 것으로 보인다. 그 지역은 비효율적으로 통제되었을 뿐만 아니라 매년 공물을 부담하지 않았던 것으로 보인다. 이집트 부대와 외국 용병들은 이집트가 장악한 영토 내 수많은 다른 소도시에 수비대를 배치하였다. 이들 요새들에는 이집트로부터 시리아와 메소포타미아 그리고 야노암(Yanoam)까지 연결된 주요 간선도로를 경비할 수 있는 이스르엘 계곡 동쪽 벧산(Bethshan)의 팔레스틴인들의 소도시들이 포함되었다.

이집트인 총독들은 주재원이나 대리인 또는 보다 일반적으로 "위대자" 혹은 유력자로 불렀다. 지방의 통치자들은 시장, 왕, "봉신" 또는 *웨*

르(*wer*: "유력자"라는 의미의 이집트어)로 지칭되었다. 이집트인 총독들과 행정관들은 예속도시들의 지배자들로부터 공물을 징수하고 이집트 부대에 필요한 군량미를 제공받았을 뿐만 아니라, 그들의 무역활동을 보호하였으며 합병된 경작지에 필요한 노동력을 위해 요새도시들에 *콜비*(*corvée*: 강제노역자) 무리들을 제공하였다. 기원전 14세기 므깃도의 왕은 이집트 왕에게 다음과 같은 서신을 보냈다: "나의 주, 왕이시여. 당신의 종과 도시를 판단하소서. 저의 경우 슈나마(Shunama)에서 경작하고 있으며, 그리고 저의 경우 일꾼들에게 *콜비*를 제공하고 있습니다. 그러나 보소서, 저와 함께한 다른 도시의 지배자들은 저와 같이 하지 않습니다. 그들은 슈나마에서 경작하지 않으며 그리고 일꾼들에게 *콜비*를 제공하지 않습니다. 하지만 저는 그 일들을 수행하고 있습니다."[6] 이들 무리들은 경작활동 뿐만 아니라 도시를 방어하는 수비대로 배치되었으며, 성벽과 성문을 방어하고, 피해를 복구하였다.

아시아 영토에서의 통치행위는 - 조세제도, 신전 부지인 왕실 소유지의 처리, 이집트 대리인의 이용 - 이집트의 관례를 전형으로 삼아 이행되었다. 이집트 왕실은 자국의 국내 치안 유지를 오늘날 수단의 북쪽에 해당하는 이집트 남동부 출신의 준군사조직인 메드자이(Medjay) 부족에 의존하고 있었으며, 이들을 아시아 영토의 치안을 담당하도록 팔레스틴과 시리아로 파견하였다.

왕실 소유지의 체제는 앞서 일부 소개한 바 있는 투트모세 하에 작성된 기록물에서 다음과 같이 묘사되어 있다: "토지는 경작 구역들로 조성되었으며 ……. 그곳의 작물을 수확하도록 왕실의 감독관들에게 할당하였다. 폐하가 므깃도에 부속된 농지구역에서 거두어들인 수확물의 목록은 밀 207,300 포대 ……." 이러한 운영방식은 최소한 첫 원정에서 점령한 네 개 도시들에 적용된 것으로 보이며, 동일한 관리방식이 다른 곳에서도 적용되었을 것이라는 사실은 의심의 여지가 없다. 다른 문서들도 왕실 경작지와 인접한 소도시들의 지배자들이 원거리에 위치했던 지배자들이 보낸 노동인력 집단들의 관리책임을 지고 있었음을 보여주고 있다. 수확물들은 이집트 군사원정의 신속한 지원을 위해 욥바(Yoppa)와 같은 도회지 곡물 창고지로 수송되었다. 생산물 가운데 일부는 이집트로 바로 운송되었을 것이다.

이렇게 이집트 왕실의 대농지는 팔레스틴 내 모든 도시들의 인근지역에 위치하였다. 많은 도시들에는 이집트식 도시명이 주어졌으며, 이들 도시들과 부속토지들은 지역의 왕족들로부터 완전히 몰수되었다. 일례로 가자는 투트모세의 의해 "지배자가 점령한 곳"이란 이름으로 재명명되었다. 다른 도시들도 이집트 왕의 이름을 따라 투트모세, 이후에는 람세스(Ramsses)와 메르넵타(Merneptah)로 명명되었다. 투트모세가 야노암(Yanoam), 누하쉐(Nuhashe), 할쿠르(Halkur)를 400마일 떨어진 나일 강 상류 카르낙(Karnak)에 위치한 아몬 신전에 봉헌한지 얼마 지나지 않아, 매해 신전에 바쳐야 하는 공물을 위해 아시아 전 지역을 아몬 신에게 바쳤다.

이집트의 통제를 받은 팔레스틴의 최북단 영토는 오늘날 레바논 북부산지에 해당되는 아무르(Amurru), 오른테스(Orontes) 강 상류의 카데쉬, 현재 하맛(Hamath)의 남쪽 인근 카트나(Qatna)였다. 투트모세 통치 후반기 그의 아들인 아멘호텝(Amenhotep)은 다마스쿠스 북쪽 지역까지 군사원정을 감행하였다. 이 원정과 관련이 있는 것으로 보이는 15세기 중엽에 작성된 두 편의 편지가 팔레스틴의 타아낙(Taanak)에서 발견되었다. 한 편지에서는 아멘호텝이라 불린 한 이집트인이 타아낙의 지배자가 가자로 소식을 전하지 않은 사실을 두고 힐난하고 있다. 두 번째 편지에서 그는 타아낙의 지배자에게 그의 군사들과 함께 행군할 채비를 하고 므깃도에 집결할 것을 명령하였다. 이 원정에서 아멘호텝에 대항한 다마스쿠스 인근 지역의 팔레스틴인 지배자 7명이 처형되었고, 그들의 시체들은 멤피스 성벽과 나일 강을 운행하던 왕실 유람선의 이물에 전시되었다.

아멘호텝(Amenhotep) 2세

파라오 아멘호텝 2세는 즉위 7년 미타니 왕과의 접경지대를 가능한 멀리 후방으로 밀어낼 목적으로 멀리 시리아 북부 알레포(Aleppo)까지 "그의 국경 확장을 위한" 원정을 감행하였다. "레셉(Reshep)처럼" 진군한 그는 우가릿(Ugarit)에서 발생한 반란을 진압하고 오론테스 계곡에서 존경과 경의의 예를 받았다. 그는 사로잡은 550명의 엘리트 전차병, 이들의 아내 240명, 인질로 삼은 시리아와 팔레스틴 내 지배가문 자녀들 870명, 그리고 수백에 이르는 전차, 말, 무기들을 이집트로 끌고 갔다.

비록 아멘호텝의 전차부대가 막강한 전력을 가지고 있었던 것이 사실이었지만, 이러한 원정의 효과가 지속되었는지는 불분명하다. 2년 후 아멘호텝은 아시아로 다시 떠나야 할 필요를 인식하고 원정을 감행하였지만, 팔레스틴 지역으로 원정을 국한하였다. 그 이후 파라오들의 통치권은 카데쉬 너머 북쪽으로 더 이상 확장되지 않았다. 아멘호텝은 갈멜(Carmel) 남쪽 해안 산지에 위치한 아펙(Aphek)과 야함(Yaham)의 지배자들로부터 통치권을 확약 받았다. 그 후 그는 서쪽 해안을 따라 샤론 평야에 위치한 두 도시의 촌락들을 급습하여 얼마 전 수확한 곡식들을 보관해 놓은 저장창고를 약탈하였다. 그는 아무런 저항 없이 손쉽게 두 도시를 점령하였고 그곳의 모든 주민들과 재산을 자신과 휘하 부대의 노예와 전리품으로 약탈하였다. 인근 지역의 한 도시는 그에 맞서 저항하였다. 그는 그곳을 점령한 후 전투에서 목숨을 건진 34명의 과두 정치인들, 그 지역 출신 팔레스틴 군 지휘관 23명, 전차 54대, 군마 54마리, 수많은 여성 노예들과 어린 아이들을 노획하였으며 이들 팔레스틴인들이 소유한 전 재산을 약탈하였다. 총 327명의 팔레스틴인들이 교전 중에 전사하였다. 그곳에서부터 아멘호텝은 그의 보병 대대를 갈릴리 바다(The Sea of Galilee) 근처 아나하랏(Anaharath)까지 이동시켜 그곳을 점령하였다. 그 과정에 123명을 살육하였으며 17명의 엘리트 전차부대원, 또 다른 팔레스틴 남성 68명, 6명의 어린 인질, 금과 은으로 장식된 7대의 전시용 전차들, 수많은 무기들, 소 800마리를 포획하였다. 그 후 그는 원정에서 노획한 엄청난 가축 떼를 몰고 멤피스로 귀환하였다.

도착 당시 아멘호텝의 서기관들이 작성한 약탈목록에 언급된 포로숫자는 주요 인물들을 제외하고도 *아비루*(*abiru*) 3,600명, *샤슈*(*shasu*) 15,000명, 그 외 팔레스틴 남성 36,300명에 달했다. *아비루*(이 용어는 다른 고대문헌에서 *아피루*[*apiru*]와 *하비루*[*habiru*]를 포함해 다른 철자법으로 표기되어있다)는 기원전 18세기부터 17세기에 걸쳐 비옥한 초승달 지역에서 작성된 200개가 넘는 문헌에 언급되어 있다. 이 용어는 어떤 국가나 인종적 집단을 지칭하는 것이 아니라, 특정한 사회적 유형이나 역할을 의미하였다. 모든 *아비루*에 적용되는 한 가지 특이점은 그들이 특정한 정치적 그리고 사회적 상황에서 추방을 당했으며 다른 상황을 수용하도록 강요당했다는 것이다. *아비루*는 이민자였거나 아니면 새로운 사회로 강제이주를 당한 이들이었다. 이들 강제 이주민들은 주로 사회 내 두 지역계층 출신들로, 일단의 사람들은 특별히 체니(Chaney)가 주시한 촌락과 정착 부족 계층이었으며 그 외의 사람들은 도회지 출신 계층이었다. 기존의 생활터전과 단절하게 된 이유로는 전쟁, 기근, 본국에서의 기회부족, 개인적 재난, 부채, 과도한 세금, 장기간의 군 복무 때문이었다. 부족 내 가장 가난한 구성원들은 흔히 고향과 친척들과의 연을 끊고 다른 곳에서 희망을 찾고자 하였다.

일부 *아비루*는 혼자서 이주하여 특수한 임무를 수행하는 일에 고용되기도 했지만, 대부분은 새로운 곳에서 독자적인 무리를 형성하기 위해 결속하였다. 이들 무리들은 도둑, 산적, 혹은 강도가 되었거나 자신들의 존재를 가장 높이 평가해준 도회지 또는 부족의 용병으로 고용되었다. *아비루*에 해당되는 아카디아 동의어는 이주자라는 의미와 함께 살인자, 강도, 약탈자를 의미한다. 한 무리의 *아비루*는 일반적으로 한명의 지도자와 몇몇의 구성원들로 조직되었지만, 도회지의 전투병력 집단들은 특별한 경우 천명 혹은 그 이상 육박하기도 하였다. 그들은 왕실군대 또는 족장의 민병대에서 입증된 군 경력을 바탕으로 새로운 지역 내 특정인의 정착지나 부대 배속지에서 병역을 이어갈 수 있었다. *아비루*는 종종 이전의 병영 생활에서는 발휘할 수 없었던 노련한 군사 전술의 전문가가 되었다. 특정 집단 내 *아비루* 구성원들은 혼인하기도 했지만, 오래지 않아 이들 무리가 해체되기도 하였다. 따라서 이들 무리들은 자진해서 도회지나 부족 사회로 재통합되었다. *아비루*는 사회에서 중요한 역할을 수행하였으며, 일례로 아무르(Amurru)의 왕조 국가 수립에 중추적인 역할을 담당하였다.

다른 시기와 지역에서 *아비루*로 불린 이들도 그들의 일반적인 변화무상한 사회적 신분에는 여느 *아비루*들과 별반 차이가 없었다. 각 사회는 *아비루*를 자체적으로 소유하였으며, 그들의 후원자는 빈번하게 교체되었다. 흔히 지역의 지배자들은 이들 이주 전투원 집단을 고용하였다. 그들은 외국인으로서 혈연에 기초한 권력집단의 이해관계를 벗어나 말겨진 지역에서 임무를 수행하였을 뿐만 아니라, 적절한 보상만 주어지면 고용주의 경쟁자의 편이 되기보다 그의 편에서 싸우며 변함없이 충성을 다했다. 이러한 *아비루*의 활용에 대해서는 이집트의 파라오가 비카(Biqa)의 한 소도시와 다마스쿠스의 통치자들에게 보낸 회람용 편지의 사본들로 쿠미디(Kumidi)에서 발견된 설형문자로 작성된 동일한 두 개의 문서들에서 잘 묘사되어 있다. 그 편지에는 그곳의 지배자들에게 *아비루*를 이집트로 보낼 것을 요청하는 내용이 담겨있다. 파라오는 누비아(Nubia)에서 아시아로 이동시킨 부대의 대체 병력으로 그들을 누비아에 배치시킬 계획이었다. 이러한 외국 용병들의 교환배치는 파라오가 자신의 제국 내 요새들의 지역 정치문제를 관장하고자 한 그의 의도를 잘 설명하고 있다.

아멘호텝 이후 *아비루*는 팔레스틴인 통치자들 가운데 파라오를 배반한 것으로 간주된 인물들을 지칭하는 경멸적인 용어로 사용되었다. 도시들의 지배자들과 관리들은 파라오에게 전갈을 보내 이웃의 통치자들이 반란을 일으켜 *아비루*가 되었다거나 자신들의 도시를 공격한 다른 통치자들의 부대원들이 *아비루*였다는 사실을 알려 자신들의 충성심을 표하는 동시에 어려움을 토로하였다. *아비루*는 파라오의 통치하에 있던 여러 팔레스틴 도시간의 분쟁에서 해결되지 못한 많은 문제들 중 하나였다. *아비루*로서 그들은 당연히 외국인이었으며, 심지어 없어서는 안 될 전투부대원으로서 지배자를 위해 복무를 할 때도 마찬가지였다. *아비루*라는 명칭은 그 호칭의 의미로 인해 그들을 반역자 그리고 산적들과 연관 지어졌다. 두 도시들 사이의 분쟁에서 한쪽 지배자의 부대원들인 *아비루*들은 상대편에게는 배신자들이었다. 이집트는 예속도시들이 이집트에 대항하기보다 서로 간에 발생한 분쟁에 그들의 힘을 소진하는 것에는 염두에 두지 않았으며, 아멘호텝 2세는 3,600명의 새로운 *아*

*비루*를 그의 상설군 병력에 증원군으로 삼았다. 그 중 일부가 이집트에서 문화적으로 흡수 동화된 후 다시 팔레스틴에 배치되었음은 의심의 여지가 없다.

*샤슈(Shasu)*는 기원전 1500-1150년 시대를 언급하고 있는 문서들에서 팔레스틴의 부족민들을 지칭하는 이집트어였으며, 그들 중 일부는 유목민들이었다. *샤슈*는 이집트 문헌들에서 *아비루*보다 덜 언급되어있다. *샤슈*라 불린 이들은 리비아와 이집트 동부사막을 포함한 광활한 지역에 분포하였다. 문헌에 언급된 "*샤슈*의 땅"은 트랜스요르단(Transjordan)을 지칭하는 것으로 보이며, 또 다른 언급은 사해 남부 에돔의 고원지대를 지칭하였다. 일단의 *샤슈*는 팔레스틴 산지와 관련이 있었으며, 또 다른 일부는 목축 떼를 이끌고 시나이를 가로 질러 이집트로 출입한 것으로 묘사되었으며, 일단의 무리는 소도시의 부족민들로 밝혀졌다. *샤슈*와 관한 대부분의 언급들은 군사적 대립과 관련이 있으며(이들이 소개된 대부분의 문헌자료는 군대와 관련된 주제로 시작된다), 이들 자료에 그들도 *아비루*처럼 이집트 군대의 편에서 때로는 이집트를 상대로 전투를 벌인 용병들 혹은 경찰조직이나 산적 집단으로 묘사되어 있다. 어떤 파라오는 그들의 막사를 파괴한 사실을 언급하고 있다. 파라오 세티(Seti) 1세의 성전 부조는 *아비루*에 관해 명기해 놓은 그의 또 다른 비석에서 언급된 용어와 동일한 단어들을 사용하여 *샤슈*를 묘사하였다. 한 세기 후 작성된 것으로 추정되는 다마스쿠스에서 출토된 한 편지에서 이집트인 지방행정관은 자신을 지원하는 군 병력 명부에 "왕실 사수, 더불어 나의 군사들과 전차들, 더불어 나의 형제들, 나의 아비루, 그리고 나의 *수투(sutu)*와 함께한 왕실 사수"를 기록하였다 (*수투*는 아카디아어로 *샤슈*의 동의어였다). 갓월드는 이들 두 사회조직체의 유형 사이에 근본적인 차이를 지적하였다: 사회적 유기체에서 쫓겨나 새롭게 동

화한 *아비루*는 자신들의 출신지로부터 결코 인정받지 못한 반면, 부족과 준지역적(quasiterritorial) 기반을 가진 *샤슈*는 흔히 출신 사회와 동일시되었다.

아멘호텝은 북부 시리아, 하티, 메소포타미아의 왕들이 유목민 집단이 그에게 바친 상품에 대한 이야기를 듣게 되자 "목숨을 유지하려고 폐하에게 화평을 구할 목적으로" 앞 다투어 선물과 공물을 보내기 위해 우왕좌왕했다는 사실을 자랑하였다. 그들은 "아멘호텝이시여, 저희는 당신의 지배아래 있습니다……. 이 땅에서 당신의 통치는 영원할 것입니다"라고 서약하였다.[7] 비옥한 초승달 지역의 거대 왕국들의 왕들이 실제로 이렇게까지 행동한 것은 아니었겠지만, 파라오와 그의 군대를 대면한 팔레스틴의 왕들과 왕자들은 그렇게 했을 것이다.

200년간 비옥한 초승달 지역에서 초강대국의 지위를 두고 벌어진 경쟁은 이집트로 하여금 하티와 맞서게 하였다. 기원전 14세기 하티의 왕들은 강력해졌다. 13세기에 그들은 미타니를 정복하였으며 북부 시리아의 도시국가들을 지배하는 강력한 세력이 되었다. 이집트 제국의 영토를 향한 하티 제국의 침공은 기원전 1274년 카데쉬 전투가 교착상태에 이르기 전까지 지속되었으며, 이 후 이 전투는 13세기 후반 이집트와 하티의 관계설정에 초석이 된 평화협정으로 귀결되었다.

아마르나(Amarna) 시대

아마르나 시대의 시작부터 14세기 첫 반세기의 역사는 아시아 지역의 외국인 왕들과 이집트의 봉신들이 아멘호텝 3세와 아카나텐(Akhanaten)으로도 알려진 그의 아들 아멘호텝 4세의 치세 말기에 이르기 까지 이집트 수도의 외무부서에 보낸 400여 편의 매우 귀중한 서신

자료에서 나타나 있다. 아마르나 편지들에는 이집트의 지원이 부족하여 통치에 어려움을 겪고 있음을 알리는 지역 통치자들의 탄원들이 많이 담겨있다. 14세기 이집트의 지배력은 팔레스틴과 시리아에서 견고하게 유지되고 있었기에, 이집트의 충성스러운 봉신들은 위기에 직면하면 이집트로부터 즉각적이고 직접적인 지원을 기대하였다. 최근까지 아마르나 서신들은 파라오가 북동쪽으로 일련의 군사행동을 감행하지 않은 것으로 보아 이 시기에 이집트가 시리아와 팔레스틴에 대한 영향력을 상실했음을 보여주고 있다고 여겨졌다. 하지만 최근 들어 아멘호텝 3세와 아카나텐이 자신들의 제국을 소홀하기는커녕 오히려 제국 내 일어나는 모든 사건들을 주시했을 뿐만 아니라 권위와 통제권에 다소 손상을 입은 지역의 지배자들을 관리하고 있었음이 인정받고 있다. 필요한 물품들은 통상 무역, 조공, 공물을 통해 평화적인 방법으로 이집트로 전달되었다. 아마르나 편지들은 구리, 동, 유리, 나무, 전차, 노예들이 이집트로 전달되었다고 언급하고 있다. 한번은 남부 팔레스틴에 위치한 슈반두(Shubandu)의 한 사람이 500마리의 소를 제공하였다. 이로 인해 그의 지역 내 촌락민들은 이후 수년간 심각한 가축의 부족과 막대한 부채 부담의 상태에 직면했음은 분명하다. 예루살렘의 왕은 대상의 무리를 통해 5,000세겔의 은과 수십 명의 노예를 이집트로 보냈다고 주장하였다. 그가 편지를 작성한 시기가 그가 보낸 대상이 전달품을 이미 강탈당한 이후여서 그가 진실을 이야기하고 있는지는 알 수가 없다. 그렇다고 그러한 정황을 의심할 이유는 없다. 게젤(Gezer)의 밀키루(Milkilu)는 50명의 노예를 한차례 보낸 후, 또 다시 은 2,000세겔을 보냈다고 전한다.

아마르나 서신은 이집트와의 관계에 대한 팔레스틴 군주들의 관심사를 조명하고 있다. 이집트의 형편이 제국 전역에 통일된 법률과 규칙을 강요할 위치에 있지 못했기에, 이집트는 분열통치의 정책(policy of divide and rule)을 채택하였다. 이집트의 팔레스틴 점령 초기 150년간 이집트의 관리체제는 불안정하였으며 임시방편적이었다. 행정권은 특정 지위를 차지하고 있었던 기존의 지도층에게 양도되었다: 그들은 이미 지역에 자리 잡은 사령관, 지휘관, 전차 부대원, 지주, 부족 지도자, 특사들이었다. 이집트인들은 지명된 관리의 순환을 통해 영토를 관리하였고, 이러한 역할을 담당한 이들은 순회 관리로 불렸다.

이집트 통치의 정도는 다양하였다. 이집트 영향력의 변방에 위치한 지역에서는 유력자들이 자신들의 권력을 넓은 지역에 걸쳐 행사하였다. 아무루(Amuru)의 압디-아쉬르타(Abdi-Ashirta)가 그 대표적인 예로, 그와 아들인 아지루(Aziru)의 예상과는 달리 이집트는 결국 그 같은 행태에 철퇴를 가했다. 하티와 미타니가 북부지역에서 전투를 벌이는 동안, 이집트는 비블로스(Byblos)부터 북쪽의 아무루를 포함해 우가릿(Ugarit)까지 이르는 해안지역에서 영향력을 확고히 하는 일에만 집중하였다. 비블로스의 지배자인 립-하다(Rib-Hadda)는 압디-아쉬르타가 이집트와 하티의 국경지대를 따라 자신의 독자적인 연합전선을 구축하고 있다고 파라오에게 경고하였다. 립-하다는 그 같은 소식을 전하면서 동시에 이집트의 분열통치 정책으로 인해 자신이 겪고 있는 어려움을 언급하는 기회로 삼았다. 이집트로 송출된 백성들의 매매와 교용계약 그리고 농산물의 끊임없는 전달은 농민들을 피폐하게 만들었으며 농경지에서 일할 노동력이 절대부족의 상태가 되었다: "저의 들판은 쟁기질이 부족해 마치 남편 없는 아내와 같습니다." 그는 파라오에게 이러한 상황을 언급하면서 일반 백성들이 압디-아쉬르타에게 도망치게 된 충분한 이유가 있다는 인상을 주려하였다.

압디-아쉬르타는 이르카타(Irqata)에서 남쪽으로 군사원정을 감행하여, 행정구역 중심지인 수무르(Sumur)를 점령하고 멀리 남쪽 비빌로스까지 진격하였다. 그가 비록 그곳을 점령하는 데는 실패했지만 엄청난 타격을 주었다. 군사원정을 통한 외교적 위협을 가하여 그는 베이루트, 시돈, 두로를 포함한 먼 남쪽 소도시들의 충성을 확약 받았다. 미타니는 그의 배후를 공격하여 반(反) 힛타이트 연합전선에 동참하도록 만들었다. 이러한 움직임은 파라오의 인내심을 소진시켰다. 이집트의 왕은 부대를 파견하여 수무르를 재탈환하였고 압디-아쉬르타를 협상에 임하도록 몰아세웠다. 반역자는 즉시 아무르의 왕위로 복귀되었다. 이와 같이 비록 반란을 일으킨 배신자일지라도 능력이 뛰어날 경우, 다른 군주들과 마찬가지로 지역의 보다 강력한 적대세력을 방어하는 것으로 이집트의 요구를 충족시킬 수 있었다. 파라오의 승리가 자동적으로 배신자의 종말을 의미한 것은 아니었으며, 오히려 그 반대였다. 이런 결과는 성서 외에 초기 이스라엘을 유일하게 언급하고 있는 기록물의 의미에 중요한 단서를 제공한다.

복위된 지 얼마 지나지 않아 압디-아쉬르타는 자신의 집 앞에서 살해당했다. 이집트의 위협을 확인하고자 하티는 힘의 공백상태에 있던 지역으로 진격할 채비를 하였다. 립-하다는 파라오에게 압디-아쉬르타의 아들들을 진압할 것을 거듭 간청하였으나, 이집트 왕실은 이들 고원지대 족장들보다 더 심각한 위협에 주목하였다. 반역자의 아들들은 자신들의 아버지가 남겨둔 곳을 양도받았고 파라오의 자문단들로부터 자신들의 정책의 승인을 이끌어냈다. 한 아들인 아지루(Aziru)에게는 그의 통제 아래 여러 도시들을 조직화하고 완충지대를 조성할 수 있도록 허락되어, 다소간 저항은 있었지만 그의 아버지의 동맹국들을 재규합하게 되었다. 비블로스로부터 립-하다의 불만이 줄어들지 않고 계속되자, 이집트는 그를 축출하고 살해한 뒤 아지루와 동맹관계에 있던 그의 형제에게 그 도시를 양도하였다. 아지루는 이집트의 파라오에게 직접 찾아가 경의를 표했다.

하지만, 그 와중에 아지루는 부득이하게 히타이트의 편이 되도록 강요받게 되어 파라오의 최대의 적을 위해 싸우는 대리인의 역할을 수행하였다. 하티를 상대할 수 있는 이집트의 원조가 현실화 되지 않자, 콴타(Qanta), 누하쉐(Nuhashe), 카데쉬(Qadesh)가 아지루에 동참하였다. 아지루가 스스로 인정했듯, 그에게 권좌를 허용했던 이집트의 용인보다 히타이트의 원조가 더 많았다. 아지루가 이집트와 하티에 번갈아 충성을 맹세함으로 얼마간 독립국의 지위를 유지했던 것으로 보인다. 히타이트의 압력은 시돈이 위치한 먼 남쪽 지역 도시들에까지 미치게 되었으며, 한 세대 이상 이웃 도시들 간의 지역 라이벌들이 초강대국들의 대리전을 벌였다.

보다 남쪽 팔레스틴 산지의 중부 고원지대에 위치한 세겜의 라바유(Labayu)는 다음 세기동안 남쪽으로 영향력을 확장하지 않은 히타이트의 간섭에서 벗어나 압디-아쉬르타와 비슷한 역할을 수행하였다. 라바유는 소도시와 부족들의 동맹을 주도하고 얼마간 해안지대부터 요단강 동편까지 그리고 이즈르엘 계곡부터 예루살렘 남쪽까지 그의 통치권을 행사하면서 지속적으로 북쪽의 므깃도 왕들과 남쪽의 예루살렘의 활동에 간섭하였다. 샤론 평야의 갓(Gath)과 게젤(Gezer)의 왕들은 가끔 그와 동맹관계를 유지하였다. 도시에 기반을 두지 않았던 유력자들인 타기(Tagi), 슈아르다타(Shuwardata), 발루-쿠라두(Balu-Quradu), 발랏-아리임(Balat-Ariyim) 역시 동맹관계에 중요한 역할을 담당하였다. 라바유는 해안지대 악고(Akko)의 왕을 마음대로 조정하였다. 악고는 남쪽과 북쪽에서 파라오의 충성스러운 봉신국가들에 맞섰던 대표적인 두 집단들인 아지루와 라바유 그리고 이들의 왕위 계승자들이 각자 이끈 고원지대

왕국들과 동맹국들 사이를 잇는 연결고리 역할을 하였다. 이집트는 그들의 뒷마당이라 여겨온 지역에 자리한 세력을 고려해야만 했다. 중앙 산지에 위치한 유력한 가문의 독립은 팔레스틴 역사에 있어서 되풀이되는 주제이다. 이집트인들은 그 상황에 성공적으로 대처하였다. 라바유는 소도시 3곳을 파괴하고 그곳에 거주하던 토지 보유민들을 추방한 뒤, 아마도 파라오를 대신해 경작지를 자신의 휘하에 있던 영주들에게 맡겨 이집트의 국고비축을 위해 경작토록 하였다. 따라서 이들 영주들의 예속민들은 이들 경작지에서 일을 해야만 했다. 라바유가 이집트의 왕실 부대와의 전투에서 전사하자, 그의 아들 중 한명은 세겜에서 그를 계승하였고, 다른 한명은 벧산 남쪽 요르단 계곡의 펠라(Pella)에서 지배자가 되었다.

아마르나 시대에 팔레스틴의 모든 소도시들은 서로 잠재적인 경쟁자였다. 파라오는 이들 사이의 분쟁이 자신의 이익에 도움이 되고 전쟁에서 승리를 거둔 보다 강력한 지역 군주가 직접적으로 이집트를 반역하지 않는 한, 오히려 이들의 존재가 제국을 더욱 굳건히 한다는 사실을 인식하고 냉정하게 지방 군주들의 항의와 고발에 주목하였다. 지역의 분열은 그렇게 진행되었다. 이집트의 주 관심사는 이들 지역 군주들이 아니라 하티였다.

이집트와 하티

14세기 후반 십대의 나이로 파라오에 등극한 투탄카멘(Tutakamen)의 치세기에 하티는 레바논의 이집트 영토를 침공하였다. 이집트 군대는 그 이듬해 반격을 개시하여 카데쉬를 회복하였다. 그 후 얼마 지나지 않아 히타이트 부족이 카데쉬를 재탈환하게 되자, 투탄카멘의 미망인은 긴장완화의 의사표시로 히타이트 왕자와의 혼인을 요청하였다. 그 결과 히타이트 부족은 비카(Biqa)에서 철군하게 되고, 그 후 그곳에는 한 세대에 걸친 호렘헵(Horemheb)의 재위기간 동안 두 세력 사이의 국경지대가 형성되었다. 하티의 팽창은 기원전 14세기와 13세기 팔레스틴의 해상무역이 에게 해와 사이프러스로 확대되는 계기로 작용하였다. 따라서 도단(M. Dothan)의 지적처럼, 이 시기에 관한 팔레스틴 고고학은 그 연구 범위에 있어서 "시리아-팔레스틴(Syro-Palestinian)"의 고고학으로 한정짓기 보다는, "가나안-이집트(Cannano-Egyptian)" 고고학으로, 더 나아가 "동부지중해(Eastern-Mediteranean)" 고고학이라 규정될 수 있다.[8]

이집트 19왕조와 20왕조의 시대인 기원전 1300년부터 1150년까지 팔레스틴에서 이집트의 통치는 심화되었다. 13세기 초 세티 1세는(1291-1279) 팔레스틴으로 왕실의 군사 원정을 재개하였다. *샤슈*가 네게브(Negeb)와 시나이에서 문제를 일으켰다. 펠라 강 건너편 펠라와 하맛의 지배자들은 레홉(Rehob) 인근과 벧산의 주요 도시를 침공하고 벧산의 요새를 포위하였다. 세티는 이들 부족들을 진압하고 가자를 재탈환한 후 해안지대를 따라 북진하였다. 그는 그곳에서 세 개 사단을 급파하여 동부 이즈르엘과 요르단 계곡에서의 불안을 평정토록 하였다. 그는 계속된 원정 중에 카데쉬 인근에서 힛타이트 부족과 교전하였으며, 그곳은 두 거대 세력이 조우하는 대결장의 역할을 이어갔다.

람세스(Ramesses) 2세는(1279-1212) 세티 1세를 계승한 뒤 65년간을 통치하였다. 이 시기에 이집트는 누비아(Nubia)와 구스(Kush)지역까지 제국을 남쪽으로 확장하였으며 이집트의 심장부에 적용했던 정책과 유사한 방침에 따라 그 지역을 조직하였다. 이러한 완전한 통합과정은 이집트가 점유한 아시아의 북부 지역에서는 불가능했지만, 람세스 2세와 그의 후계자들인 메르넵타(약 1212-1202)와 람세스 3세(약 1183-1152) 통치시기에 들어 이집트의 팔레스틴 점령지에 대한 통치강도는 신왕국 시기 이전과는 비교할 수 없을 정도로 최고조에 달했다.

람세스 2세는 통치 초기 벧산 근처에서 *아비루*와 전투를 벌였으며, 그곳에서 그의 권위를 확고한 기반 위에 구축하였다. 그의 통치에 맞선 결정적인 도전은 그의 치세 5년에 발생하였다. 그 해 람세스 2세는 카데쉬에서 히타이트와 교전했으며, 그 전투는 두 세력 간에 벌어졌던 이전의 무력충돌과는 비교할 수 없을 정도의 대규모 전투였다. 그 전투는 일견 무승부처럼 보였다. 하지만 실상은 히타이트 군이 퇴각하는 람세스를 멀리 남쪽 다마스쿠스까지 추격하였으며, 한편 람세스는 그 후 5년간 히타이트의 승리로 고무된 팔레스틴 내 지역 지배자들이 일으킨 반란을 진압하는 일에 매달렸다. 이들 두 세력 간의 긴장관계는 아시리아로부터 동쪽국경을 위협받은 힛타이트 제국의 하투실리스(Hattusilis) 3세의 왕위계승 때까지 이어졌으며, 그는 1257년 혹은 그 전후 연도에 람세스 2세와 13세기 나머지 기간 동안 효력이 유지되었던 평화조약을 체결하였다. 국경선은 중부 레바논 지역에 재설정되었다. 이 조약의 본문 내용이 이집트 사본과 힛타이트 사본이 완벽하게 일치하지는 않지만, 유사한 내용으로 현존하고 있다. 조약은 주로 상대편 왕실에 맞선 반역자들의 송환을 다루는 중복조항들로 구성되어 있다. 국경지역 반란에 대한 관심은 한 세기 전 입다-아쉬르타가 국경지대에서 감행한 책략을 둘러싼 지정학을 상기시킨다. 국경이 남쪽으로 이동하게 되면서, 유순한 봉신들과 예속민들에 대한 관심의 대상이 하솔과 카데쉬 사이의 지역으로 바뀌었다.

권력의 절정

표면상의 평화는 모든 파라오에게 건축물을 조성할 수 있는 최고의 적기를 제공하였다. 람세스는 자신의 수도를 삼각주에 위치한 예전 힉소스의 수도였던 곳으로 천도하고 그곳을 "람세스의 집"으로 개명하였다. 팔레스틴에 이집트의 영향력이 확산된 것과 더불어, 다수의 팔레스틴인들이 이집트 도처에 거주하게 되고 수많은 팔레스틴의 신전들이 이집트에 수용되면서 팔레스틴의 영향도 이집트에 확산되게 되었다. 13세기는 시나이의 "호루스(Horus)의 길"을 건너 양방향으로 풍부한 사상과 풍습의 물결이 새롭게 넘쳐나는 시기였다.

기원전 1250년부터 1150년까지 팔레스틴인들은 이집트 제국의 위대한 힘을 팔레스틴에서 목격하였다. 팔레스틴의 많은 소도시들이 보유하게 된 역량과 부는 지역의 자발적인 발의로 추진된 것이 아니라 이집트가 그곳들을 강력한 거점도시로 변모시키려한 의지 덕택이었다. 팔레스틴으로 향하는 관문으로 식민지 판무관이 거주하고 그의 궁전이 있었던 가자는 특별한 활동의 중심지였다. 1200년경 가자는 영구적인 이집트 요새로 변모하였으며 그곳의 전반적인 삶은 제국 내 지역적 역할에 기초하였다. 제국의 원정대들은 아스글론(Ashkelon)에서 식량을 자급하였다. 욥바(Joppa)는 주요 중심지였다. 신왕국의 팔레스틴 통치 마지막 세기 동안 이집트인들이 "연안 항구들"로 묘사했던 가자와 아스글론에서 이집트의 활발한 활동은 남부 팔레스틴의 다른 지역으로 확대되었다.

북부 시나이지역에 관한 최근 고고학적 연구는 호루스의 길을 따라 전파된 이집트 발전상을 예증하였다. 특히 람세스 2세 치하 이집트 왕실은 부역 노동력을 동원하여 요새, 곡물창고, 정거장, 행정 센터, 특별히 광업시설을 포함한 여러 산업시설을 설치하였다. 사막 도로를 보호하기 위해 세워진 요새들을 포함해 80곳이 넘는 신왕국의 유적지들이 수에즈와 가자 사이에서 발견되었다. 40톤의 저장능력을 가진 곡물창고가 시나이를 가로지르는 중간지역에 설치되고 유지되었다. 40개의 정거장은 10일간의 행군로에 분산되어 세워졌다. 이들 중 삼각주 끝에 자리한 실레(Sile)에서부터 팔레스틴의 가자에 이르는 길에 세워진 12곳의 정거장들은 19세기에 발견된 "아나스타시(Anastasi) 제1 파피루스"의 마지막 부분에 언급되어있다. 이집트인들은 그들의 점령지를 늘려갔다.

람세스 2세는 일명 "바다의 길"(The Way of the Sea)을 따라 가자부터 오늘날의 텔-아비브(Tel-Aviv) 인근 아벡(Aphek)까지 그리고 베솔(Besor)부터 야르콘(Yarcon)까지 자신의 부대를 주둔시켰다. 이집트인들은 이즈르엘과 요르단 계곡이 만나는 벧산을 확고히 장악하고 있었음에도, 욥바 맞은 편 해안평야의 동쪽 끝에 위치한 아벡(Aphek)에 긴장관계에 있던 점령지의 북쪽 국경 일부를 구축하였다. 아스돗은 해안군수기지로 강화되었다. 람세스의 카르낙 신전 부조는 그가 아스글론을 포위하고 있는 모습을 보여주고 있다. 메르넵타는 아버지인 람세스 2세의 오랜 통치가 끝난 후 60세에 권좌에 올랐으며, 늦은 나이에 왕위에 오르게 된 연유로 팔레스틴으로의 원정은 통치 초기 오직 한차례만 감행했던 것으로 보인다. 그 원정을 통해 그는 "게셀(Geser)의 정복자"라는 별명을 얻게 되었다. 팔레스틴 해안을 따라 형성된 바다의 길은 이 시기에 호루스의 길과 연결되어 연장되었다. 요새들과 보급기지들이 거의 매 20km마다 설치되어 에스글론, 아스돗(Ashdod), 마호즈(Mahoz), 욥바, 아벡에 위치하였다. 이들 지역 가운데 가자, 에스글론, 아스돗이 보여준 후기 팔레스틴 시대의 중요성은 이러한 이집트 정책의 결과였다.

람세스 3세(1183-1153)의 치세기에 이집트인의 정착지들은 아라바(Arabah)와 그 지역의 광산지대 그리고 트랜스요르단 남부까지 연결된 도로망의 출발지인 가자로부터 브솔(Besor)을 따라 남동쪽으로 확대되었다. 이 도로를 따라 정거장들이 텔 옘메(T. Jemmeh), 텔 엘-파라(T. el-Farah)남쪽, 그리고 람세스의 스카라베(scrabe: 풍뎅이 모양의 부적)가 발견된 텔 마소스(T. Masos)에 설치되었다.

메르넵타의 게셀 지배는 이집트가 팔레스틴 중부와 남부 산지로 세력을 확대하는 기틀을 마련하였다. 이러한 계획은 람세스 3세의 치세 때 시작되었으나 그의 통치 말 제국이 몰락하면서 완성되지 못했다. 유다산지의 구릉지에서 람세스 3세는 라기스(Lachish), 텔 세라(T. Sera': 시글락(Ziklag)으로 추정됨), 텔 헤시(T. Hesi), 텔 에스-사피(T. es-Safi: 갓[Gath])를 합병하였다. 만약 예루살렘에서 후기 청동기시대 이집트의 신전과 관련된 증거들이 발견된다면, 아마도 그 연대는 이 시기와 관련이 있을 것이다.

팔레스틴 지역에 대한 이집트의 관여는 람세스 3세 치세 때 절정에 달했다. 이집트의 정책과 관습들은 행정, 건축, 예술, 장례의식, 제의에 영향을 미쳤다. 현지 노동력으로 이집트인들은 요새, 관저, 기념 도시의 성문들을 건축하였다. 그들은 기존 건축물에 기념석비, 조각상, 이집트의 장식품들을 더했다. 팔레스틴인들은 점차 이집트 왕실의 법에 혜택을 받고 있다고 여기게 되었다. 이집트의 직접세 부과를 자세히 다루고 있는 문서들이 발견하였다.

팔레스틴 저지대에 위치한 신왕국 시대의 주요 도시들은 이전에는 본 적이 없던 제국의 확고한 영향력 아래 그들의 고유한 문화가 마지막 국면에 진입하는 것을 목도하였다. 람세스 3세 자신이 본국의 위대한 신전 건축가였기에, 그가 그 같은 관행들을 팔레스틴 여러 지역으로 확대했다는 사실은 전혀 놀라운 것이 아니다. 구스와 팔레스틴의 9개 도시들이 아문(Amun) 신에게 봉헌되었다. 가자에는 아문을 위한 이집트 신전이 있었으며, 아스글론에는 프타(Ptah)의 신전이 있었다.[9] 벧산에서는 이집트의 성소들이 재건축되었다. 일단의 역사가들은 이렇게 이집트의 신전들이 팔레스틴에 위치한 것은 팔레스틴 전역을 당시 이집트 왕실의 소유로 간주했던 이집트의 기본적인 인식을 입증하는 것이라 주장한다.

총독의 관저로 알려진 이집트 양식의 모든 건축물들은 람세스 3세의 통치 기간에 건립되었다. 이들은 두꺼운 외벽을 가진 진흙 벽돌 구조물로 견고하게 세워졌다. 이들 저택들은 텔 세라(T. Sera), 텔 옘메(T. Jemmeh), 텔 헤시(T. Hesi), 텔 엘-파라(T. el-Farah) 남쪽, 텔 마소스(T. Masos), 벧산, 아벡에서 발견되었다. 아벡에서 발견된 이집트 양식의 저택은 지역의 팔레스틴인 지배자의 궁전 위에 세워졌다.

라기스는 람세스 3세 치세기에 이집트로 합병되었다. 그의 이름이 기록된 청동기물과 스카라베가 도시의 성문 지역에서 발견되었다. 라기스를 발굴한 고고학자들은 이집트어로 작성된 행정 문서들이 새겨진 접시들을 발견하였으며, 한 비문은 이집트 신전에 바쳐진 일종의 곡물세를 명기하고 있다. 12세기 이집트 신전의 유물들 역시 사용되지 않은 팔레스틴 신전 부지의 유적지 위에서 발견되었다. 하솔 다음으로 팔레스틴의 제2 도시였던 라기스는 람세스의 통치 기간 동안 후기 청동기의 엄청난 번영의 절정을 누렸다. 하지만 12세기 중반 라기스는 파괴되어 폐허가 되었다.

텔 세라(T. Sera) 지역에서도 유사한 유물들이 발견되었다. 총독의 관저가 건립되었고, 행정 문서가 기록된 접시에는 세금으로 가져온 방대한 양의 곡식 규모가 기록되어 있다. 그 중 하나에는 람세스 3세의 통치

기간을 언급하고 있는 "22년"이라는 문구가 적혀있다.

람세스 3세의 치세기에 이집트의 팔레스틴 점령이 절정에 달했던 반면, 동시에 이집트의 통제아래 있던 영토는 대체적으로 남부 해안 평야와 산지로 축소되었다. 예전 이집트의 본거지였던 므깃도와 벧산 지역이 있는 갈멜 산지의 북쪽과 동쪽지역에서 이집트의 통제력은 축소되었다. 벧산 북쪽 영토는 여전히 불안하게 유지되었다. 그곳은 이집트의 정치적 국경 지대로, 이집트는 그곳을 준 독립 연합체로 발전할 여지가 있던 대리 세력들의 통제 하에 둘 수밖에 없었다.

팔레스틴의 신왕국 전 시대에 걸쳐 이집트 왕실은 직무수행을 위해 지역과 외국 엘리트들 그리고 용병들을 이용하였다. 팔레스틴 역사에 나타나는 일반적인 양상처럼 각지의 소집단들과 개인들이 팔레스틴에 거주하였다. 아마르나 시대의 아스글론은 인도-유럽계 시장이 통치하였으며, 므깃도와 해안을 연결하는 요충지에 주둔했던 이집트의 요새 사령관들은 인도-유럽인의 이름을 가지고 있었다. 그들은 당시 시리아와 팔레스틴 전역에 알려진 "*마리얀누*"(maryannu: 주로 전차부대를 이끄는 세습 귀족계급을 일컫는 고대어)라 불린 엘리트 군사 집단 소속이었다. 외국 엘리트들이 여러 도시에 거주하였다는 사실은 15세기의 타아낙(Taanak)에서 출토된 설형 문자판에 자세히 묘사되어 있으며, 기록된 이름들 가운데 3/5은 팔레스틴인, 1/5은 인도-유럽인, 그리고 1/5은 후리인과 아나톨리아인이었다. 외국 용병들과 엘리트들은 14세기 후리인 왕이 예루살렘을 지배한 것처럼 상당수의 고원지대 촌락들에서 자신들의 지위를 차지하고 역할을 수행하였다. 이후 이집트인들은 다른 이들을 고용하였는데, 비인도-유럽계 침략자들과 유럽과 아나톨리아 출신의 정착민들이 그 역할을 수행하였다 (이들 가운데 블레셋으로 알려진 필리스틴인들이 포함되었다). 이들 엘리트 집단들은 가능한 모든 방법을 동원해서라도 다른 집단들과 구별되는 각자의 정체성을 유지하려고 했기 때문에, 자신들의 고유한 이름과 언어들을 유지했을 뿐만 아니라 여러모로 노동자 계층과 군사 및 관리 계층을 구별 짓는 독특한 문화적 다양성을 엘리트의 사회적 풍토에 제공하였다.

몰락

람세스 3세의 통치 말기까지 이집트는 남부 팔레스틴과 해안지역으로 확장된 영토에 안주하였다. 하지만 그의 사망 후 불과 수십 년 만에 실질적으로 대제국에 남겨진 것은 아무것도 없었다. 역사적 기록물들은 전혀 발견되지 않으며, 팔레스틴에서 이집트의 존재를 확인할 수 있는 증거는 약 1130년을 기점으로 실질적으로 아무것도 남아있지 않다. 신왕국의 팔레스틴에서의 대단원은 일반적으로 람세스 4세(1141-1133)의 치세기에 막을 내린 것으로 여겨지고 있으며, 그의 이름이 므깃도에서 발견된 동상 기단에 기록되어 있다. 후대에 제작된 특이한 모양의 스카라베나 다른 기물들이 나타나기는 하지만, 이것들은 1150년경 시작된 제국의 몰락을 입증할 뿐이다. 이집트가 해왔던 아라바와 시나이의 채광도 중단되었다. 신왕국의 마지막 반세기 동안 동부 지중해 전역의 주요 왕국들과 제국들은 압력을 받게 되고 결국 몰락하였다. 이들 중에는 하티와 미케네 왕실의 도시들도 포함되었다. 도시 간 그리고 지역 간 상품과 노동력의 교역지수는 하락하였으며, 특정 지역에서만 눈부시게 활발하였다. 기근이 만연했다는 증거도 존재한다. (쇠락의 일반적 원인은 논쟁의 대상으로, 이와 관련해 6장에서 간단히 다루게 될 것이다.) 이집트는 쇠락의 길로 접어든 주요 국가들 중 마지막 국가였지만, 그렇다고 결코 완전히 몰락한 것은 아니었다.

최근까지 팔레스틴에서 이집트의 몰락과 후기 청동기시대와 초기 철기시대 문화의 구분은 1200년 즈음 일어났다는 것이 일반적인 인식이었다. 이러한 전통적인 시대 구분에 대한 연구는 최신의 연구결과를 담은 저작물이 출판되고 있음에도 여전히 초보적인 진술에 머물러 있으며, 점차 수정 보완될 것이다. 최근 역사가들은 팔레스틴의 대부분 지역이 신왕국 문화로부터 이를 계승한 고고학적으로 철기시대의 문화로 전환된 정확한 시점을 1150년이라 간주하고 있다. 따라서 이러한 시대적 이해는 이스라엘의 출현을 철기시대의 시작과 연결시키기에는 부정확한 것이 되었다. 이스라엘은 신왕국 시대와 후기 청동기시대의 종말 이전에도 적어도 두서너 세대 또는 그 이상 동안 존재하였다.

12세기 중하반기 새로운 외국 세력이 이집트인들을 대체하였다. 이들은 후대 팔레스틴에서 필리스틴(블레셋)이란 용어로 동일시된 유럽인들과 아나톨리아인 지도자들로 구성되었다. 이들이 팔레스틴에서의 역할과 팔레스틴에 남겨진 이집트 제국의 유산을 두고 이스라엘과 벌인 경쟁에 대해서는 5장에서 검토하게 될 것이며, 그 전에 3장에서 팔레스틴의 신왕국 정착지의 감소에 대한 문제를 그리고 4장에서는 메르넵타의 이스라엘에 대한 언급과 그 의미를 보다 심도 있게 검토할 것이다.

제3장
신왕국의 정착지 양식

팔레스틴의 이집트인들과 다른 외국 지배자들 그리고 이들의 팔레스틴인 대리인들과 예속민들이 신왕국 시기에 어디에서 어떻게 살았나를 규명하였다면, 이제는 300년간 이어져 온 이집트의 종주권이 토착민들의 삶의 방식과 영유지에 어떤 영향을 미쳤는지를 조사할 필요가 있다. 오랜 세월에 걸쳐 팔레스틴의 정착지 형태는 사람들의 삶의 변화, 특별히 정치적 환경의 변화에 따라 변모하였다. 당시 사람들은 이민, 기후, 기술, 권력과 같은 환경적 변화에 따라 비옥한 저지대, 사막, 산지, 열악한 배수 지역, 유다 구릉지, 그 외의 여러 다른 지역들을 거주지로 삼았으며, 무엇보다 그들의 거주지에 대한 결정은 후기 청동기 시대 동부 지중해 지역까지 확장되었던 신왕국의 효율적인 무역과 정보망의 통합과 같은 지역 간의 정치경제적 변화에 큰 영향을 받았다.[1]

정착의 형태가 어떻게 결정되었나하는 문제가 특별히 중요한데, 그 이유는 이스라엘이 팔레스틴 역사에서 가장 극적인 정착지 변화에 뒤이어 하나의 굳건한 왕국으로 자리 잡았기 때문이다: 12세기와 11세기 또는 초기 철기시대 동안 사람들이 거의 거주하지 않았던 고원지대에 촌락민들의 정착이 시작되었다 (6장 참조). 무엇보다 초기 철기시대 팔레스틴의 변경지대로 정착이 확산되기 이전, 즉 이집트 제국주의가 절정에 달했던 시기 동안 정착지의 특성에 대한 조사가 필요하다. "이스라엘"을 포함한 팔레스틴인들은 어디에 살았으며 왜 그들은 그곳에 거주했던 것일까?

이집트 제국이 팔레스틴을 통치한 300년간 실제적으로 정치경제적 착취는 사회적 관계성을 단절시켰을 뿐만 아니라 지역 내 적대행위를 한층 가중시켰다. 결과적으로, 영구적인 정착지는 국경 지대에서 후퇴하였고 인구는 감소하였다. 이러한 상황은 이집트 통치 마지막 반세기에 들어서면서 역전되었다.

위협과 대응

다시 한 번 팔레스틴의 노동인구들이 어떤 문제에 직면했었는지를 살펴볼 필요가 있다. 팔레스틴의 소도시, 촌락, 자작 농장, 텐트에 거주하던 농경 가정들은 가뭄, 홍수, 잡초, 해충, 황폐화된 토양으로 어려움을 당했다. 토지보유권의 유동성, 과도한 세금과 착취는 생산성을 더욱 악화시켰다. 생산의 불확실성은 농민들로 하여금 가능하다면 언제 어디서든 생산 활동을 저해하는 위험요인들의 감소에 전력을 다하도록 하였다.

위험요인의 축소는 여러 형태로 나타났다. 농민, 가정, 또는 촌락은 직접 토지를 보유하는 대신에 경작지 임대, 소작, 심지어 한시적지만 고용살이를 선택하는 것으로 채권자에게 위험 부담을 전가시켰으며, 비록 통상 이러한 대안들은 농민들 스스로 결정할 수 없는 문제였음에도 불구하고 꾸준히 시도되었다. 또한 그들은 일반적인 생산 활동에서 벗어나 양과 염소를 돌보는 목축업으로 생산 활동의 다각화를 시도하기도 하였다. 촌락민들은 일반적으로 자신들의 생계유지를 위한 방편으로 다양한 생산 활동에 참여하였으며, 이러한 자구책은 팔레스틴 지형의 다양한 국지적 기상현상과 생태지역으로 인해 가능할 수 있었다. 자립자족 경제에 있어서 유목은 자본 형성에 있어서 위험도가 낮은 형태로서 작물 실패에 따른 대비수단, 자본 축적의 유동적인 형태, 세금의 면제를 의미하였다. 유목생활은 보다 탄력적인 공동체 연대를 촉진시켰다. 유목 집단들은 긴밀하게 연결된 촌락들을 형성하여 정착하거나 부족별로 분산되어 텐트에서 거주하기도 하였으며, 때로는 이들 두 유형이 혼합된 형식의 거주형태를 결정하기도 하였다. 심지어 농민들은 촌락 거주민들과 함께 촌락을 떠나 다른 촌락으로 이주하여 그곳에서 일을 하거나 군 복무를 하기도 하였으며, 때로는 어떤 촌락에도 소속되지 않는 법익 피탈자로 산속에 들어가 노략질을 하거나 전투에 관여하기도 하였다. 촌락민들은 촌락에서의 일을 매우 소중하게 여겼음에도 불구하고, 촌락에서 그들의 삶은 순탄치 못했다. 간혹 촌락민은 고향을 떠나 이민을 떠나기도 하였다. 한편 도시의 토지 보유자들이나 부유한 주민들은 어떤 환경에서도 상품을 생산할 수 있는 생산물의 다변화를 도모하였으며, 이러한 시도는 촌락민들에게 단기구제의 기회를 제공하는 것처럼 보였다. 하지만 실상 이러한 시도는 장기적인 관점에서 보면 농업에 종사했던 대부분의 가정에게 과도한 경제적 부담을 더욱 가중시키는 것이었다. 더욱이 이러한 생산 활동의 다변화로 초래된 토지이용의 증대는 당시 다른 많은 촌락민들이 상품생산의 확대로 인해 부과된 과도한 세금에서 벗어나기 위해 목축업으로 전환하는 과정에서 목축지 감소라는 문제를 두고 유목민들의 생산 활동과 갈등을 빚었다.

촌락 단계에서 사회 집단의 응집력은 거주지 혹은 경제 기반의 변화로 인한 혼란에도 불구하고 유지되었다. 생산 활동의 소임은 유동적이었으며 농업이나 목축과 관련된 엄격한 사회적 양식도 존재하지 않았다. 생활 경제 형식들의 다양성과 이들의 상대적인 교체가능성은 한 사회집단이 특정시기에 하나의 역할에 종사하다가 곧 다른 것으로 전환할 수 있었음을 의미하였다. 소규모 사회단위들의 경우 경제적·사회적 압력을 받게 되면 해체될 수 있었음에도, 오히려 그들은 새로운 경제와 사회구성체에서 더욱 단결된 모습을 보여주었다. 이러한 구조에서 도심지역은 가장 많은 변수를 지닌 곳이었다. 도회지의 지배자, 전사, 채권자들은 일반적인 세금과 대부 정책들을 결정하였으나, 농촌의 새로운 사회경제적 구성체에 잘 대처하고 반응해야만 했다.

신왕국 시기 팔레스틴의 전형적인 정착지 형태는 3마일이나 12마일 간격으로 떨어져 있는 도심지들로 구성되었으며, 이들 도심지들은 각기 6개에서 10개의 촌락들과 부락들이 결합되어 있었다. 도시 인구에 비해 농촌 인구의 수가 많았으며, 그 비율은 두세 배가 넘지는 않았다. 이들 도회지의 정치적·경제적 불안은 농경생활을 어렵게 만들어 유목생활을 조장하였다. 따라서 많은 농촌 지역들이 경작되지 않은 채 버려졌다. 토지의 총 생산량은 경작지의 부족이 아닌 노동력의 부족에 의해 결정되었다. *아비루*와 *샤슈* 그리고 *수투*에 대한 빈번한 언급은 규모를 확인할 수 없을 정도의 많은 인구가 정착 농경을 도외시했음을 입증하고 있다. 사회불안은 부족한 농업생산물을 촌락이나 이집트 영지에 제공하는 문제를 두고 엘리트 파벌들 간에 벌어진 분쟁에 의해 야기되었을 뿐만 아니라 그 같은 분쟁은 더욱 빈번하게 대규모로 발생하였다. 도회지 인구 중 일부는 자체적으로 생계활동을 해 나갔다.

소도시는 일반적으로 5-10 에이커 정도로 소규모였으며, 아주 드물게 1000명 이상이 거주한 곳도 있었지만 대다수는 그 보다 작은 수의 거주민들을 보유하였다. 이들 사회의 엘리트들의 비율은 대체적으로 도회지 인구의 10퍼센트에서 25퍼센트에 달했다. 하솔을 제외한 팔레스틴의 모든 소도시들은 북부 시리아의 도시들과 비교해서 상당히 규모가 작았는데, 그 이유는 비옥한 초승달 지역의 돌출부에 해당되는 팔레스틴 북부지역에 보다 광활한 경작지가 자리하고 있었기 때문이다. 아시아에서 이집트가 팔레스틴 지역으로 내몰리게 되자, 이집트의 손실은 엄청났다. 이집트가 팔레스틴의 영토에 엄청난 착취를 시도한 것과 동시에 이집트 제국의 강점도 종말에 다달았음은 놀라운 것이 아니다. 엘리트의 권력은 왕궁과 신전에 집중된 인맥과 정치적 연대망을 통해 행사되었다. 인구이동의 결과로 군부 엘리트들이 직면한 핵심 과제는 영토의 통제보다는 사람들에 대한 통제였다. 땅을 경작할 사람이 없으면, 토지에 세금을 부과할 방법은 없었다. 이러한 문제를 신왕국의 통치기관은 전혀 해결하지 못했다.

정착지의 감소

이 같은 사회적 유동성을 감안할 때, 전체 인구의 수준은 물론 정착지의 특성과 형태도 유동적이었다. 정착지의 변화는 팔레스틴 사회의 다른 정치적·경제적 발전들과 관련이 있었다.

이집트의 강점기 이전 수세기 동안 팔레스틴은 도회지와 농업의 발전에 있어 가장 위대한 한 시대를 경험하였다. 12왕조와 13왕조를 거쳐 힉소스 통치기간(기원전 약 2000년-1550년)인 이집트의 중왕국(Middle Kingdom) 시대와 제2 중간기(Second Intermediate Period)는 팔레스틴에 다수의 부유한 상류 계층의 성장과 잘 정비된 도시들의 발전을 가져왔다. 농업 생산물들은 풍부하였다. 이러한 발전상은 중왕국의 통치가 전복되고 힉소스의 군주들과 군대들이 이집트 북부와 중부를 장악하던 1650년-1550년 사이 절정에 달했다. 힉소스의 세력들은 나일 강 삼각주의 아바리스(Avaris)를 본거지로 삼고 있었으며, 팔레스틴의 도회지 군부 세력의 지원을 받았다.

이들 팔레스틴인 세력이 신왕국 창시자들에 의해 전복되면서 500년간 계속되었던 도시 성장도 마감되었다. 아바리스는 1540년경 파괴되었으며, 신왕국 시대 팔레스틴은 정착지의 규모와 수에 있어서 급격한 감소세를 경험하였다. 15세기 중반까지 정착지의 수는 이전 세기의 1/3에 불과하였다. 팔레스틴에 신왕국의 통치가 확립될 때에는 도시성장기부터 존재했던 77개 도시들 가운데 불과 17곳만이 유지되었다. 특히 해안지역은 많은 도시가 사라져 단지 3곳만이 살아남았다. 이에 따른 인구 이동은 심각하였다. 중기 청동기시대에는 요르단 서쪽 팔레스틴의 전체인구가 약 이십만 명에 달했지만, 후기 청동기에는 그 절반으로 감소하였다. 고원지대의 인구 감소폭은 더 심각하여 예전 인구의 1/7 정도에 불과하였다. 잔존한 정착지의 규모도 크게 위축되었다. 많은 고원지대 정착지의 면적은 일부 지역으로 축소되었으며, 예전 정착지의 가장 높은 곳에 위치하게 되었다. 일례로 아스돗은 20 에이커의 성체로 축소되었다. 신왕국 후기에 시행된 정책이 없었다면, 아마도 모든 정착지들이 사라졌을 것이다.

신왕국 기간 동안 새로운 정착지들이 해안과 주요 무역로를 따라 설치되었다. 고원과 내륙지역은 대부분 방치되었다. 1550년 이전에는 고원지대에 상당수의 도회지가 유지되었는데, 이들 중에는 북부부터 남부까지 텔 엘-파라(T. el-Farah) 북부, 세겜, 실로, 벧엘, 여리고, 예루살렘, 벧술(헤브론의 북서쪽), 헤브론이 포함되어 있었다. 팔레스틴에 신왕국의 도래와 함께 이들 지역 대부분이 방치되었거나 규모가 크게 줄어들었다. 도시성장이 이루어졌던 중기 청동기시대 초에 자리했던 10곳 중에서 벧술, 텔 마르자메(T. Marjameh), 예루살렘까지 포함해서 3곳만이 유지되었다. 기브온과 텔 라부드(T. Rabud: 드빌[Debir])가 가장 규모가 큰 지역이었지만, 두 곳 모두 황폐화되었다. 15세기에 들어 세겜은 다시 자리 잡게 되었지만, 벧술은 계속 방치되었다. 세겜은 라바유와 그의 아들들의 통치하에 주요 요새신전(fortress-temple)이 재건축되어 12세기까지 계속 사용되었다. 신왕국시기의 거의 모든 구릉지역 정착지들은 저지대 지역들과 비교해서 규모가 작았다. 팔레스틴 전역에 걸쳐 대규모 정착지의 수는 급격히 줄어들었으며, 그 결과 14세기까지 그 숫자는 중기 청동기에 존재했던 수의 1/5에도 미치지 못하였다. 6곳의 대규모 지역 가운데 오로지 라기스만이 신왕국기에 잔존하였다. 하솔이 현저히 규모가 축소된 다른 곳들과 달리 특별히 예외였던 이유는 아마도 인근의 단(Dan)이 완전히 파괴된 연유일 수도 있지만 그보다 그곳의 위치가 바로 북쪽 간선도로상에 있었으며 13세기 이전 이집트 활동영역의 중심지였기 때문일 것이다. 그곳은 상당한 규모로 라기스의 4배가 넘을 정도였다. 13세기의 첫 반세기에 일어났던 파괴와 방치는 팔레스틴의 도회지 풍경을 완전히 바꿔놓았다.

중기와 후기 청동기시대 고원지대에 대한 최근의 고적조사는 인구의 급격한 이동 혹은 감소가 일어난 정황들을 입증하고 있다. 이스라엘의 고고학자 제르탈(A. Zertal)은 므낫세 지역에서 6곳에 달하는 중기 청동기 제2기의 주거지를 발견하였고, 핑켈스타인(Finkelstein)은 에브라임 지역에서 동시대 주거지 60기를 발견하였다. 이들 숫자는 후기 청동기에 들어 각기 1/6과 1/12 비율로 줄어들어 21곳과 5곳으로 감소하였다. 유일하게 벧엘은 후기 청동기 후반부에 중앙 고원지대에서 번성하였다. 이즈르엘 계곡부터 브엘세바까지 구릉지 전역에서 후기 청동기 제2기의 주거지 25기 내지 30기가 발견된 것과 비교해서 약 200여기에 달하는 중기 청동기 제2기의 주거지가 산재하고 있다. 다시 말하자면, 기원전 1750년-1550년 기간에 구릉지역의 정착지 수는 1400년-1150년 기간의 거의 7배에 달했다. 요르단 서쪽 전 지역을 포함하면 총인구의 감소폭은 그렇게 크지는 않았는데, 그 이유는 해안 평야와 남서부 구릉지역, 그리고 북부 계곡지역들이 후기 청동기시대에 어느 정도 인구를 유지하였기 때문이다. 이미 언급한 것처럼, 중기와 후기 청동기 사이 총인구수는 거의 절반으로 떨어졌다.

규모가 크고 전략적으로 중요한 지역을 포함한 대부분의 신왕국 시대 정착지들은 방어시설이 허술하였다. 단지 몇몇 지역만이 그것도 그 당시 일정기간 동안에만 방벽이 설치되었다. 하솔 역시 그 같은 규정이 적용되었던 대표적인 예이다. 신왕국 전 기간에 걸쳐 하솔은 1550년 이전 도시를 방어하기 위해 흙으로 수축된 성벽을 그대로 유지하고 있었다. 방어시설의 일반적인 부족은 중기 청동기시대의 전형적인 방어벽 설치 방식인 키클롭스식(Cyclopean)의 특성(커다란 돌을 쌓아 성을 쌓는 방식)을 고려하면 그 지역 내 일반적인 도시방어 양식에서 크게 벗어난 것이었다. 신왕국 시기에 성벽이 부재했던 것은 아마도 이집트가 기존의 수많은 성벽을 파괴한 후 성벽신축을 못하도록 명령했던 이집트의 정책에 기인했을 것이다.

14세기 말에 들어 촌락 생활은 점차 복구되기 시작했으나, 단지 일부 지역에 국한되었다. 처음에는 재정착이 이루어졌던 지역에서 인구가 격감하였으며 피폐하였다. 복구는 약 1400년 이후부터 시작되었다. 13세기와 람세스 2세의 치세기에 점유지의 절대 수는 1550년 이전 수준으로 회복되었으나, 점유지역의 수, 규모, 인구는 여전히 크게 감소되었다. 소규모나 중간 규모 정착지의 비율은 람세스 2세 시기에 약간 하락하였으나 대체로 전 시기에 걸쳐 비슷하게 유지되었다. 반면에 아주 작은 규모의 정착지의 수는 4배 증가하였으며, 이들 초소규모 정착지의 증가가 전체 정착지의 수를 동일하게 유지하게 한 요인이었다. 하여튼 람세스 2세의 통치기간 동안 점유된 모든 정착지의 총면적은 1550년 이전 거의 500년간 진행된 도시 성장기에 자리했던 모든 정착지들의 면적에 절반에도 미치지 못했다. 따라서 실질적인 정착지 감소는 절반을 넘어 이전 지역의 1/4 또는 1/3 수준이었던 것으로 보인다. 역사적 관점에서 보면 13세기 팔레스틴의 총 점유면적은 매우 작았으며, 초소규모부터 중간규모의 정착지가 총 정착지의 90퍼센트 이상을 차지하였다. 확실히 13세기 팔레스틴의 인구는 이전 300년간의 유지해 온 인구수의 일부에 불과했으며, 생산양식과 사회적 관계성도 변형되었다. 고넨(R. Gonen)의 표현처럼 이 시기는 "도시 구조의 극적인 쇠퇴기"이었다.[2]

이 시기의 정착 양식은 당시의 전반적인 상황 중에서도 한층 중요한 부분이다. 14세기 고원지대의 소규모 정착지인 도단(2.5 에이커 혹은 그 이하)을 포함해 텔 엘 파라(T. el-Farah) 북부, 벧엘, 예루살렘과 같은 모든 소규모 지역(2-3 에이커)들은 재 점유되었다. 예루살렘 북쪽에 위치한 텔 엘-집(T. el-Jib: 기브온)에서 당시의 매장지가 발견되었는데, 이러한 증거가 람세스 2세의 통치시기에 정착이 이루어졌음을 암시하는 것인지 확실치 않다. 예전에 수축되어 남아있던 성벽에 둘러싸인 벧엘은 남부 고원지대의 주요지역이 되었다. 벧엘에서의 발굴 작업을 통해 1400년과 1200년 사이에 건축된 집들이 발견되었으며, 그것들은 그 후대 세대에도 보기 드문 팔레스틴의 주택건축물 가운데 백미였다. 동시대에 세겜은 그다지 많은 인구가 거주하지 않았는데, 이미 살펴본 바와 같이, 아마르나 편지들이 다마스쿠스에 이르는 해안과 협곡 도로를 통해 진행된 무역을 통해 이윤을 획득하려한 라바유가 이즈르엘 계곡의 수넴과 샤론 계곡의 갓-파달라(Gath-Padalla)를 지배하였고 그가 살해되기 전까지 므깃도를 끊임없이 침공하였음을 보여주고 있음에도 불구하고, 세겜의 인구는 이전 시대와 비교해서 감소되었다. 가투(Gatu)는 벧산 근처 구릉지를 벗어나 활동하던 라바유와 유사한 배반자였다. 놀랍게도 벧엘에 대해 아무런 언급도 하지 않은 아마르나 편지를 근거로 판단컨대, 예루살렘은 또 다른 주요한 정치 중심지였다. 중간 규모의 정착지(12-14 에이커)에 불과한 텔 라부드(T. Rabud) 역시 14세기에 다시 점유되었다.

13세기 고원지대의 텔 라부드(T. Rabud)는 텔 마르자메(T. Marjameh)의 경우처럼 또다시 방치되었다. 제닌(Jenin)에 정착이 이루어진 것으로 보아, 13세기말에 들어 일부 농경이 대부분의 접근 가능한 구릉지 전역으로 확산되었음을 보여준다. 이 지역은 철기 시대 일부 초창기 고원지대 촌락 정착지들의 중심지가 되었다. 헤브론 역시 점유가 된 것으로 보이지만, 매장지의 잔해만이 발견되었다. 하솔(파괴되기 전까지)과 라기스는 팔레스틴에서 가장 규모가 큰 정착지로서의 명맥을 유지하였다. 네게브(Negeb)에서는 어떠한 정착의 증거도 나타나지 않는다.

해안세력

람세스 2세가 권좌를 차지하기까지 1550년 이전 지역들 가운데 극소수만이 점유지로 남아있었음에도 불구하고, 신왕국의 마지막 세기는 새로운 지역을 구축하는 일에 단지 일부 제한된 활동만을 보여주었다. 새로운 지역들은 두 가지 형태였다: 북쪽 해안지대의 신설 항구들과 남부 평원지대에 구축된 이집트 요새들 (제2장 참조). 욥바 남쪽 해안에는 새로운 항구가 전혀 설치되지 않았던 반면, 북쪽 해안을 따라 새로운 항구가 생겨나서 이전 시대의 몇몇 작은 항구들을 보완하였다: 로쉬 하니크라(Rosh Haniqra), 악쉽(Akzib), 텔 아부 하완(T. Abu Hawan), 쉬크모나(Shiqmona), 텔 메가딤(T. Megadim), 텔 기릿(T. Girit). 이들 항구들은 사이프러스와 미케네 그리고 동부 지중해안의 다른 항구들과의 무역에 관여하였다.

새로운 정착지의 두 번째 형식은 이집트의 요새였다. 이들은 14세기 특히 13세기에 들어 수가 증가하여 많은 곳에 건립되었다. 대부분이 팔레스틴 내 이집트인의 주요 거점인 남부 해안 평야에 위치하였다. 이미 언급한 것처럼, 드이르 엘-발라(Deir el-Balah), 엘-파라(el-Farah) 남부, 텔 엘-아율(T. el-Ajjul), 텔 옘메(T. Jemmeh), 텔 모르(T. Mor), 야파(Jaffa), 아벡(Aphek), 벧산(Bethshan)의 이집트 요새들은 시나이를 가로지르는 해안 도로를 따라 건설되었고 팔레스틴 남부와 북쪽에 이르는 무역로에 대한 이집트의 영유권을 강화하는데 일조하였다. 만약 이들 요새들을 신왕국의 팔레스틴 정착지의 총계에 포함하지 않는다면, 13세기 전 기간에 걸쳐 지속된 정착지와 인구 감소가 보다 극심하게 이루어졌음을 보여준다.

이집트가 지배한 거의 전 기간 동안의 분명한 결과는 정착지, 농업, 인구 성장의 감소와 제한이었다. 이집트의 주둔과 늘어난 세금부담으로 인해 농업에 대한 동기유발은 감소하였다. 수많은 촌락민들은 개별적으로 그리고 가족과 집단별로 군주들의 금전에 더욱 의존하게 되었으며, 임금 소득자, 계약 노동자, 노예가 되었으며, 상당수는 유목생활로 전환하였으며, 아니면 촌락을 떠나 다른 유목민 집단에 합류하거나 다른 지역의 용병이나 산적이 되었다. 신왕국 통치의 지속과 함께 *샤슈*와 *아비루*에 대한 언급이 증가했다는 사실은 우연이 아닌 것으로 보인다. 남부 해안과 해안지역 간선도로를 따라 위치한 정착지들은 후기 청동기에 호황을 이룬 동부 지중해 지역에 공물과 무역이 지속되는 한 존속되었다. 반면에 이들 지역 전역에 촌락 정착은 장기간 위축되었다.

이러한 상황이 카데스 방향 하솔 북쪽 비카(Biqa) 계곡에도 동일하게 일어났는데, 하솔의 규모로 보아 일부 예외적인 요인이 있었을 것으로 여겨지지만 이집트의 영향력과 초강대국들에 의해 촉발된 교전상황은 그곳에 유사한 영향을 미쳤다. 이집트의 통치가 용이했던 북부와 중부 트랜스요르단 지역의 정착 역사도 서부 팔레스틴 지역과 유사하였다. 여러 중기 청동기 지역들의 파괴는 이집트의 영향력이 트랜스요르단에서 서부 팔레스틴에서처럼 강력하지 않았음에도 이집트의 정복 때문이라 여겨진다. 후기 청동기시대 북부와 중부 트랜스요르단, 요르단 계곡, 이르비드(Irbid)와 암만(Amman) 인근 지역에는 적어도 10곳에 촌락들이 위치하였다. 이들 지역들은 서부 팔레스틴 지역과 마찬가지로 동일한 팔레스틴 문화, 유물, 세계주의의 혼합과 같은 특성을 보여준다. 대조적으로 남부 트랜스요르단에는 중기와 후기 청동기 시대에 정착지가 드물었다.

촌락 정착지와 인구의 감소는 기원전 1200년의 한 세대 만에 극적으로 역전되었다. 그 당시 팔레스틴 중부 고원지대에 변화가 일어나기 시작하여 그 이전 300년간 점유되지 않았던 지역으로 촌락과 농업이 광범위하게 확산되기 시작하였다. 많은 경우 이들 정착지들은 이전에 전혀 점유된 적이 없던 새로운 지역에 자리하였으며 경작이 시작되었다. 중부 산지에 새롭게 개척된 정착지들은 200년 후 이스라엘 왕정 국가의 농경 활동의 중심지가 된 지역들로 확산되었다.

이스라엘이라 알려진 실체는 이러한 정착지 양식의 전환이 일어나기 이전에 존재했을 뿐만 아니라, 새로운 정착지 모두가 후대 군주체제의 이스라엘에 부속되지는 않았다. 따라서 이스라엘이 구릉지역의 촌락지에 위치하기 이전, 이스라엘이라는 명칭이 의미하는 바가 무엇이며, 촌락의 확산과 복구를 통해 정착지의 변화를 수반한 상황이 어떠하였는지, 그리고 이스라엘로 하여금 구릉지에 위치하도록 이끈 환경은 무엇이었는지에 대한 조사가 필요하다. 이전에는 불가능했음에도 1200년 이후 고원지대 정착을 가능케 한 요인들은 무엇이며, 그리고 이스라엘은 어떻게 새로운 정착지 확산에 관여했을까?

제4장
13세기의 이스라엘

무엇보다 분명한 사실은 이스라엘이 단일 종교 집단, 가족, 국가, 인종이 아니었을 뿐만 아니라 단일 민족도 아니었다는 것이다. 알려진 바에 의하면, 이스라엘은 신왕국 시대 팔레스틴의 일개 부족 또는 부족 연합체로 시작하였다 (여기에서 "연합"이라는 개념은 현대적 의미와는 차이가 있다). 그것은 한 세력에 관한 명칭이었다. 더욱이 기원전 13세기까지도 이스라엘이라는 명칭은 그 호칭의 적용대상이었던 모든 이들에게도 같은 의미로 받아들여지지 않았을 것이다.

오랫동안 이스라엘의 기원을 설명하는데 있어서 핵심 문제는 메소포타미아, 이집트, 혹은 사막에서 도착한 한 가정이 하나의 국가로 변모했다는 성서의 기록과 고고학적 증거들을 조화시키는 것이라 여겨져 왔다. 오늘날 성서가 이스라엘의 기원을 진술하고 있는 것이 아니라, 일단의 후대 왕실 작가들이 그들 자신들의 시간과 공간에 적합한 사상과 경험을 기초로 이스라엘의 기원에 대해 자신들의 생각을 기술한 것임은 명백한 사실이다. 따라서 성서는 귀중한 이름들과 날짜들로 정확한 역사적 나레이티브를 통해 이스라엘의 기원을 설명할 수 있는 자료로 사용될 수 없다. 성서는 10세기 이후 팔레스틴에서 일어난 사실에 대해서는 많은 것을 말해주고 있는 반면, 그 이전 시대에 대해서는 사회적 환경, 지명, 정치적 인물들의 이름들, 성소들의 위치를 제외하고 정확히 어떤 일이 일어났는지에 대해서는 그다지 많은 정보를 제공하지 않을 뿐만 아니라 알려진 정보들의 정확한 역사적 관계성도 알려져 있지 않다. 이러한 성서의 정보들은 중요성을 담고 있음에도 불구하고, 초기 이스라엘의 역사의 출발점은 될 수 없다. 오늘날 성서적 역사(biblical history)는 반드시 팔레스틴 역사의 상관관계에서 분석되어야만 하며, 그 반대로 성서적 역사를 바탕으로 팔레스틴의 역사를 파악해서는 안 된다.

메르넵타 석비(The Merneptah Stela)

초기 이스라엘의 실체를 파악하기 위해서는 성서 외에 초기 이스라엘에 대해 언급하고 있는 유일한 문헌에서 출발해야만 한다. 성서 외에 이스라엘에 대한 언급은 이집트의 파라오 메르넵타가 그의 치세 5년 리비아(Libya)를 상대로 거둔 승리를 묘사한 일련의 송축시의 마지막 절에 나타나 있다. 메르넵타 5년이 언제인지 정확한 연대를 확인할 수 없지만 아마도 기원전 1207년이었던 것으로 추정된다. 이 연도가 정확하지 않다 하더라도 실제 연대는 추정연대보다 최대 10년이나 20년은 넘지 않는 것으로 여겨지고 있다. 리비아에 관한 내용과 함께 팔레스틴을 마지막에 언급하고 있는 이 기념송가는 1896년 테베(Thebes)에 위치한 메르넵타의 장례신전(mortuary temple)에서 발견된 *스텔라*(stela)에 새겨져 있다. 이 석비는 간혹 "이스라엘" *스텔라*로 불리기도 한다.

이스라엘에 대한 이 기록은 팔레스틴 고원지대에 대대적인 정착이 시작되기 이전 최소한 한 세대 아마도 그 이상의 여러 세대에 걸쳐 존재했던 실체에 관해 진술하고 있다. 이 기록은 기원전 13세기의 이스라엘이 무시할 수 없는 군사세력이었다는 사실과 이스라엘이 특정 지역의 촌락한 지역의 촌락 명칭이 아니었음을 보여주고 있다. 12세기와 11세기에 이스라엘이라 불린 사람들은 고원지대에 새롭게 조성된 촌락들에 거주하였다. 이스라엘이 고원지대에 많은 촌락들이 형성되기 이전에도 하나의 세력으로 존재했던 것으로 보아, 이스라엘이 정치적으로 위치를 확고히 한 이후에야 고원지대에서 집단화를 이루게 된 것으로 보인다.

이러한 결론은 온당한 것처럼 보이지만, 이스라엘 기원과 관련한 수많은 불명확성을 해결하기에는 부족하다. 메르넵타 이전 이스라엘에 대한 어떠한 정보도 남아있지 않다. 그럼에도 추측은 가능하다. 이스라엘이 아마르나 서신들에서 언급되지 않으며(특정 부족들에 대한 진술이 없음) 당시 이스라엘과 관련된 것이라 할 수 있는 기록이 전무함에도 불구하고, 부족 이스라엘의 실체는 14세기 또는 그 이전까지 거슬러 올라 갈 수 있을지도 모른다. 이에 반해 불과 몇 구절의 글귀는 전체 팔레스틴 역사속의 다른 유사한 시기의 알려진 상황과의 관련성 속에서 볼 때 이스라엘인들이 자신들의 역사적인 문서들을 작성하기 전 100년 어쩌면 그 훨씬 이전인 13세기와 12세기의 이스라엘에 관한 중요한 많은 단서들을 제공하고 있다.

메르넵타 시구는 다음과 같이 전한다:

> 족장들은 엎드리고 말하기를 "평화여!"
> 그들 중 한명도 국경의 적들 가운데서 머리를 들지 못한다.

리비아는 사로잡히고,
하티는 수그러들었으며,
가자[1]는 가장 심하게 약탈되고,
아스겔론은 끌려나오고,
게젤은 사로잡히며,
야노암은 존재하지 않게 되고,
이스라엘은 발가벗겨져, 완전히 씨가 말랐으며,
후루는 과부가 되었으며, 모든 것이 이집트로 인함이다.
모든 땅들이 다함께 "평화"에 자리했다.
소동을 일으킨 모든 이들이 죽임을 당했다.
상류와 하류 이집트의 왕, 메르넵타에 의해.

이 구절은 제국 국경지대의 평정에 관한 내용이다. 리비아는 서쪽으로, 하티는 동쪽과 북쪽으로 제압되었다. 하티와 맞닿은 국경 인근의 후루(가나안지역 대부분)는 사라졌다: 이집트의 관문인 가자, 아스글론의 소도시들, 게젤, 야노암과 그 지역 영토들은 봉쇄되었다. 하티의 국경을 따라 이스라엘은 폐허가 되었다. 이스라엘이란 명칭은 언급된 다른 명칭들과는 달리 그 명칭이 소도시를 지칭하는 것이 아님을 보여주는 기호와 함께 소개되고 있다.

지난 10년 동안 프랭크 유르코(Frank J. Yurco)를 지지하는 수많은 역사가들은 팔레스틴의 소도시들을 침공한 람세스 2세를 묘사하고 있는 것이라 여겨져 온 이집트 카르낙(Karnak)의 몇몇 부조물들이 실제로는 람세스의 후계자인 메르넵타를 묘사하고 있으며 그리고 이 기념시의 짧은 종결부 연에 묘사되어 있는 군사원정은 팔레스틴에서 거둔 메르넵타의 승리에 관한 것이라 생각하기 시작했다. 하지만 이러한 해석에는 불확실한 면이 있다. 레드포드(D. Redford)와 다른 학자들은 이 송가를 실제 원정에 관한 기록으로 받아들일 수 없다고 지적하였다. 더욱이 메르넵타가 그의 치세 10년 동안 이들 모든 지역을 공격할 수 있었음을 입증할 다른 증거도 없다. 성치 않은 건강 때문에 고생했던 메르넵타는 그의 통치 3년에 북부 지중해 연안으로 원정을 감행하였다. 그 해는 메르넵타가 그의 치세 5년 동부가 아닌 서부로 원정을 감행하기 이전에 아시아로 장기원정을 감행할 수 있었던 유일한 시기였다. 팔레스틴 먼 북쪽 지역까지 원정했다는 사실은 팔레스틴이 그의 통제 하에 있었음을 보여준다. 그의 통치 10년간 팔레스틴의 상황은 평온하였다. 이스라엘을 언급하고 있는 송축 시구는 얼마간 이집트의 완벽한 통제 상황을 반영하고 있는 것으로 보인다. 메르넵타가 제국의 힘을 보여주기 위해 그의 통치 첫해 또는 두 번째 해에 팔레스틴으로 군대를 파병할 수도 있었겠지만, 메르넵타 석비에 암시되어 있는 원정은 결코 일어나지 않았던 것으로 보인다.

또한 카르낙의 부조물이 람세스 2세가 아닌 메르넵타를 묘사하고 있는지도 불확실하다. 레드포드는 메르넵타 송가의 시구들을 일종의 문학작품으로 보고, 이 작품 속에 나오는 도시, 건물, 조각상, 또는 부조가 정형화된 해석을 고취시킨다고 주장하였다. 이러한 주장은 메르넵타의 업적을 기록한 부조물이 실제로는 람세스 2세의 부조물이라는 해석이다. 따라서 카르낙의 부조물은 실제 람세스 2세의 군사원정을 묘사하였지만, 후대의 메르넵타 통치시기에 가상의 메르넵타 군사원정을 묘사하는 함축적인 시구절에 창조적 영감을 주었다는 것이다. 뿐만 아니라, 레드포드는 이스라엘이 송축시 본문에만 기록되어 있고 이에 상응하는 부조물의 그림에서 표현되어 있지 않는 유일한 명칭이라는 사실과(유르코 역시 동일한 문제를 제기하였다) 동시에 *샤슈*가 본문에는 구체적으로 명기되어 있지 않고 부조물에만 표현되어 있는 유일한 요소인 것에 주목하여, 이스라엘과 *샤슈*가 동일한 실체라고 주장하였다. 람세스 2세의 상형문이 *샤슈*로 묘사해 놓은 집단은 세티(Seti) 1세와 람세스 2

세의 서기관들이 *샤슈*라 명명한 부류의 사람들로 이루어졌으며, 이들은 한두 세대 이후 메르넵타의 서기관에 의해 이스라엘로 불려졌다. 이스라엘은 메르넵타가 팔레스틴의 *샤슈*라는 특정 집단을 부르는 방식이었다.

왕조 이전 이스라엘의 부족적 실체에 관한 이러한 암시는 일부 알려진 사실, 특히 성서에 나오는 내용과 일치한다. 이스라엘을 제외하고 시구절에 나오는 모든 명칭들은 도시나 도시국가임을 명시하는 기호와 함께 소개되고 있다. 이스라엘과 관련해서 서기관은 "백성"을 의미하는 것으로 보이는 기호를 사용하였다. 더욱이 영토, 도시, 또는 도시 국가라는 단어가 문법상 여성형인 반면, 이스라엘은 남성 대명사 "그(he)"로 나타난다. 따라서 서기관은 이스라엘을 남편으로 후루를 아내로 나란히 배치하였다. 서기관은 통상 후루를 팔레스틴으로 간주하였다. 그는 이스라엘을 영토 혹은 도시국가가 아닌, 특정 남성 시조에서 유래한 일단의 군중 집단으로 이해하였다. 만약 이스라엘을 남편으로 묘사하고 있는 상징적인 시적표현이 역사적 상황들과 어떤 관계성을 내포하고 있다면, 팔레스틴 대다수 지역의 정치적 안정은 이스라엘의 생존에 달려있었을 것이다.

팔레스틴의 부족들

이스라엘에 대한 언급과 13세기 이스라엘의 실체를 탐구하기 위해서는 이미 알려진 유사성을 바탕으로 고대 팔레스틴의 부족 조직에 대한 많은 논의가 필요하다. 1장에서 지적한 바와 같이, 부족이란 기본적으로 팔레스틴 사회의 특징인 불공평과 불확실성에 직면한 개인과 가정 그리고 그들의 지도자들과 국가 사이의 정치적 정체성과 관계성에 관한 개념이었다. 부족과 씨족 등의 개념들은 실제적 관계성을 언급하고 사회적 그리고 경제적 의미를 내포하기도 하였지만, 그 같은 관계성들은 매우 다양하여 이들 개념들의 기본적인 의미는 권력과 연관이 있는 정치적 개념이었다. 부족의 구조와 구성원 자격은 영구적인 것이 아니었으며, 특별한 정치적 그리고 사회적 환경에 따라 계속 변모하였다. 부족의 수장들은 국가의 통치자처럼 될 수 있었음에도 불구하고, 부족의 구성원은 지배, 동맹, 예속관계, 충성도에 따라 국가 체제와는 다른 자체적인 위계질서를 구축하였다. 부족과 도회지 엘리트들은 빈번하게 긴밀한 연대를 형성하였으며, 때로는 동일인이 이들 두 엘리트집단을 대표하기도 하였다.

지파 정체성의 정치적 목적은 어떤 위협에 맞서 집단적인 정치적 행동을 결집하는 것과 그것을 합리화하는데 있었다. 부족의 대내외적 활동영역을 저해한 부족의 최대 위협은 국가였으며 부족의 잠재성, 영속성, 분명한 정체성의 문제를 제기하였다. 국가에 대한 반감이 실재했을 수도 그렇지 않았을 수도 그리고 이와 관련한 정치적 주장이 부족 내에서 증폭되었을 수도 아니면 점차 완화되었을 수도 있었겠지만, 부족의 기본정신은 원칙적으로 국가에 대해 혐오감을 표출하였다. 따라서 부족들은 때로는 국가와 병존하고 때로는 맞서며 국가의 정치조직에 대안을 제시하였다. 부족과 국가 사이의 상이점은 전 영토에 걸쳐 정치적 관계성들이 항상 질서정연하고 획일적으로 유지되어야 하고 또 그렇게 될 수 있다는 국가의 호전적 주장에 대한 반응이었다. 따라서 국가는 대중의 정치적 합의를 가장한 국가적 정체성을 수립할 수 있었다. 정치적 은유(political metaphor)로서 부족은 획일적 질서를 구축한 국가가 대처할 수 없었던 실제 정치의 복잡성을 통합하는 하나의 방편이었다.

사회질서에 대한 부족의 개념은 국가가 요구하는 충성심에 우선하거나 그것을 완전히 배제하고 공동의 부계 조상(common patrilineal founder)의 후손으로 추정되는 이들에 대해 충성심을 표하는 것을 의미하였다. 부족 구성원들은 국가의 요구나 주장들이 부족 조직 내 지배가문의 관심사를 반영하지 않을 경우 그것들을 부차적이고 부당한 것으로 간주하였다. 부족의 최우선 관심사를 따르는 충성심은 국가와 비례하는 부족의 힘에 따라 결정되어 매우 유동적이었다. 부족의 힘이 약하거나 국가를 상대할만한 수단을 가지지 못할 경우에는 자연히 국가에 대한 반감도 약화되었다.

부족의 관계성들은 친족 간의 용어로 표현되었다. 한편 부족의 친족관계는 부족 구성원들의 허구적인 개념에 불과하여 실제로 크게 확대되지 않았을 뿐만 아니라, 많은 경우에 가상적인 혈연관계에도 미치지 못했다. 부족의 정체성은 단편적인 혈연의 개념이나 공동의 부계 혈통에 기초하였다. 이론상 공동의 부계혈통은 가계나무의 한 가지의 형태로 촌수에 따라 모든 자손들 간에 이상적인 평등 관계를 확립하였다. 부족이라는 관용어구는 일반적으로 서너 단계의 혈연관계를 지칭하였다. 이들 단계들을 부르는 용어들은 다양하였으며, 단계별로 적용된 용어들과 가장 유사한 현대적 표현으로는 가구 또는 가정, 확대가족, 가계, 종족, 부족, 부족동맹 또는 부족연합과 같은 것들이었다. 이들 단계들과 관계성들은 부족 구성원들 간의 정치적 관계 그리고 부족과 그 밖의 사회 사이의 정치적 관계와 활동을 나타냈다.

관계성에 대한 실제적인 개념은 정치적 그리고 사회적 상호작용이 진행되고 있는 세상의 실체에 바탕을 두고 있었다. 협력과 제휴관계는 빈번히 파기되고 변모하였다. 기원전 2000년 메소포타미아와 팔레스틴에 대한 최근의 한 연구결과는 사회적 범주로서 부족주의보다 민족성이 우선하였음을 보여주고 있다. 이 연구는 고대 세계의 사회적 정체성과 관련해 상호작용의 특성에 주목하고 실제 사회 상황에서 자기 인식의 전달과 타자에 대한 반응에 대해 역설하였다. 이러한 주장은 적절하다. 부족주의 언어에서 관계성의 의미는 일례로 "이스라엘을 전멸시켰다"는 메르넵타의 진술과 같이 명백히 불가능한 사실에 대한 주장에서 암시되어 있는 상호작용의 필수적인 요소였다. 하지만 민족성은 일반적으로 초기 이스라엘이나 고대 부족의 조직을 이해하기에는 적설한 범주가 아니다. 이것은 이스라엘의 본질과 관련된 여러 문제들, 특히 초기 이스라엘의 가변성에 관한 문제에 여전히 만족할 만한 해답을 제시하지 못하고 있을 뿐만 아니라, 가능성도 없고 오해의 소지가 다분한 초기 이스라엘의 독특성과 후대 이스라엘과의 연속성을 오로지 추측에 기초하여 모호한 답을 제시하고 있다. 부족의 변화무상한 자기 정체성에 대한 실제적 정의들은 토지 보유권을 두고 벌어진 파벌간의 합의, 정략결혼, 불화, 지원, 그 외의 행위들에 의해 좌우되었다. 부족별로 조직화된 집단들에서 권력, 지도력, 자원들은 경계가 명확한 지역의 변화무상한 가계 집단의 소속자격에 의해 정의 내려진 개념들이었다.

한편 대다수 이러한 개념들은 대부분 명확한 정의가 내려지지 않기도 하였다. 분화된 부족가계 이데올로기의 근본적인 목적은 믹컬(M. Meeker)의 말을 빌리면 "정치적 관계성들의 위협적인 불확실성"에 대처하기 위함이었다. 대다수 부족 남성들에게 부족이 요구했던 경직된 충성심이 국가가 요구한 것만큼 위협적이었기 때문에, 부족의 정체성은 단지 특별한 위협 앞에서만 효과를 발휘하였으며 그 외에는 잠재되어 있었다. 일례로, 믹컬은 "북부 아라비아 부족 연합 내에서는 정치기획자로서 부족 지도자들의 역할을 강조함과 동시에 부족 내부와 부족들 사이에 관계성의 모호함"이 상존했다는 몽테뉴(Montagne)의 말을 인용하고 있다.[2] 물론 부족의 최고위직은 족장이었다. 그리고 끊임없이 부족 사회를 위협했던 국가 권력과의 문제를 직접적으로 다루어야 했던 존재도 족장이었다.

일부 히브리 성서의 족보에 대한 개념화와 초기 이스라엘에 대한 역사적 논의 가운데 그 같은 개념화를 적용하려는 경향이 있었음을 감안할 때, 부족 조직 언어의 수사학적 본질과 부족의 기본적인 정치적 특성에 중점을 두는 것이 필수적이다. 특정 가계 또는 정치적 동질 집단이라는 주장은 좀처럼 생물학적 혈통과 일치하지 않는다. 일반적으로 부족 집단은 유전적으로 관계가 없는 이들이나 혼인을 통해 구성원들을 받아들였다. 공동 부계 조상에 대한 주장 그리고 이 주장에 기초한 분화된 가계 개념은 기본적으로 추정에 기초한 것이었다. 생물학적 역사는 변할 수 없는 것이지만, 가상적인 가계혈통은 시간이 지나면서 변화하였다. 부족 관계에 대한 주기적인 재평가는 지역의 성소에서 이루어졌으며 심각한 위협에 직면하게 되면 내부적 절충을 통해 부족의 관계가 재설정되었다. 또한 부족이 위기에 처하게 되면 일시적으로 제의를 통해 제휴관계도 형성되었다.

모든 부족 구성원들과 가정들은 복잡하게 얽혀있었으며, 간혹 충돌을 빚기도 한 비부족민들과 협력하거나 제휴하기도 하였다. 부족과 그 하위 단위들은 복잡하고 항상 변하는 정치 환경에서 많은 부족 조직의 규범들 가운데 한 가지 원칙을 구체화하였다. 그 외의 협력과 행위에 관한 규범들은 부족의 협력을 강화하거나 손상시킬 수 있었다. 이들 규범에는 국가, 언어, 그리고 특별히 사법권에 따라 정해진 파벌, 계급, 연령, 관리나 행정의 개념들이 포함되었다. 부족은 이러한 개념들을 통해 부족의 동질성을 보완하고 강화하기도 하였지만, 전반적으로는 그러한 개념들을 반대하였다. 부족은 수많은 다양한 조직원칙들에 기초하여 통치 권력자를 지원하거나 맞서기 위해 군주, 실력자, 도적의 우두머리,

산적 두목, 반란군, 범법자들을 받아들였다. 한편 부족의 동질성이라는 개념은 지역의 집단을 유지하는 토대들 중 하나였으며, 부족들 스스로 준군사 조직을 정기적으로 유지하였다.

상징적인 가계도는 부족 정체성의 평등주의적 사상을 뒷받침하였다. 부족 엘리트들은 스스로를 평등주의자라 여겼으며, 가능한 총체적으로 다양한 의견들을 취합하여 의사를 결정하거나 마치 자신들의 의사가 공동의 의견처럼 보이도록 하였다. 하지만 실제 그러한 평등주의는 거의 실현되지 못했다. 분파적 개념은 부족 집단 내 특정 실력자들의 막강한 권력을 뒷받침하였다. 조직의 각 계층에서는 이들의 실제 권력에 따라 분파들의 서열이 매겨졌다. 암암리 부족 내부의 모든 사람들은 누가 더 강하고 약한지를 알고 있었다. 최고 서열의 수장들은 통상 최고 지도자의 지위를 차지하였다. 한편, 최고 지도자의 역할을 수행하는 사람을 보유한 분파는 최상위 분파로서의 지위를 차지하였다. 이러한 서열화와 계층화에 대한 부족 엘리트들의 의식은 국가 엘리트들이 자행했던 것과 같은 유사한 폭력, 억압, 잔혹행위를 통해 강화되었으며 비부족민들의 일반적인 행태였던 무관심, 복종, 소극적 저항, 근시안적인 삶의 태도로 인해 용인되었다.

부족의 수장들은 부족을 위하는 만큼 자신들의 사리사욕을 채워나갔다. 그들은 다른 부족 집단 구성원들과 정치적 동맹관계를 강화하고 국가 권력자들과의 관계에서 자신들의 지위를 향상시키기 위해 부족 이념을 정교하게 고안하였거나 또는 순종적인 시인들과 현자들이 다듬은 통치 이데올로기를 가지고 있었다. 부족의 수장들은 서열화를 통해 확대시킨 부족개념을 기반으로 자신들의 특권을 강화하였다. 일반 부족민들이 가지고 있던 부족 정체성의 개념들은 부족 수장들이 고안해 낸 부족이념과 큰 차이가 있기도 하였다. 전형적인 부족 집단에 대한 믹컬의 연구는 "일반 부족민들은 단지 낮은 수준의 관계성만을 인지하고 있었다. 부족민은 자신 주변의 집단 관계성에 대한 몇몇 견해를 가지고 있었을 뿐, 그 이상을 넘어서지 못했다. 부족은 정치적 공동체로서 엄밀한 구조를 가지고 있지 않았다. 부족의 족장들만이 부족연합 구성체에 대한 확고한 견해를 가지고 있었던 것으로 보인다"고 주장하였다.[3]

부족의 실력자들은 일반적으로 토지 보유자, 군 지휘관, 재판관으로서 부족민들을 통치하고 그들에게 토지를 배분하였으며, 그 토지에는 국가가 권리를 주장한 지역까지도 포함되었다. 부족의 수장들은 흔히 부족과 비부족민 촌락들에 경작세를 부과하는 일에 관여하였다. 이와 관련해 알려진 사실중 하나는 부족의 수장들이 더 많은 세금을 징수할 수 있었음에도 모든 부족 생산물의 30%을 수령하였다고 전해진다. 부족의 실력자는 자신의 아들, 가까운 인척, 가신, 그를 돕는 노예들을 동원하여 부족의 관습법을 집행하였다. 부족 수장들이 자신들의 부족 경작민들을 고려하거나 배려해야만 하는 공식적인 규정은 없었으며, 오히려 그 반대의 경우가 일반적이었다.

부족 조직이 구조적으로 국가체제를 반대했음에도, 한편으로 부족 조직은 국가를 지원하는 일을 하기도 하였다. 국가는 일반적으로 여행의 안전, 세금의 징수, 부족의 토지 또는 부족 영토의 법과 질서, 사법권을 책임질 부족의 유력자, 부족 전사들로 구성된 준군사조직의 지휘관들과 행정관리들을 임명하였다. 국가는 공식적인 임명절차가 없이도 부족 엘리트 구성에 있어 중요한 역할을 담당하였다. 실력자, 군 사령관, 또는 부족 분대 지휘관의 유일권력은 국가의 후원에 따라 어느 정도 결정되었다. 권력을 위임받은 이들은 국가나 후원자를 위해 상응할 만한 조치로 부족의 구역 내 예속민들 사이의 분열과 무력충돌을 조장하여 분할통치를 하는 것이었다. 강력한 부족의 수장은 권력을 쟁취한 뒤 무역,

도시연합, 국가의 후원, 또는 국가의 위상을 빌어 자신의 권력을 고착화하였다.

당시 사람들이 어떻게 부족을 인식하였는지는 국가행정 체제가 부족들을 취급한 방식에서 확인할 수 있다. 국가들은 흔히 부족들이 실제로는 보유하지도 않은 공동의 정체성을 보유하고 있다고 예상하여 부족의 실력자들에게 그들 부족이 생각하는 리더십의 개념만큼 국가조직의 연장선에서 권위와 특권을 부여하였다. 확고한 리더십을 보유한 조직으로서 부족은 단지 국가의 원활한 통치 수단으로서 존재하였다. 이러한 형태의 부족은 히브리 경전이나 다른 고대의 저작물에서 보이는 일반적인 부족 개념인데, 그 이유는 헬레니즘 시대 이전의 모든 고대 저작물은 국가의 주도하에 구성되었기 때문이다. 따라서 초기 이스라엘이 각기 고유한 이름을 가진 12 부족들로 이루어졌다는 비현실적인 개념이 오늘날까지도 확산되어 있다. 부족 지도자들이 누구인지 그리고 그들의 역할이 무엇인지에 대한 문제를 포함해 부족 리더십을 규명하는 과정에서 자신만의 이익을 추구했던 국가는 부족 집단 전체의 복잡한 정치적 목적을 흔히 잘못 파악하기도 하였다. 부족 지도자들은 자신들과 국가와의 관련성 때문에 흔히 부족을 강력한 부족 연합체의 일부로 간주하였지만, 그 같은 거대한 집단화는 기본적으로 국가 정책의 연장선에서 이루어졌으며 지역연합을 유지하는 정치적·이념적 틀로써 존재하였다. 실제로 부족 조직 내 다양한 계층의 여러 지도자들은 서로 경쟁하거나 충돌하였으며, 자신들 보다 높거나 낮은 지위에 있던 지도자들과도 충돌하였다. 이와 관련해서 믹커는 몽테뉴의 주장과 일치하는 자신의 경험을 소개하며 "정치 조직가로서 부족 지도자들은 부족 내부의 충돌과 대립이 발생하면, 동맹 의식을 주창하였다"고 지적하였다.[4]

부족 조직은 모든 생산 체제와 다양한 거주지에서 발견된다. 소수의 양떼를 데리고 이목생활을 했던 촌락민들로부터, 텐트에서 거주하며 가끔 촌락에 거주하며 농사를 짓던 유목민들, 그리고 생계유지를 목적으로 국가를 위해 무역에 종사하거나 노략질이나 용병생활을 했던 유목민들까지, 그리고 농민들로부터 왕에 이르기까지 이들 모두는 스스로를 부족관계로 이해하였다. 부족들은 독자적인 경제체제를 유지할 수 있던 촌락과 도시 경제에 부속되어 있었다. 여기에서 소개된 부족주의에 대한 이해는 "동종이형"(dimorphic)의 사회들 속에 "고립된 유목주의"(enclosed nomadism)라 칭한 로우톤(M. Rowton)의 분석에 기인하였다. 하지만 유목생활이 정착생활의 연장선에서 수행되었다는 것과 무엇보다 부족의 개념이 경제적 또는 생태학적이기 보다는 정치적이었다는 로우톤의 주장은 이러한 양극성(polarity)에 관한 제안과 더불어 폭넓게 수용되지는 못했다. 부족들의 역사에서 눈에 띄는 "양극성"은 비부족(non-tribal) 문화와 대비되는 부족 문화만의 구조적이며 지속적인 특성으로 존재한 것이 아니라, 팔레스틴 사회에서 지속적으로 발생했던 라이벌 유력자들, 부족 또는 그 외의 실체들 사이에 벌어진 분쟁 가운데 존재하였다.

부족 이스라엘

어쨌든 기원전 13세기에 실재한 부족주의는 신왕국기 팔레스틴 촌락 인구의 사회문화적 유동성 그리고 정착지와 인구의 감소에서 나타난 유목생활과 유동적인 생산방식으로의 전환과 밀접한 상관관계가 있었다. 국가통제 아래 있던 경작지에 소속된 인구 비율이 점차 감소세를 보이면서, 사회정치적으로 국가에 저항하는 조직을 형성할 수 있는 기회는 점차 많아졌다. 이들 가운데 일단의 부류는 정치적 칭호였던 "이스라엘" 아래 결집하여 집단을 형성하였다. 이러한 이스라엘의 구성원 대다수는 촌락민들과 소도시 거주 농민들, 그리고 이전에 유목생활이나 정치적인 퇴출을 경험한 적이 전혀 없던 일용 노동자들이었다. 그들은 단지 부족이라는 명칭으로 구성된 특정 정치 조직망의 예속민으로 "이스라엘"에 소속되었으며, 그 당시 이와 같은 정치 조직체는 이집트의 보호와 지원을 통해 점차 세력을 확대해 가고 있었다.

핑겔스타인은 *사슈*와 *수투*를 언급하고 있는 텍스트들에 상응하는, 이스라엘과 동일시 될 수 있는 후기 청동기 팔레스틴의 유목 집단들과 관련된 두 가지 고고학적 증거를 제시한다.[5] 첫 번째 증거는 영구 정착지에서 멀리 떨어져 있거나 인근에 위치한 성소들이다. 이들에는 요르단 계곡의 텔 데이르 알라(T. Deir Alla), 실로, 텔 메보라크(T. Mevorakh), 세겜의 텔 발라타(T. Balatah), 라기스의 포세(Fosse) 신전의 성소들이 있다. 이들 성소들은 고도로 도시화가 진행된 시기에는 나타나지 않는다. 실로에서처럼 이들 성소들의 동물 잔해물을 분석한 결과 유목생활의 실체를 입증하는 양과 염소의 뼈들이 발견되었다. 세겜과 라기스에서는 외곽지대를 포함해 정착지 내에서도 성소들이 발견되었다. 이러한 양식은 도시경계 외곽에 거주하던 일단의 구별된 집단의 요구를 충족시켜준 결과로 설명될 수 있다. 결론적으로 이들 성소들 대부분은 유목민들이 선점하고 있던 정착지 변경지역에 위치하였다. 두 번째 증거는 영구 정착지에서 격리된 후기 청동기시대의 매장지이다. 이들 역시 주로 소규모 정착지 외곽에서 발견된다.

일단의 학자들은 유목민들이 통상 거주지의 흔적을 거의 남기지 않았다고 추정하는 것은 잘못된 것이라고 확신한다. 유목 야영지의 확실한 증거는 초기 청동기, 중기 청동기, 철기시대(10 세기), 나바티안

(Nabatean: 1세기 팔레스틴에 존재했던 고대 아라비아 왕국)시대, 비잔틴 시대, 초기 아랍 시대에서 발견된다. 이러한 증거가 후기 청동기시대에는 거의 나타나지 않는다는 사실을 들어 일단의 학자들은 당시 유목생활이 일반적이지 않았다고 주장한다. 이러한 견해의 차이는 관련증거를 해석하는 각기 다른 방법론 때문으로 보인다. 로젠(S. Rosen)이 제시한 증거들은 도시화가 상당히 진전되고 있던 시기의 유목민들과 관련이 있다. 이러한 사실은 후기 청동기시대에 유목생활에 대한 증거가 결여되어 있다는 주장에 반드시 고려되어야만 하는데, 그 이유는 다른 증거들이 팔레스틴 청동기시대 주민들의 삶에서 유목이 중요한 요소였음을 시사하고 있기 때문이다. 크나우프(E. Knauf)는 오만(Oman)의 샤와위(Shawawi) 부족처럼 소규모 구릉지에 거주하면서 부족 조직을 확대하지 않았던 유목민 집단들이 존재했음을 시사하고 있는 증거를 발견하였다. 하지만 중요한 사실은 북부 팔레스틴의 후기 청동기 정착지들에서 13세기 부족 이스라엘의 존재를 입증하는데 있어서 유목생활에 대한 증거가 반드시 필요한 것은 아니라는 것이다.

메르넵타 송축시는 저자가 팔레스틴을 상대로 메르넵타가 승리했다는 가상의 현실을 실제인 것처럼 재현하기 위해 언급해야만 한다고 생각한 모든 부족세력들을 이스라엘이라는 하나의 용어에 포괄하여 담고 있다. 이스라엘이 부족 조직으로는 유일하게 언급되어 있어 실제 이스라엘이 모든 세력들을 포괄하였다는 인상을 주고 있다. 물론 메르넵타의 대리인들이 모든 부족들 또는 팔레스틴 내 전체 부족들과 접촉하고 협정을 맺은 것은 아니지만, 전략상 중요한 한명의 지도자나 일부 지도자들과 관계를 유지하였다. 이러한 관계성은 부족을 단일체로 인식한 메르넵타의 관심사는 물론 분열된 부족의 이데올로기를 구축하고자 한 부족 지도자들의 이해관계에도 부합하였다. 따라서 이스라엘 부족은 흔히 부족들을 부를 때 사용하는 "이스라엘의 아들들"이라는 호칭 대신에, 모든 부족 구성원들의 유일 조상으로 추정되는 "이스라엘"로 언급되었다. 이스라엘은 "엘(El: 최고의 지도자)이 (부족의 군대를) 통솔하신다"라는 뜻의 명칭에 걸맞게 강력한 하나의 부족 또는 부족 연합이었다. 이집트와 그의 동맹국과 같은 강력한 세력에 맞서 팔레스틴의 주요 부족들은 어떤 시점에 한명의 부족 수장을 그들의 대표로 내세우려고 원했을 수도 있었겠지만, 이러한 단일 개념이 팔레스틴에서 이집트의 변화하는 통치권의 본질과 연관된 일시적인 정치 상황들을 왜곡시키지 않아야만 했다.

메르넵타 *스텔라*는 이스라엘 부족이 촌락민들 또는 텐트 거주자들 아니면 이들 두 부류 모두로 구성되었는지, 아니면 농민들이나 유목민들 또는 이들 모두, 산적이나 용병들 또는 이들 두 부류 모두로 이루어졌는지 부족 구성원들의 분명한 실체에 대해 밝히지 않는다. 이들 부류들은 부족 개념의 기본적인 정치적 의미에 부수적인 것들이다. 비록 *스텔라*의 증거가 이스라엘이 도회지에 기반을 두고 있었다고 천명하지 않고 있지만, 그렇다고 해서 13세기 이스라엘이 부족세력이었다는 사실만으로 이스라엘의 정치적 기반이 도회지였는지 아니면 지방이었는지는 확인할 수 없다. 하지만 이스라엘이 만만치 않은 하나의 세력 혹은 부족 연합이었다는 것과 무시할 수 없는 부족 군사 세력이었다는 사실, 그리고 이집트의 통치자들과 공조할 수 있을 만큼의 세력을 가진 조직체였다는 사실은 분명하다. 앞서 설명한 것처럼, 이러한 인식은 이집트의 정책과 이스라엘 부족의 대내외 정치적 이해관계 사이의 접촉점에서 중요한 정치적 기능으로 작용하였다. 무엇보다 이스라엘은 부족의 지도자들과 이집트 관리들이 함께 공유했던 정치적 개념이었다. 이스라엘은 구성원 누구나 국가체제에 반대할 명분을 가질 수 있었다는 것과 따라서 부족의 정체성을 수용할 수 있었다는 점을 제외하고는 하나의 동질적인 실체가 아니었다. 이스라엘이 전 지역에 밀접하게 연관되어 있었지만, 하나의 혈족, 인종, 문화 또는 언어적 개념이기 보다는 정치적 개념이었다. 그렇다고 해서 메르넵타가 언급한 이스라엘이 200년 후 사울이나 다윗이 지배했던 부족들과 동일한 일련의 부족들을 포함하고 있었을 가능성은 거의 없다.

부족 정체성과 관련한 실질적 내용은 소집단별로 매우 다양하였다. 이스라엘이란 용어에 함의된 단일개념은 다른 유사한 용어들처럼 메르넵타의 대리인들과 이스라엘의 유력자들의 상호작용에 따른 통념이었다. 이러한 단일개념은 적대의식과 제휴관계가 혼란스럽게 상존했던 부족체제의 복잡성을 숨겼다. 이스라엘은 가변적인 조직 체계를 가진 집단으로 부족 제국주의(tribal imperialism)를 감행한 팽창주의자(expansionist)였으며, 이러한 이스라엘의 정치적 견지와 유사한 사례들은 19세기 나일 강 상류에 자리했던 누에르(Nuer)부족과 압디-아쉬르타(Abdi-Ashirta)와 라바유(Labayu) 그리고 이들의 아들들이 펼친 부족정치에서 발견할 수 있다. 역사속의 이러한 유사한 예에서 단서들을 찾을 수 있다 하더라도, 점차 증가하던 이집트 세력의 대응 이외에 당시 이스라엘 세력의 팽창과 증가에 대한 원인을 입증할 수 있는 확실한 다른 요인들은 아무것도 없다. 한 가지 분명한 사실은 이스라엘이 북부 팔레스틴 지역에서 제국과 부족의 정치적 야합과정에서 출현한 정치적 실체였다는 것이다.

메르넵타의 서기관은 람세스 2세 또는 메르넵타의 부조물에 소개되어 있는 *샤슈* 부족과 그 외의 다른 팔레스틴인들이 마치 자신의 시대에도 활동하고 있는 것처럼 묘사하고 이들을 당시 이스라엘과 동일시하였으며, 그리고 메르넵타의 토벌 지역 내에 포함되어 있었다고 묘사하였다. 몇몇 증거는 북부 팔레스틴의 이스라엘을 광활한 팔레스틴 영토의 중심부와 연결시키고 있다. *샤슈*가 많은 지역에서 출현하던 시기인 13세기 초 세티 1세의 특별한 관심은 벧산 근처 구릉지에 자리하고 있던 이들에 집중되어 있었다는 사실은 이미 밝힌바 있다. 세티 1세의 연대기 기자는 메르넵타 *스텔라*에 나오는 것처럼 "*샤슈*에 소속되어 있는 원수가 반역을 꾀하고 있다. 그들의 부족 지도자들이 한 곳에 모여 후루의 산지에 대기하고 있다"고 기술하였다. 그 부족의 백성으로 보이는 "이들이 소란을 피우고 다투었으며, 그들 가운데 한명이 동료를 살해하였다. 그들은 왕실의 법을 전혀 신경 쓰지 않았다."[6] 세티 1세의 원정을 묘사하고 있는 부조물의 설명문은 *샤슈*를 상대로 감행된 세티 1세의 원정을 상부 레테누(Upper Retenu)라 불린 팔레스틴 구릉지와 연관시키고 있다: "이집트의 국경을 확장한 폐하가 상부 레테누에서 귀환하셨다. 치세 1년 폐하는 직접 *샤슈*들을 생포하였으며, 그들에게서 노획물을 획득하셨다."[7] 메르넵타의 송가에 명기되어 있는 일련의 지역들은 남쪽에서부터 북쪽지역으로 순서대로 나열되어 있으며 이스라엘로 끝을 맺고 있는 것으로 보아, 이스라엘의 근거지는 갈릴리 바다 인근 또는 그 보다 북쪽에 위치했던 것으로 보인다. 핑켈스타인에 의하면, 12세기 이스라엘과 관련이 있는 구릉지대 정착지는 일반적으로 북쪽에서부터 남쪽으로 진행되었다. 왕조시대 후반기 이스라엘의 중심부는 항상 중부 고원지대의 북부 지역에 위치하였다. 펠라(Pella)는 이집트에 맞서 저항하기에 적합한 근거지로 밝혀졌다.

하지만 모든 징후 자체가 불확실하기에 뚜렷한 결론을 도출하기는 어렵다. 그럼에도 불구하고 이들 증거들이 많은 것을 시사하고 있으며, 또한 에돔에서의 야훼 "기원"에 대한 시적 표현들(신 33:2; 삿 5:4; 합 3:3)이 13세기의 실상에 관한 제안과 반드시 상충되는 것은 아니다. 팔레스틴 북부에 자리했던 이스라엘의 위치는 메르넵타의 서기관이 그들을 언급했던 가장 그럴듯한 이유와 일치한다: 아무르의 압디-아쉬르타와 아지루가 그랬던 것처럼, 이스라엘의 부족 엘리트와 그들의 준군사부대는 힛타이트의 영토와 맞닿은 이집트 국경을 따라 완충 지대에서 이집트의 군사통제권을 확대하는 기능을 담당하였다. 아시아에서 이집트의 최우선 관심사는 항상 완충지대로서의 아시아의 역할에 있었다: 최선의 방어는 최대의 공격이라 여겼다. 13세기에 들어 벧산 북쪽에 자리했던 이집트 관리들의 존재는 완전히 사라졌다. *샤슈*처럼 이스라엘도 북쪽으로 향하는 도로를 따라 위협이 되었다. 제국의 명령을 순응하게 하기보다 그러한 위협을 억제할 수 있는 보다 나은 방법은 무엇이었을까? 국경과 완충지대를 방위하는 임무는 팔레스틴 역사에서 부족 유력자들의 행정적인 지원은 물론 변덕스러운 충성심을 보인 부족들의 연합체 결성에 국가의 지원을 이끌어낼 수 있는 가장 일반적인 수단이었다. 이와 유사한 사례는 부족주의자들이 7세기 네게브와 시나이에서 앗시리아인과 맺은 협정, 5세기와 4세기 그리스인과의 관계설정, 로마제국 시대에 시리아의 국경을 두고 로마인과 부족주의자들 사이에 체결된 관계 등에서 발견된다. 또한 유스티니안(Justinian) 황제가 지원한 가산(Gassanid)부족 왕국, 페르시아의 후원을 받은 라흠(Lakhmid)부족 연합, 그리고 현대 팔레스틴 초창기 샤론(Sharon)과 아부-후세인(Abu-Husayn)에 의해 구체화된 협정 등 수많은 예들이 있다.

메르넵타 *스텔라*는 이스라엘이 전멸하였다고 주장한다. 하지만 이스라엘은 분명히 전멸되지 않았다. 그 텍스트가 순전히 상상에 기초하지 않았다면, 정치적 현실의 관점에서 보면 송축시에서 언급된 다른 소도시들처럼 메르넵타가 이스라엘을 자신의 통제아래 두었음을 의미할 뿐이다. 이스라엘의 지도자들은 이집트의 추종자, 대리인, 또는 예속민으로서 중립화 되었거나 대체되었다. 이러한 사실은 이스라엘 부족 엘리트들과 당시 멸망한 하솔과의 관계를 추측하는데 있어 상당히 흥미로운 점을 시사하고 있다. 이스라엘 부족 엘리트들은 자신들이 통제하던 부족촌락을 포함해 인근 지역의 여러 촌락들의 세금 징수 청부인으로서 세무업무를 관장했을 것이다. 다른 지역의 지배자들처럼 그들도 벧산이나 하솔 근처 이집트 왕실 토지의 경작을 위해 촌락민들 중에서 *콜비*를 공급해야만 했을 것이다. 부족 정치의 특성을 고려해 본다면, 이러한 모습이 국가에 반발했던 부족 체제와 모순 되는 것은 아니다. 부족 전체는 부족과 국가의 접촉점에서 부족 엘리트의 권력을 지지하였다. 단일 세력으로서 이스라엘은 단순히 부족주의자들과 이집트 신왕국 정책 모두의 산물이 아니라, 이집트 통치 권력의 일부였다.

이스라엘의 엘리트 족장들과 제사장들이 이집트 제국통치와 연관되어 있었다는 또 다른 단서는 10세기 이스라엘의 최고 지도자와 그의 측근들이 특정한 람세스의 치세기에 이집트식 이름들을 가졌던 것으로 기억되었다는 사실이다. (초기 이스라엘 시대 내내 람세스라 불린 이집트의 왕들이 계속해서 왕위를 계승하였다.) 이렇게 이집트식 이름을 가진 부족장들과 제사장들에는 모세를 위시해 이후 하솔 인근 단(Dan)의 제의와 관련된 아론, 비느하스, 홉니, 므라리, 그 외의 여러 명이 포함되어 있다. ("거무스름한" 또는 "검정"을 의미하는 비느하스의 이름은 그가 아프리카 흑인이었을 수도 있음을 보여준다; 이집트식 이름을 가진 초기 이스라엘의 다른 지도자들 역시 흑인이었을 가능성이 있다.) 이러한 이름을 가진 이들이 소수였음에도 불구하고, 그들은 유력 인사들에 속했다. 모세의 매장지가 사해 북동쪽 산지에 위치했다는 사실은 그가 12세기 고원지대 촌락들의 출현이 시작된 이후 이스라엘의 지도자였을 수도 있음을 암시하고 있다.

그렇다면 왜 부족 이스라엘의 족장들과 제사장들이 이집트식 이름을 가졌던 것일까? 부족 사회 유력자의 1인 권력은 각 부족의 가장 강력한 구성원들 사이의 정치적 합의에 의해 어느 정도 기인하기도 했지만, 부족 내부의 권력 투쟁을 촉발시키고 국가로부터 후원을 유도하기도 하였다. 팔레스틴에서 이집트 신왕국의 지원 양식은 명백하다: 이집트는 팔레스틴 엘리트들의 자녀들 수백 명을 인질로 삼아 이집트 왕실의 노예와 예속민으로서 사회화하기 위해 이집트로 강제 이주시켰다. 팔레스틴 도회지 출신 포로들을 양각화한 이집트 부조물들의 전형적인 주제는 사로잡힌 왕족들이 도시 성벽에서 자신들의 자녀들을 정복자에게 인질로 바치고 있는 모습을 보여준다. 투트모세 3세의 고관 대신의 무덤 벽화는 팔레스틴의 왕족들이 이집트에서 공물을 제공하는 장면을 보여주고 있으며, "남부[즉, 팔레스틴] 지역의 왕족들의 자녀들이……. 폐하의 최고 전리품으로 끌려와서……. 작업장을 채우고 신에게 바칠 노예가 되었다"[8] 라는 진술을 담고 있다. 아멘호텝 2세는 첫 군사원정에서 2,000명의 아시아인들을 멤피스로 데리고 왔으며, 그 중에는 통치자의 아들들 232명과 323명의 딸들이 포함되어 있었다. 즉 그의 포로 중 1/4이 엘리트 인질들이었다. 이들은 이집트에서 양육된 후 흔히 이집트에 충성을 다하는 지배자로서 팔레스틴으로 귀환하였다. 가자와 욥바의 팔레스틴인 왕자가 작성한 한편의 아마르나 편지에서 그는 "내가 어렸을 때, 파라오께서 나를 이집트로 데려갔고, 그곳에서 나는 나의 주 왕을 섬겼다; 나는 엄숙하게 나의 주 왕의 성문에 서 있었다"고 증언하고 있다. 아멘호텝 2세는 계속된 두 번째 원정에서 왕족을 포함해 3,600명의 *아피루*, 15,200명의 *샤슈*, 36,300명의 *후루*와 그들의 소유물, 양, 염소, 소 떼를 포획하여 귀국하였다. 이집트 행정기관에 몸담고 있었지만 팔레스틴식 이름을 유지했던 수많은 팔레스틴인 대리인들 역시 이집트로 끌려갔다. 모세가 이집트식 이름을 유지했다는 사실은 그가 원래 태생적으로는 팔레스틴인이었다 하더라도 그의 이집트 기원과 친 이집트 성향을 암시하고 있다.[9] 그는 이집트 영토의 치안유지를 위해 파견된 메드제이(Medjay) 부족민들의 일원이었거나 이들 부족민 가운데 팔레스틴에서 태어난 부족민의 아들이었을 것이다. 아니면 그가 이집트식 이름을 가졌던 이유가 단순히 그가 이집트인으로서 용감하고 야심에 찬 왕자이었거나 나일의 부족 변절자였기 때문일 수도 있다.

이집트와 이스라엘의 관계는 통상적인 부족 관계처럼 늘 유동적이고 복잡하였다. 모세는 파라오에 충성을 다하며 동맹관계를 유지하는 동시에 파라오에 반역을 꾀하는 등 이중적인 행태를 취하였다. 국경지역 세력들은 외부의 회유와 자신들의 편의에 따라 변절하기 쉬웠다. 힛타이트 전사들이 이스라엘 왕조시대에 팔레스틴에 나타난 것으로 확인되고 있다. 용병들과 고용인들 모두는 지속적으로 신뢰할 수 없는 이들이었다. 이러한 경우는 기원후 19세기 이집트 출신 베두인족 유력자로 이집트 통제 아래 있던 북부 팔레스틴에서 권력을 잡았던 아키일리 아가(Aqiili Agha)라는 인물이 "폭동이 일어났을 때에는 약탈자로 다른 때에는 보호를 받는 촌락에서 기생하는 사람"[10]이었다는 잘 알려진 예를 통해 충분히 짐작할 수 있다.

후기 신왕국시기에 팔레스틴의 총 자원이 감소했다는 사실을 고려하면, 당시 파벌주의가 증가했을 것이라는 사실은 비록 직접적인 증거가 없다 하더라도 쉽게 예상할 수 있다. 현재 우리가 가지고 있는 증거는 메르넵타의 선전가 덕택에 단일 부족 이스라엘에 대한 언급이 유일한데, 그 이유는 이집트는 물론 북부 팔레스틴의 가장 강력한 부족 수장들 모두에게 있어서 한명의 유력자로 하여금 적대 세력에 맞서도록 선동하여 그들 모두를 무력화 시키려는 계획의 현실 가능성 보다는 가식적 일지라도 단일체제와 정치적인 합의라는 포장을 선전하는 것이 보다 실질적이었기 때문이다. 이러한 단일체제의 지도자로 메르넵타와 람세스 6세 통치 시대 사이의 특정 시기에 존재했던 인물들 가운데 현재 우리에게 알려져 있는 인물은 모세이다.

적어도 이스라엘 부족 엘리트들 중 일부는 *아비루*였는데, 그 이유는 이집트에서 그들이 외국인이었다는 것 또는 팔레스틴의 관점에서 보면 이집트에서 오랜 기간 거주한 팔레스틴인 엘리트들이 다른 외국인들과 마찬가지였기 때문이다. 팔레스틴의 이집트 대리인으로서 이스라엘 부족 엘리트들은 대체 용병들이었다. 더욱이 수많은 부족 구성원들은 거대세력들 간의 국경분쟁 속에서 다른 지역에서 삶을 영유하고자 하는 열망을 가진 이들과 국경분쟁의 여파로 정착지와 생산량의 감소를 경험한 촌락, 도시, 농장에서 쫓겨난 난민들이었다. 이러한 토대위에서 만약 *이브리(ibiri)*가 *아비루(abiru)*에서 유래한 것이라면, *이브리(ibri)* 또는 "히브리"(Hebrew)라는 개념이 이스라엘 부족 문화로 수용된 것은 분명해 보인다. 이러한 견해는 여전히 대다수 역사가들에 의해 가능성을 인정받고 있다. 전형적인 이스라엘 부족 지도자는 이스라엘이 난민이었던 시대까지 거슬러 올라가는 정체성을 지니고 이스라엘의 공식적인 대리인의 역할을 수행한 그리고 불과 몇 세대 만에 고향을 잊어버린 *아비루*인 예속민이었거나 "외국인"이었다. *샤슈*와 *아비루*란 개념들은 상호 배타적인 것은 아니었다. 기원적 13세기 이스라엘의 족장들은 이들 두 부류 모두였을 수 있다. 물론 이스라엘이라는 명칭이 결코 포괄적이지는 않았다. 시리아와 팔레스틴에 존재했던 수천 명의 비이스라엘인들은 *샤슈* 또는 *아비루*였거나 아니면 두 부류 모두에 속했다.

이집트와 이스라엘 사이의 맹약관계는 다윗시대까지 지속되었다. 1150년경 신왕국의 멸망과 함께 필리스틴 군주들이 이집트 협력자들의 지위를 차지하게 되면서 이집트에 대한 그들의 오랜 위협을 재개하였다. 필리스틴인과 이스라엘인들 사이에 벌어진 전투에서 이집트는 역량이 되는 한 필리스틴 보다는 이스라엘의 편을 들었던 것으로 보이며, 같은 이유에서 10세기 다윗가문을 상대로 벌어진 반란을 지원하였다. 성서에 간직되어 있는 몇몇 초기 이스라엘에 대한 수사학적 표현들은 출애굽기 15장의 미리암의 노래처럼 이집트에 대해 적대적인 내용을 담고 있는 것으로 보인다; 그러나 대부분은 그렇지 않다. 다윗 왕실에서 작성된 이스라엘의 역사인 J 문서(야훼문서)에 표현되어 있는 이집트에 대한 격렬한 적대의식은 초기 이스라엘의 이데올로기의 요점이 무엇이었든 간에 필리스틴의 배경을 업고 갑자기 나타난 신흥 절대군주가 얼마나 격렬하게 이집트와 초기 이스라엘의 지도자들 사이의 공모 또는 우호적인 관행에 반대하였는지를 판단할 수 있는 척도이다. 이집트의 *콜비*에서 벗어나 기나긴 여정을 한 남부 유다 유목부족의 이야기인 출애굽기는 다윗이 자신의 네게브 지역 부족 동맹의 비위를 맞추고 자신의 반(反) 이집트 성향을 돋보이게 하기 위해 적용된 전승이었다. 7장에서 더 자세히 설명되겠지만 이 전승은 이스라엘의 기원과는 아무런 관련이 없었다.

제5장
유럽과 아나톨리아 유랑자들과 정착민들

부족연합체인 이스라엘은 팔레스틴에서 이집트가 밀접한 관계를 유지해야만 했던 유일한 세력은 아니었다. 또 다른 중요한 세력은 그리스, 크레타, 서부 아나톨리아, 그리고 사이프러스와 동부 지중해 연안의 경유지인 로도스(Rhodes)를 포함하는 에게 해 지역출신의 장군들, 유랑자들, 용병들과 정착민들로 구성되어 있었다. 이집트인들은 이들을 "해양족속"(sea peoples)이라 불렀는데, 그 이유는 특별히 그들이 시리아와 팔레스틴에서 권력을 획득하기 전후를 막론하고 선편을 이용해 동부 지중해안 주변으로 이동하였기 때문이다. 하지만 실제로는 많은 이들이 그렇지 않았다. 더욱이 초기 이스라엘에 대한 일반적인 연구에서 "해양족속들"이란 표현은 사막을 벗어나 이주해온 것으로 알려진 이스라엘의 이미지와 대비되어 미지의 장소에서 유입된 이민자들의 이미지를 환기시켰다: 이러한 형상화를 통해 필리스틴인들과 이스라엘인들의 관계는 신비스러운 창조력이 풍부한 "사막" 출신의 사람들과 이에 맞서 신비스러운 창조력이 풍부한 "해양" 출신의 백성들이라는 대결구도를 형성시켰다.

더욱 증가한 외부인들

이들이 여느 지역출신의 외국인들이었다는 사실을 명심할 수 있는 한 가지 방법은 그들을 유럽인들이나 아나톨리아인들 또는 간단히 유럽인들로 부르는 것이다. 이집트는 이들 유럽인들의 많은 집단들과 관련을 맺고 있었다. 팔레스틴에 있어서 가장 중요한 세력은 필리스틴인들로, 그들은 남부 해안 평야지대와 대부분의 저지대에서 정착을 마무리 짓고 이후 팔레스틴이라 불리게 된 그 땅에 자신들의 이름을 붙여 영속적인 영향을 끼쳤다.[1]

정확히 일치하지는 않지만 일단의 유사한 사례들을 통해 당시 상황을 이해하는데 많은 도움을 받을 수 있다. 고대 이집트인들처럼 20세기 영국은 팔레스틴에서 중요한 두 집단을 상대해야만 했다: 첫 번째 집단은 후세인(Hussein), 압둘라하(Abdullah), 이들의 전투요원들이며, 두 번째는 시온주의자들과 이들의 전투요원들이었다. 대다수 팔레스틴 촌락민들에게 이들 두 집단은 외부인들이였다. 첫 번째 집단은 제국이 철수하면서 중앙 산지를 장악하게 된 부족으로 알려진 이스라엘의 통치자들과 유사했다. 후자는 유럽 출신으로 저지대에 정착하여 제국의 후퇴 후 지역 지배권을 획득했던 필리스틴과 공통점이 있었다. 유럽인 혹은 아나톨리아인의 침공과 많은 유사성을 보인 다른 사례들로는 기원후 12세기와 13세기 육로와 해로를 통해 시리아와 팔레스틴을 침략했던 유럽 엘리트들의 십자군 운동, 1516-1517년 이집트의 맘룩(Mamluks)왕조를 축출한 투르크족(Turks), 그리고 1839-1840년 이집트의 이브라임(Ibrahim)을 쫓아낸 유럽인과 아나톨리아인 연합군대가 있다.

상인보다는 해적에 가까웠으며 바다는 물론 육지에서도 활동했던 유럽인 유랑자들은 바이킹과 십자군들처럼 호전적인 모험가들로 구성되었다. 각지를 배회하던 유랑전사들의 부대들이 내륙 계곡과 해안에 위치한 도시들과의 전쟁을 벌이기 위해 배를 타고 항해하던 시대는 고대 그리스의 시인인 호메로스(Homer)가 (수세기 이후) 서사시로 찬미했던 시대이기도 하다. 이러한 모습은 그들이 흔히 에게 해 지역 소속 항구에 매여 있지 않았다는 것과 그들의 고향 사람들과도 아무런 관련이 없었음을 보여준다. 이들 집단들 중 일부는 일찍이 14세기에 기록된 텍스트들에 나타난다. 그 중 일부는 미케네인들 이기도 했지만, 성서시대에 팔레스틴을 위협했던 그리스 출신의 마지막 전사들은 결코 아니었다.

이들의 활동들은 오디세우스(Odysseus)가 에우마이오스(Eumaios)에게 신분을 위장하고 들려준 이야기에서 예시되고 있다. 트로이 전쟁 후 한 달만 집에 머문 후, 오디세우스는 또 다시 이집트를 약탈하기 위해 항해에 나섰다고 주장하였다. 나일에 도착한 후,

> 나는 충성스러운 동료들에게 명령하여 그대로 배 옆에 머물러 배를 지키게 하는 한편, 정찰대를 보내어 각지를 정찰하고 오도록 명령했다; 그러나 그들은 자신의 충동에 따라 폭력적으로 변하여 갑자기 이집트의 아름다운 땅들을 약탈하기 시작하였고, 여성과 죄 없는 어린이들을 포획하였으며, 남자들을 살해하여, 그 요란한 아우성이 곧 그들의 도시에 알려졌다. 그들은 그 울부짖음을 듣고 새벽이 되자 우리에게 달려 나와 온 평원은 기병과 보병, 그리고 청동의 번쩍거림으로 가득 찼으며, 그리고 우레를 울리는 제우스는 나의 동료들 사이에 비참한 공포심을 던져 넣어 아무도 적과 맞서 싸우려는 자가 없었는데, 그 이유는 사방에서 재앙이 그들을 포위하고 있었기 때문이었다. 그곳에서 그들은 날카로운 청동 검으로 우리 가운데 수많은 이들을 살해하였고, 다른 이들은 산채로 끌고 가서 강제 노역에 종사케 하였다……. 곧장 나는 머리에 쓴 투구를 벗어 던지고 어깨에서 방패도 제거하고 손에서 창을 내동댕이친 다음, 그 나라 왕의 길로 나

가 전차에 올라타 그의 무릎에 입을 맞추고서 꽉 부여잡았다; 그러자 그가 나를 구해주었다……. 그곳에서 나는 7년간을 머무르면서 이집트인들로부터 많은 재물들을 모았는데, 왜냐하면 모든 이들이 나에게 주었기 때문이었다.[2]

한편, 이들 유럽인들을 단순한 해적으로 간주하는 것은 대단히 잘못된 생각일 수 있다. 더욱이 바이킹들은 광활한 토지에 기반을 두고 있었다. 힛타이트 왕실은 호메로스가 아카이아인들(Achaens:그리스인들)로 추정한 아히야와(Ahhiyawa) 또는 아히야(Ahhiya)인들을 그들의 에게 해 지역 라이벌들로 인식하고 있었다. 람세스 2세가 이집트를 통치하던 13세기 중엽, 아히야와는 남서부 아나톨리아에 왕국을 건립하였으며 동쪽으로 진격하여 히타이트 국경 관할 지역을 매수한 뒤 급습하였다. 하티는 아히야와의 지역 지배력을 저지하기 위해 사이프러스를 침공하였다. 아히야와의 왕은 북서부 아나톨리아의 왕과 동맹을 체결하였다. 그들은 함께 히타이트 국경을 멀리 동쪽으로 밀어내고 점차 조금씩 제국의 영토를 잠식해 나갔다. 그들은 히타이트의 왕 아르누완다쉬(Arnuwandash)의 치세기에 사이프러스를 점령하였지만, 곧 그의 후계자는 그곳을 재탈환할 수 있었다. 서부 군사원정에 진력을 다한 히타이트 왕실은 앗시리아인들로 하여금 동쪽에서부터 아히야와 왕국을 향해 진군하도록 독려하였다.

아르누완다쉬와 동시대 인물로 그와 동맹을 결성한 이집트 왕은 메르넵타였다. 메르넵타와 아르누완다쉬는 한 세기 전 메르넵타의 부친인 람세스 2세와 아르누완다쉬의 조부인 아투살리스 3세가 맺은 조약을 충실히 이행하며 우호적 관계를 유지하였다. 메르넵타는 하티에 기근이 발생하자 식량을 운송하기도 하였다. 이들 사이의 긴장관계가 완화된 이유는 분명하다: 메르넵타와 아르누완다쉬는 이동 중에 있던 유럽인 군주들과 유랑민들의 위협과 이들의 움직임에 맞선 앗시리아의 대응으로 야기된 군사적 위협에 직면하였다. 그들이 존속할 수 있는 유일한 해결책은 두 제국 사이의 국경 분쟁을 해결하는 것이었다.

이러한 환경에서 이집트와 하티 제국의 완충지대에 위치하며 이집트의 지원을 받고 있던 부족 연합체 이스라엘은 이전 세기의 압디-아쉬르타와 아지누가 그랬던 것처럼 어느 한편을 들지 않는 한 영향력을 행사하지 못하고 있었다. 이집트와 하티가 유럽인들의 맹공격에 맞서 공동전선을 펼치면서, 그들 사이에 위치한 이스라엘의 세력 확장을 저지할 수 있었다. 그러나 하티와 이집트가 연이어 시리아와 팔레스틴 지역에서 유럽인들에게 압도되자 그들 사이의 연결고리 역할을 했던 지역에서 물러나야만 했으며, 제국주의 체제에 몸담아왔던 이스라엘의 지도자들은 제국의 위협에서 자유로워졌고 당시 유럽인들의 영향력이 미치지 않았던 농경지대로 하류층 농경 가정들의 확산을 허용하였다. 이러한 움직임에 관해서는 다음 장에서 보다 자세히 다룰 것이다.

유럽인 집단들

많은 유럽인 유랑자 집단의 실체는 후기 신왕국시대의 텍스트들에서 확인되고 있다. 필리스틴인들은 이들 중 일개 집단에 불과했다. 중요한 유럽인 집단들의 목록은 메르넵타와 람세스 3세의 기록에서 발견되는데, 이들이 강력한 대비체제를 구축했던 팔레스틴 내 영토는 다른 여러 위협세력 중에서도 특별히 유럽인들의 침공을 염두에 둔 것이었다. 뿐만 아니라, 특정 유랑 집단들에 대한 많은 언급들은 특별히 카데쉬 전투에 관한 기록과 같은 초기 텍스트에도 나타난다. 그 전투에서 힛타이트 진영에 몸담았던 에게 해와 아나톨리아 지역 전사들에는 아르자와

(Arzawa) 출신, 다르다니(Dardany: 호메로스가 언급한 트로이의 다르다노이[Dardanoi]) 출신, 그리고 카쉬카(Kashka) 출신들이 포함되어 있었으며 이들 가운데 누구도 이집트인들이 대적했던 "해양 족속들"은 아니었다. 그 외에 루카(Lukka)인들 또는 리키아(Lycia)인들이 전투에 참여하였으며, 이들이 "해양 족속"이었다. 루카인 해적들의 존재는 거의 2세기동안 동부 지중해에서 잘 알려져 있었다. 일례로 14세기 사이프러스의 왕은 파라오에게 서신을 보내 "나의 형제여 해마다 루카인들이 나의 백성들의 다른 작은 소도시들을 점령한다는 사실을 알지 못하는가?"라며 항변하기도 하였다. 그들은 남서부 아나톨리아 출신이었다. 후대 그리스 역사학자들은 카리아인(Carian) 해적들을 언급했는데, 아마도 루카인들을 지칭한 것으로 보인다. 또한 이들은 메르넵타에 대항한 리비아인들의 동맹군으로도 소개된다.

셰르덴(Sherden) 또는 샤르다나(Shardana)인은 이집트의 편에서 전투에 참여하였다. 이들은 14세기의 아마르나 서신들과 우가릿(Ugarit)의 14세기와 13세기 텍스트들에 언급되어 있다. 이후 그들은 자신들의 이름을 지중해상의 섬인 사르디니아(Sardinia)에 부여하였다. 그들은 오디세우스의 이야기의 언급되어있는 것처럼 람세스 2세 통치 초기에 나일 지역을 공격하였다. 람세스는 이들 침략자들을 물리친 후 그의 군대로 편입시켰다. 그들은 특수 신분으로 카데쉬 전투에 참여하였으며, 그 전쟁에서 이집트인의 모양세를 갖추고 두드러진 활약을 하였다.

메르넵타는 루카인과 셰르덴인들 외에도 이집트 침공을 감행한 리비아인들과 연합한 여러 에게인 집단들로부터 압박을 받았다. 아카와샤(Akawasha)인들 역시 호메로스의 에게인들과 관련이 있었던 것으로 보인다. 그들은 리비아 용병들 가운데 가장 큰 함대를 구성하고 있었다. 투르샤(Tursha) 부족은 아나톨리아 출신으로 히타이트의 고문서에 언급되어 있다. 그들은 후에 에트루리아인들(Etruscans)과 연결되었다. 셰켈레쉬(Shekelesh)인들은 힛타이트의 왕이 유럽인 침략자들의 수중에 우가릿의 운명을 넘겨준 우가릿의 마지막 왕에게 보낸 편지에서 나타난다. 그 편지는 "배에 머물고 있던" 쉬칼라(Shikala)인들이 포로로 잡은 한 사람에 대해 언급하고 있다. 이들 쉬칼라인들 중 일부는 후일에 시실리(Sicily)에 정착하였고 그곳을 자신들의 이름을 따라 지명으로 삼았다.

람세스 3세는 그의 치세 5년에 리비아 침략자들의 공격에 직면하였다. 셰르덴은 또 다시 그의 곁에서 전투에 참여하였으며, 셰켈레쉬인들도 합류했던 것으로 보인다. 메르넵타에게 패배한 다른 집단들 중 일부도 그들과 함께 합류했던 것으로 보인다. 람세스 3세 8년 유럽인 유랑민들이 바다를 통해 침공하였다.

> 외국 국가들에 관해 말하자면, 그들은 자신들의 섬에서 계책을 세웠다. 갑가지 온 땅들이 진동하였으며 전쟁이 확산되었다. 그들의 완력 앞에서 어떤 국가도 견딜 수 없었다. 하티, 키쭈와트나(Kizzuwatna), 갈게미쉬(Carchemish), 아르자와(길리기아), 사이프러스. 이들은 전멸하였다. 막사가 아므루의 한 지역에 설치되었다. 그들은 그곳의 백성들과 땅을 쓸어버려 마치 원래 아무것도 없는 곳처럼 만들었다. 그들 앞에 타오르는 횃불이 놓여 있는 중에도 이집트를 향해 진군하였다. 이들의 동맹군은 블레셋(Peleset), 체케르(Tjeker), 쉐켈레쉬(Skekelesh), 데니엔(Denyen), 웨셰쉬(Weshesh)였다. 그들은 지상의 구석구석까지 영토를 공격하였으며, 그들은 확신과 신념에 가득 차 있었다: "우리의 계획들은 성공할 것이다." 나는 팔레스틴에 방어성을 조직하였다. 나는 그들 앞에 준비시켰다: 왕자, 요새의 장군들, *마리야누*(Maryannu). 나는 삼각주에 군함들, 수송선들, 상인들로 강력한 방어벽을 구축하도록 준비시켰다. 모든 배에는 이물부터 선미까지 뛰

어난 전사들과 무기들이 완전히 배치되었다. 부대들은 모두 이집트에서 선발된 남자로 구성되었고, 그들은 산꼭대기에서 포효하는 사자들과 같았다. 전차 부대는 운전병, 특별히 선발된 이들, 훌륭하고 뛰어난 전차 부대원으로 구성되었다……. 나의 국경에 도착한 이들에 대해 말하자면, 그들의 후손은 사라지고, 그들의 정신과 영혼은 영원히 멸망하였다.[3]

이 내용은 히타이트 제국의 종말을 진술하고 있다. 이들의 침공에 맞서 이집트 제국은 30년간을 더 버텨냈다. 메르넵타에 의하면 이들의 후손들도 마치 이스라엘처럼 역시 "사라졌다"고 기록되어 있지만, 결국 이들 침략자들은 목적을 달성하고 필리스틴 평야를 따라 이집트인들 가운데 정착하게 되었다. 블레셋은 필리스틴인들이였다. 일단의 역사학자들은 그들이 람세스 3세의 편에서 전쟁을 치르기도 하고 때로는 그와 맞서 대적했을 것이라고 제시하였다. 체케르(Tjeker: 우가릿에서 출토된 한 텍스트는 이 단어가 "시칼라"[Sikala] 또는 "시켈라"[Sikela]로 발음되었음을 보여주고 있다)인들은 아나톨리아에서 유래하였으며, 이후 그리스 전승에 따르면 사이프러스에 정착하여 살라미스(Salamis) 왕국을 건립했다고 전하고 있다. 기원전 약 1050년에 작성된 이집트 한 문서는 이들이 중부 팔레스틴 도르(Dor)의 항구에 자리했음을 지적하고 있다. 그곳에서 그들은 9척으로 이루어진 오디세우스의 공습 선단과 유사한 11척의 배로 이루어진 선단을 이끌고 근해 수송 선박들을 공격하였다. 데니엔(Denyen)인들은 아마르나 서신들에 나오는 다누나(Danuna)인들로, 오늘날의 하타이(Hatay)에 해당되는 우가릿 북쪽에 정착지를 발전시켰다. 그들은 그리스 전설에 나오는 다나노이(Dananoi)인들과 동일 인물들이었던 것으로 보인다. 심지어 이들은 이스라엘의 단(Dan) 부족과도 관련이 있었을 것으로 보이는데, 그 이유는 단 부족을 언급하고 있는 가장 오래된 히브리 경전 본문인 사사기 5장에 기록된 드보라의 노래가 전차부대와의 교전에서 단 부족이 전투에 가담하기 보다는 왜 자신들의 배에 머물러 있었는지 의문을 제기하고 있는 것에서 확인할 수 있기 때문이다 ("단은 남의 나라 배나 타고 있는가?": 사사기 5:7). 반면에 웨셰쉬(Weshesh)인들은 잘 알려져 있지 않다. 람세스 3세는 투르샤(Tursha)인들을 언급하지 않았지만, 그의 죄수들 가운데 투르샤의 한 족장이 있었음을 보여주었다.

이들 집단들은 바다를 통해서도 공격하였다.

> 함께 바다에 나타났던 이들에 관해 말하자면, 해변에 창들로 세워진 방책이 그들을 에워싸고 있는 가운데 강렬한 횃불이 그들 앞에 놓였다. 그들은 물가로 끌려나와 해변에서 포위되어 내동댕이쳐졌으며, 그들의 배들을 전복되어 뱃머리부터 선미까지 살해당한 그들의 시신들로 가득 찼고 그들의 물품들은 버려졌다.[4]

이 엄청난 전투를 묘사해 놓은 부조물에 유럽인들은 그들의 가족들, 소지품, 가축을 데리고 온 이민자로 그려져 있다. 그들은 수소가 끄는 두 바퀴로 된 수레로 이주하였다. 그들의 수소들은 등에 큰 혹이 있는 제부(zebu: 인도가 원산지인 소)들로, 아나톨리아와 메소포타미아에서는 이미 알려져 있었으나 팔레스틴에서는 이전에 볼 수 없던 동물이었다. 바닷가에 있던 공격 선단 가운데 세척의 배에는 육지전투에 사용되는 수소가 끄는 보급전차의 방어 부대원들이 착용했던 투구와 동일한 투구를 쓴 전투원들로 배치되어 있는 것으로 묘사되고 있다. 침입자들의 선박들은 기원전 14세기와 후대의 시리아 무역선과 유사한 모습을 담고 있다. 비록 많은 유랑민들이 모든 가족들을 동반하여 이주하였지만, 그들의 승전보에 명시된 바와 같이 그 중에는 귀족계층의 주요 요인들이 포함되어 있었다.

보충 진술에서 람세스 3세는 다음과 같이 자랑하였다.

> 나는 이집트의 전 영토를 확장하였다: 나는 고향을 떠나 이 땅으로 쳐들어 온 침략자들을 멸망시켰다. 나는 데니엔인들을 그들의 작은 여러 섬에서 학살하였으며, 체케르인들과 블레셋인들은 잿더미로 만들었다. 바다의 샤르다나와 웨셰쉬인들은 마치 존재하지도 않았던 것처럼 되었고, 한 번에 모두 사로잡아 해안의 모래만큼 많은 포로들을 이집트로 끌고 왔다. 나는 그들을 나의 이름이 새겨진 요새들에 정착시켰다. 그들 부류들은 수십만 명에 달할 만큼 셀 수 없이 많았다. 나는 매해 창고들과 곡창지대에서 나오는 의복들과 곡식을 그들 모두에게 세금으로 부과하였다.[5]

람세스 3세는 의도적으로 위 진술에 연이어 텐트 거주자들인 에돔의 *샤슈*를 상대로 거둔 승리에 대해 묘사하였다. 팔레스틴에 대한 그의 지배력은 그 이후 유럽 이민자들과 팔레스틴의 부족민들 이들 두 집단들과의 상관관계에 달려있었다.

샤르다나인들은 이집트에서 용병으로 취급되었다. 블레셋인 또는 필리스틴인들은 아마도 필요에 따라 팔레스틴에 수용되었으며, 점차 해안평야와 그 외의 여러 곳에 정착하였다. 12세기 중엽 이집트의 통제력이 와해되면서, 이들 "바이킹"들이 저지대 팔레스틴의 지배권을 넘겨받았다.

팔레스틴의 유럽인들에 관한 고고학적 증거

팔레스틴에서 필리스틴인들의 역할 확대에 관한 고고학적 증거는 최근 자세히 논의되었다. 인적·물적 교류가 활발하게 진행되던 동부 지중해 지역에서 무역, 영토 침공, 해적 행위 사이의 경계는 엄밀하지 구분되지 않았다. 후기 신왕국시대의 사람들은 동부 지중해를 통해 이동했으며 세련된 가공품들이 교류되었다. 하지만 평화로운 무역활동이 증가하는 장애 요인들로 인해 난관에 직면했음을 보여주는 요새들이 13세기 중후반에 여러 지역에서 늘어났다. 약 1200년경 미케네와 히타이트 왕국의 붕괴와 이와 관련된 일련의 사건들은 지중해 동부 해안 인근지역을 휩쓴 유럽인 유랑자들과 이민자들의 세찬 흐름과 상당한 관련이 있었으며, 그 같은 흐름은 람세스 2세를 공격한 사건에서 절정에 달했다. 동부 지중해의 권력과 교역체제는 붕괴되었다. 25년 전 팔레스틴 해안에서 발견된 도자기류에 관한 연구는 12세기부터 9세기까지 남부 해안의 무역활동이 거의 전무하였다는 결과를 제시하였다. 물론 이 같은 결과는 더 많은 최신 자료를 통해 검증되어야 하겠지만, 기원전 1200년경 팔레스틴에서 도자기 수입이 사실상 중단되었다는 사실에 여전히 타당성을 부여하고 있다.

고고학자들은 팔레스틴에서 미케네(Mycenaean) IIIB와 사이프러스 도자기 수입품의 중단을 단서로 팔레스틴 청동기시대의 종말을 추정하였다. 우가릿에서 출토된 최신의 MycIIIB 도기는 메르넵타의 검 장식품과 함께 같은 파괴 단층에서 발견되었다. 요르단 계곡의 데이르 알라(Deir Alla)에서는 최신의 MycIIIB 도기가 람세스 3세의 전임자인 여왕 테보스렛(Tewosret)의 상식과 함께 발견되었다. 남부 해안 평야의 텔 엘-파라(T. el-Farah)에서는 후기 MycIIIB 시대가 테보스렛의 전임자 세티 2세와 관련이 있는 것으로 밝혀졌다. 이러한 상호관계는 1200년 전후 10년 상황을 보여주는 것이다. 악고(Akko)의 파괴는 또한 MycIIIB에서 MycIIIC1b로의 변화를 보여준다. 악고의 파괴가 일어난 정확한 연대를 추정할 수 없지만, 약 1190-80년대 유럽인의 해안 공습과 팔레스틴에 필리스틴 정착민들의 출현과 연관지어질 수 있다. 저명한 이스라엘 고고학자들 중 적어도 한명은 악고가 람세스 3세 통치기에 쉐르덴에 의해 지배되었다고 확신하고 있다.

미케네 IIIC1b 도기는 12세기 중엽까지 지속된 람세스 3세 치세기의 팔레스틴 내 유럽 문화를 반영하고 있다. 그러나 이 도자기는 역사학자들이 오랫동안 필리스틴이라 명명한 검은색과 붉은색을 띤 2채색 도기는 아니었다. 미케네 IIIC는 수입된 것이라기보다 지역에서 만들어진 MycIIIB의 에게(Aegean) 양식을 계승한 것이다. 이러한 사실은 여전히 람세스 3세와 이집트인들이 그 지역에 영향력을 행사하고 있었음에도 필리스틴인들 또는 다른 유럽 이주민들이 해안지역에 정착했음을 입증한다. 람세스 3세의 통치가 31년간 지속된 이 시기에 유럽 이주민들은 이집트 문화의 요소들을 수용하였으며, 그 가운데 유인원 모양의 진흙 가면으로 장식된 관을 사용하는 매장문화가 대표적이었다. 이들 관을 사용했던 사람들은 아마도 이집트에 거류하면서 사용했던 도기들 그리고 이집트의 스카라베와 부적들을 사용하는데 익숙했을 것이다. 이러한 사람모양의 옹관들은 특히 벧산에서 유행했으며, 그곳에서 50개 이상이 발견되었다. 벧산은 다윗의 통치 시대전 200년간 필리스틴 세력의 중심지였다.

일명 필리스틴 도기가 출현했을 때, 이 도기는 4가지의 도기 제조 방식이 혼합된 형태였다: 미케네, 사이프러스, 이집트식 모양과 장식, 그리고 팔레스틴의 2채색 기술.[6] 이들 도기의 가장 중요한 특색들은 미케네의 기술에서 유래했으며 에게 해 지역 양식에 영향을 받았다. 많은 지역들, 특히 벧산, 텔 세라(T. Sera), 텔 엘-파라(T. el-Farah) 남부 지역의 증거는 필리스틴 도기들이 12세기 중엽 이전에는 제조되지 않았음을 보여준다. 일단의 역사학자들은 MycIIIC 도기가 비필리스틴(non-Philistine) 유럽인들에 의해 제조되었으며 그 이후의 필리스틴 도기들은 필리스틴들의 유입과 관련이 있는 것이라 주장하는 반면, 대부분의 학자들은 필리스틴 도기들은 생산자들의 변동이 아니라 단지 스타일의 변화를 보여주는 것뿐이라고 주장한다. 어떤 주장이든 간에 이집트인 점령자들의 보호를 받고 협력했던 한 세대 후 12세기 중엽까지 필리스틴 이주민들은 이집트의 양식을 받아들였으며 팔레스틴의 문화와 정치 환경에서 이집트의 지위를 인정했음은 명백하다.

MycIIIC 도기는 팔레스틴 지역에서만 생산된 것이 아니라, 지중해 동부 전역에 걸쳐 각 지역 마다 공통적인 에게 문명을 공유하고 있던 새로운 외부 유입민들에 의해 지역별로 생산되었다.[7] 따라서 필리스틴인들인지 아니면 다른 이들인지 그 생산자들을 다른 유럽 이주민과 침입자 집단들과 구별할 수 없다. 이 도기는 팔레스틴에 나타나기 시작해 멀리 야르콘(Yarkon) 강에 이르는 필리스틴인들의 주요 거점지대의 북쪽 경계에 위치한 아스돗, 텔 미크네(T. Miqne), 갓으로 추정되는 텔 사피트(T. Safit), 텔 카실레(T. Qasile)에서 다량으로 출토되었다. 에크론(Ekron)으로 추정되는 미크네는 그 규모가 50 에이커에 달해, 이스라엘에서 가장 큰 철기 시대 유적지이다. 이곳은 10피트 두께의 진흙 벽돌로 수축된 성벽으로 둘러싸여 있었다.

필리스틴 도자기는 이들 지역에서 갑자기 극히 소량만이 나타났으며, MycIIIC의 양이 감소세를 보이는 단층에서 발견되었다. 아스돗과 미크네 이들 두 지역에서는 철기 1기의 실용적인 평범한 도기들이 계속 사용되어졌다. 대부분의 필리스틴 지역들처럼, 철기 1기의 소박한 도기가 도예품의 절대 다수를 계속해서 차지하였다. 지금 제시한 요점은 매우 조심스럽게 다루어져야 하는데, 한 지역이나 그곳의 도기를 필리스틴이라 호명하는 것이 팔레스틴 전체 인구가 갑자기 한 특정 외국 민족으로 대체되었으며 흔적도 없이 사라졌음을 의미하는 것으로 오해를 불러일으킬 수 있기 때문이다. 필리스틴인들은 기존의 인구에 더해 대표적인 우세집단을 의미하였다. 거의 예외 없이 그들의 특색 있는 도자기는 그들이 위치했던 지역의 도자기류 가운데 일부에 불과하였다.[8]

아스돗은 필리스틴 도기의 사회적 의미를 해석하는데 있어서 어려움을 예시하고 있다. 람세스 2세와 메르넵타 치세기의 아스돗은 이집트의 통제아래 번창했던 팔레스틴 도시였다. 이 지역에서 수많은 화려한 이집트 유물들과 미케네와 사이프러스 도기가 다량으로 출토되었다. 이곳은 우가릿의 서기관들에게도 잘 알려져 있었다. 약 1200년경 도시가 파괴되었고 도기의 수입도 중단되었다. 도회지의 규모는 줄어들고 무방비상태가 되었으며, 다른 지반지층이 자리 잡았다. 지역에서 생산된 MycIIIC 도기로 대표되는 새로운 문화는 강력한 에게 영향력 아래 놓이게 되었다. 도단(M. Dothan)은 이 지층을 필리스틴 유랑민 이전 정착지층과 동일시하였다. 필리스틴인들의 정착지층은 람세스의 8년에 걸친 대전투가 끝난 후인 람세스 3세의 치세 초기로 추정되는 지층에 위치하고 있다. 필리스틴인들은 아스돗에 정복자가 아닌 정착민들로 거주하였다. 도시는 다시 계획되고 재정비되었으며 12세기 말엽까지 유지되었다.

미케네 IIIC 도기들은 필리스틴 도기들과는 달리 팔레스틴 전 지역에서 발견되었다. 아스돗의 항구 역할을 했던 것으로 보이는 이집트 요새인 텔 모르(T. Mor)에서 발견된 도자기들에 이집트-팔레스틴식 도기들과 MycIIIC가 포함되어 있었다; 나중에 되어서야 필리스틴 도기들이 함께 출토되었다. 람세스 3세 시대로 연대가 추정되는 텔 세라(T. Sera) 지역의 9지층에는 필리스틴 도기들이 나타나지 않으며, 단지 평범한 이집트-팔레스틴식 도기와 MycIIIC 문화들만 지역 전체에서 발견되었다. 보다 후대의 8지층에서는 다량의 필리스틴 도기들이 발견되었다. 필리스틴 도기들의 연대는 람세스 3세 재위 22년보다 앞설 수 없는데, 그 이유는 앞서 언급한 람세스 3세의 재위 연대가 기록된 접시가 9지층에서 발견되었으며 그리고 9지층과 8지층 사이에 거주지의 단절이 있기 때문이다. 텔 엘-파라(T. el-Farah) 남부에서 발굴된 에게 양식의 무덤들에는 다량의 13세기와 12세기 도기들이 포함되어 있었던 반면, 필리스틴 도기는 발견되지 않았다. 그 매장지는 12세기 말 적어도 람세스 8세 시대까지 이용되었다. 엘-파라 남부는 중요한 필리스틴 정착지가 되었지만, 11세기 말 람세스 왕조 몰락 이후에나 가능하였다. 라기스의 경우 MycIIIB 도자기는 약 12세기 중엽 그 지역의 파괴와 함께 사라졌으며, 이 시기는 람세스 3세의 장식품은 함유하고 있지만 필리스틴 도기는 발견되지 않고 있는 지층으로 특징지어진다. 파괴 이후 그곳은 10세기까지 방치되었다. 라기스와 더불어 텔 헤시(T. Hesi)에서도 필리스틴 도기가 전혀 나타나지 않았다. 보다 북쪽에 위치한 벧산의 6지층은 람세스 3세의 지역 사령부의 실체를 보여주며 수많은 MycIIIC가 나타난 반면, 필리스틴 도기는 거의 발견되지 않았다.

훨씬 북쪽에 위치한 도르의 상황은 보다 심도 있는 발굴 작업을 통해 밝혀져야만 한다. 10세기의 시작을 대략적으로 암시하고 있는 지층은 사이프러스 양식의 도기가 유입되었다는 사실을 보여준다. 반면에 그 이전의 지층들에서는 수입된 용기들이 전혀 나타나지 않고 있다. 도르가 필리스틴 혹은 체케르의 정착지였나고 주장하기에는 지금까지 너무나 소량의 필리스틴 도기만이 발견되었다.

따라서 이러한 사실은 도르가 본질적으로 필리스틴인들의 고유한 정착지가 아니었음을 입증하고 있는 반면, 필리스틴인들은 고고학자들이 필리스틴으로 명명한 독특한 도기 양식을 유발했던 시기에 걸쳐 이집트와 팔레스틴 문화와의 상호작용 속에서 존재했음을 보여준다. 필리스틴 정착지는 필리스틴 도기를 생산했던 시대보다 한 세대 앞서 형성되었다.

팔레스틴 내 이주민들의 문화는 역사학자들이 아카이아(Achaea)라 부르는 사이프러스의 13세기 이주 정착지 문화와 매우 흡사한 것으로 보아, 아마도 이들 두 문화는 동일한 것으로 간주해야만 할 것이다. 따라서 일단의 학자들은 팔레스틴으로 이주해 온 필리스틴인들 대부분이 사이프러스로에서 유래했을 것이라 주장해 왔다. 그들 문화의 특징적인 미케네 양식은 그들이 사이프러스에 정착하기 이전 에게 해 지역 출신이었음을 보여준다.

해안 근처 텔 카실레(T. Qasile)에 위치한 필리스틴 거주지의 3개 지층들은 점차 독특성과 규모가 늘어난 여러 신전들이 겹쳐져 있는 모습을 드러냈다. 가장 이른 시기의 신전 배치도는 하솔의 것과 유사한 것으로 보아, 팔레스틴의 지역적 관례를 따른 것으로 보인다. 반면에 신전의 규모를 늘여가면서 사이프러스, 에게 해의 멜로스(Melos) 섬, 그리고 그리스 미케네의 성소들을 점차 모방하였다. 제의 도구들은 에게 해와 사이프러스 양식과 유사성을 보여주고 있을 뿐만 아니라, 동시대 이집트와 팔레스틴의 요소들의 흔적도 보여준다. 11세기에 두 성소들이 서로 인접하게 건축되었고, 이러한 건축 양식과 유사한 사례들은 사이프러스와 에게 해 지역에서만 발견되었다. 마찬가지로 욥바의 필리스틴 거주민들도 그들의 제의를 위해 후기 청동기 시대의 신전을 재사용하였다.

유럽인들의 집권

팔레스틴 내 이집트의 세력은 12세기 후반세기에 사라졌다. 그 이후 다윗 시대까지 80년간 팔레스틴은 유력한 세력으로 가자, 아스글론, 아스돗, 갓, 에크론으로 이루어진 필리스틴의 펜타폴리스(pentapolis: 5개 도시국가)의 성장을 목도하였다. 람세스 3세는 필리스틴인들을 "나의 이름이 붙은 요새들"에 정착시켰다. 후일 펜타폴리스로 발전한 도시들은 람세스 3세의 치세기 혹은 그가 권좌에서 물러난 지 얼마 지나지 않아 필리스틴에게 양도되었으며, 당시 필리스틴인들은 이스라엘이 팔레스틴 북쪽 지역에서 이집트의 대리인 역할을 수행했던 것과 같이 그들 역시 이집트인의 행정대리인과 용병의 역할을 수행하고 있었다. 필리스틴의 언어로 *사른*(sarns)이라 불린 필리스틴 군주들은 자신들의 근거지였던 해안과 저지대로부터 이전에는 전혀 관여한 적이 없었던 촌락들과 영토들을 점차 잠식해 나갔다. 일례로, 성서에 에크론(Ekron)으로 소개된 텔 미크네(T. Miqne)의 동쪽 5마일에 성서속의 지명 딤나(Timnah)로 추정되는 텔 바타쉬(T. Batash)가 위치하고 있다. 이미 언급한 바와 같이 에크론에서는 MycIIIC 도기들이 흔하게 발견된 반면, 딤나의 발굴지에서는 MycIIIC 도기들이 전혀 나타나지 않고 다량의 필리스틴 도기들만이 발견되었다. 이러한 사실로 볼 때, 딤나는 약 1150년 직후 아마도 에크론의 필리스틴인들에 의해 점령되었던 것으로 보인다.

펜타폴리스의 촌락들은 이집트의 중심지 가운데 가장 중요한 지역이었다. 갓을 제외한 모든 필리스틴 촌락들은 예전 그곳에 이집트가 실재했음을 보여주고 있는데, 갓의 경우에는 이러한 예외적인 모습이 어떤 중요한 의미를 가지고 있는지 판단할 수 있을 만큼의 충분한 발굴이 진행되지 않았다. 다방면에 걸친 유럽의 시리아와 팔레스틴 침공을 보여주는 강력한 지역적 실체였던 필리스틴인들은 이집트 제국주의의 통치자와 같은 강력한 권한을 가진 것은 아니었지만 외국 지배 세력으로서의 지위를 이양 받았다. 한편 람세스 3세가 쉐펠라로 이집트의 세력을 확장하고 있던 당시, 필리스틴인들은 주요 해안과 무역로에 위치한 중심지들에 기반을 구축하고 있었거나 양도받았다. 람세스 3세의 필리스틴인들과의 분쟁은 그로 하여금 이스라엘이 필리스틴 세력에 맞서는 균형추 역할을 하도록 지원하게 만들었으며, 이러한 그의 지원은 하티의 몰락과 함께 시작된 정착지의 지속적인 확대를 촉진시켰다.

필리스틴인들과 다른 유럽인 집단들은 동부 지중해를 관할하였지만, 서로간의 불화로 인해 무역을 관장하는데 그들의 지역 장악력을 제대로 활용하지 못했다. 내륙에서 필리스틴인들은 이스라엘 지도자들이 그랬던 것처럼 동맹관계를 형성하였으며 곧 자신들의 세력을 해안지대 너머까지로 확대하였다. 벧산에서의 이들의 영향력을 통해 살펴보았듯이, 필리스틴인들의 영향력은 요르단 계곡의 많은 지역에서 나타났으며 고원지대에서도 점차 확대되었던 것으로 보인다. 필리스틴의 내륙 무역 활동은 예루살렘과 여리고 동쪽 요르단 강 너머 암몬 국가의 출현에 기여했던 것으로 보인다. 필리스틴인들은 그들의 집권기 동안 아라비아로 통하는 남부지역 무역에는 그다지 관여하지 않았던 것으로 보인다. 필리스틴 도기는 12세기의 텔 베이트-미르심(T. Beit-Mirsim), 벧엘, 예루살렘, 그리고 예루살렘 북쪽 인근 텔 엔-나스베(T. en-Nasbeh)와 같은 지역에서 발견되었으며, 그 외의 다윗시대 이전 구릉지 정착지들 가운데 상당수 지역에서도 발굴되었지만 정확히 조사되지 않았다. 기브아의 성채는 11세기에 필리스틴의 요새로 건축되었다. 지중해 지역에 대한 유럽인들의 지배력은 다윗과 두로의 왕이 그들을 정복하기 위해 협력하고 지중해까지 원거리 무역을 복원하여 내륙지방이 점차 번창하게 되면서 종말을 맞게 되었다.

파라오의 왕실은 부득이 필리스틴 수장들을 지역의 최대 곡창지대인 해안평야와 이즈르엘 계곡의 농경지를 관리했던 팔레스틴 군주들을 대신하는 조세영주(tax lord)로 인정할 수밖에 없었다. 필리스틴 평야는 변함없이 풍부한 곡물 생산지로 유지되었다. 필리스틴인들이 유입되기 이전에는 팔레스틴에서 널리 사용되지 않던 필리스틴의 거세한 황소가 끄는 수레들은 해안과 곡물창고로 곡식의 수송을 용이하게 하였다. 외국 엘리트로서 이집트 통치의 연장선에서 지역의 토지 보유권한을 가지게 된 필리스틴인들은 팔레스틴 모든 계층으로부터 경멸의 대상이 되었다. 그들의 언어와 문화는 얼마 지나지 않아 이집트와 지역 문화 모두의 영향에 잠식되었다. 간간히 일부 증거만이 필리스틴인들이 일정 기간 동안 자신들의 고유 언어를 팔레스틴에서 사용했음을 보여주고 있다. 해독된 고대 문서들 가운데 아직까지 필리스틴의 문서로 밝혀진 것은 없다. 확인 가능한 필리스틴 이름들은 언어학상 아나톨리아식 이름들이다. 필리스틴은 팔레스틴의 신 다곤(Dagon)을 그들 신전의 최고 신으로 받아들였다. 다곤은 팔레스틴에서 이들 해적 군주들의 부의 원천인 식량 생산을 관장하는 신이었다. 프랑스에 거주했던 바이킹들처럼 필리스틴인들도 곧 팔레스틴의 주요 언어를 사용하기 시작했다.

필리스틴인들의 정착은 팔레스틴 군주들의 영향력이 침식당했음을 의미하였다. 사회경제적 격변은 필리스틴 외국인들에 대해 어떠한 호감도 가지고 있지 않던 기존 팔레스틴 군주들의 집단을 양산하였으며, 이들은 풍요로운 저지대의 권리를 회복하기 위해 호시탐탐 기회를 엿보며 전쟁을 준비하고 있었다. 한편, 이집트와 이들의 분열통치 정책의 퇴조와 함께 다른 지역의 정착지와 식량 생산은 팔레스틴 군주로 하여금 당분간 팔레스틴의 다른 지역으로 그들의 통제력을 이전할 수 있는 기회를 열어 주었다.

축출된 팔레스틴 군주들이 새로운 촌락들, 특별히 이후 이스라엘 왕의 지배를 받게 되었던 고지대 정착지들의 군주들 사이에 존재했는지는 확실히 알려진 바는 없다. 반면에 15세기 시리아의 소도시 국가의 권좌에서 축출된 왕으로 후에 *아비루* 무리에 가담했던 이드리미(Idrimi)의 경우는 일반적인 예상과 달리 저지대 군주들이 세겜, 벧엘, 예루살렘, 헤브론과 같은 기존의 고지대에서는 불가능 했을 지라도, 멀리 떨어진 소도시들을 포함해 변경의 정착지에서 나름 그들의 지위를 유지할 수 있었음을 뒷받침해주고 있다. 지중해 무역의 쇠퇴와 함께 도시 생활의 쇠락을 감안한다면, 변경지대는 그들이 최우선적으로 선호한 지역이었을 것이다. 이들 도시민들은 자작 소농들이 아니라, 식량생산을 관리하는 일에 익숙했던 일단의 전투요원들이었다.

결론적으로 유럽인 침략자들은 13세기 말 그리고 12세기 초 팔레스틴을 침공하였다. 그들은 저지대에서 다수의 토착 엘리트들을 점차 대체하였다. 이집트는 무엇보다 이스라엘과 결속관계의 중요성을 확인하게 되었고, 따라서 하티의 몰락과 함께 시작된 정착지의 확대를 독려하였다. 1150년경 이집트 제국이 쇠퇴하게 되자, 필리스틴 군주들은 외국인으로서 위축된 신왕국 식민지 영유권의 양도를 마무리 지었으며 그리고 팔레스틴 전역을 정복하려한 이집트의 야욕을 완수하는 일에 착수하였다. 필리스틴의 정착이 시작된 지 한 두세대 만에 이스라엘과 필리스티아(Philistia:필리스틴인들의 나라) 이들 두 대리 세력들은 더 이상 이집트 제국의 후원을 받지 못하게 되었지만 그들 스스로 세력을 확장해 나갈 수 있게 되었으며, 결국에는 팔레스틴에서 이집트 제국이 포기한 전 영토의 지배권을 차지하기 위해 경쟁관계에 이르게 되었다. 이

시기에 앗시리아 왕 티글랏-빌레셀 1세(기원전 1115-1077년)는 시리아의 아람 부족들을 정복하고 아무르(Amurru)를 지나 지중해 지역으로 원정을 감행하였으며, 그의 원정은 남쪽으로까지 이어져 비블로스(Byblos)와 시돈(Sidon)까지 확대되었다. 그는 그곳의 왕들로부터 공물을 받았으며, 당시 이집트의 왕은 그에게 악어를 선물로 보내기도 하였다. 티글랏-빌레셀은 팔레스틴의 문제에 관여하지 않았다. 일시적으로 앗시리아 제국은 팔레스틴의 무대에서 한 발짝 물러나 있었다.

메르넵타와 사울시대 사이 대부분의 기간동안 이스라엘 지도자들의 대외관계는 명목상 친 이집트 정책을 유지하였다. 그들은 처음에는 이집트의 동맹으로, 이후에는 당시 초보적 단계에 머물렀던 이스라엘 왕국들을 정복할 가치가 있음을 확인한 해안과 저지대의 필리스틴 군주들에 맞서기 위해 이집트의 힘이 필요했다. 약 1150년부터 1000년까지 팔레스틴의 기본적인 정치적 양상은 지리적 차이에 기반을 둔 저지대 "필리스틴인들"과 고지대 "이스라엘인들" 사이의 충돌이었다. 이러한 양상은 편의에 따라 적대적인 두 세력들에 충성을 했던 이스라엘 변경의 무법자들인 삼손과 다윗을 다루고 있는 성서 이야기의 배경이기도 하다.

제6장 고원지대의 정착

기원전 1200년경 팔레스틴은 정착지 추이의 반전을 목도하였다. 신왕국 이집트의 팔레스틴 정복을 발단으로 300년간 정착지들은 위축되고 사라졌다. 그러나 기원전 12세기와 11세기에 들어 정착지는 다시 성장하고 확대되었다. 촌락들은 예전의 정착지 경계 너머로 확대되기 시작하였다. 뿐만 아니라 그 진행과정은 팔레스틴 전 지역에서 가속화되었다. 새로운 정착지 형태는 촌락이나 작은 부락이 대부분을 차지하였다. 두 세기 동안 정착지의 진전이 있었음에도 새롭게 형성된 정착지에 신도시가 건립된 곳은 실질적으로 전무했다. 대부분 고원지대에 형성된 새로운 정착지들은 200번의 추수기를 거치면서 북쪽에서부터 남쪽으로 확산되었으며 건지 농법(乾地農法: dry-farming)에 의존하여 자급자족했던 가정들은 여덟 세대 동안 삶을 영유하였다.

새롭게 정착된 지역 가운데 일부는 초기 성서 본문에 소개되어 있는 것처럼 11세기 말 이스라엘 왕국 또는 족장의 영토가 되었다. 그 외의 다른 새로운 정착 지역에는 갈릴리 북부, 네게브, 트랜스 요르단의 일부 지역이 포함되었다. 수많은 이들 지역들은 중기 또는 초기 청동기 시대 이후 처음으로 정착이 이루어진 곳들이었다.

이 같은 변화 이후 정착지와 인구는 최소한 기원전 6세기경까지 대부분 지역에서 수백 년간 현상 유지되거나 증가세를 보였다. 비록 정착지의 확장이 부족 이스라엘을 형성한 것은 아니었지만, 군주국가 이스라엘의 농업적 기반을 형성하는데 기여하였다. 이스라엘과 유다 왕조 하에서 이루어진 지속적인 성장은 수많은 요인들 덕택이라 할 수 있다. 철의 사용증가는 특별히 중요했다. 한 나라가 번성하면 다른 나라는 쇠퇴했던 레반트(Levant: 동부 지중해 연안의 여러 나라들)와 그리스 사이의 뚜렷한 상호 관계성 역시 매우 중요한 역할을 하였다. 따라서 농경사회 팔레스틴이 침체기에 빠져 있는 동안 미케네가 주도한 그리스의 발전상은 후기 청동기 시대에 그 절정에 이르렀다. 하지만 이러한 경향은 철기 시대 첫 5세기 동안 역전되었으며 중앙 정치권력이 주도적인 역할을 수행하였다.

초기 철기시대 팔레스틴에서 진행된 새로운 촌락 정착지의 확산이라는 주제는 일반적으로 이스라엘의 기원과 관련해서 상대적으로 초기에 일어난 일이라고 여겨지고 있다. 본서를 포함해 최근의 초기 이스라엘에 대한 연구들은 고원지대의 촌락 정착을 이스라엘의 출현과 동일시하는 경향이 있으며, 상호호혜적인 관계성이 있다고 여기고 있다. 이 같은 지적은 흔히 지엽적인 것으로 여겨지기도 한다. 핑켈스타인은 이스라엘 출현 과정을 설명하면서 "정착 시기"(Settlement period)라는 어휘를 사용하는데, 왜냐하면 새로운 정착지들이 그의 주 연구 대상이기 때문이다.[1] 그럼에도 불구하고 가장 일반적인 가설은 이스라엘이 독특한 사회적 실체로서 고원지대에서 형성되었다는 것이다. 고원지대로의 탈출, 정착, 혹은 합병의 과정이 아마도 이스라엘에 독특한 성격을 부여했을 것이다.

금세기 이전의 초기 이스라엘에 대한 논지들을 멘델홀, 갓발드, 체니의 연구 이전의 논의와 비교하면, 이러한 가설은 특별한 통찰력을 보여주었다. 고원지대에 형성된 새로운 정착지들은 초기 이스라엘과 관련이 있었다. 이스라엘의 영토가 된 정착지들은 유력한 새로운 정착지들로 다른 지역으로의 정착을 선도하였다. 고원지대의 정착지들은 거의 200년 동안 부족 이스라엘의 성격을 결정지었다.

그럼에도 불구하고, 정착지의 확산과 이스라엘의 기원은 동일한 사건이 아니다. 정착지의 범위가 이스라엘의 경계와 일치하지 않았을 뿐만 아니라, 이스라엘이 새로운 정착지 모두를 포함하지도 않았다. 이스라엘은 정착의 추이가 전환되기 이전에는 일개 부족 세력에 불과하였으며, 이스라엘인들의 정착지가 되었던 지역 외에도 다른 많은 지역으로 새로운 정착이 확산되었다. 고원지대로 촌락이 확산되기 이전 이스라엘인들은 그곳들과 어느 정도 접촉을 했겠지만, 대다수 이스라엘인들은 북부 저지대와 정착지와 멀리 떨어진 변경지역에 자리하고 있었다. 더욱이 고원지대 이스라엘을 탄생시킨 정착지의 확산에 대한 특이성을 전혀 발견할 수 없다. 고원지대 이스라엘 사회는 13세기 팔레스틴 이스라엘의 연장이었다. 고원지대 정착이 오랜 세월 이스라엘이라는 이름의 유지와는 전적으로 관련이 있긴 하지만, 이스라엘의 기원과는 아무런 관련성이 없다.

세단계의 정치적 변화

고원지대 개척지로 이어진 정착의 확산은 당시 이스라엘에 대한 몇 가지 사실을 우리에게 말해주고 있다. 토착민의 주도하에 이루어진 정착지의 확산을 가능케 한 역사적 환경과 관련해 많은 견해들이 제기되었다. 이러한 견해들에는 새로운 정착지에 대한 가상의 허구적인 내용을 진술한 결과물을 흔히 포함하고 있다. 그것들은 후기 청동기 시대 제국들의 몰락, 무역, 운송, 서신왕래의 쇠퇴, 저지대의 자원고갈, 식량부족, 인구 변화, 새로운 종교 운동, 저지대의 정치적 불안, 농민 반란, 새로운 기술들에 관한 내용들을 포함하고 있다. 수많은 복잡한 요인들이 정착 양식의 변화에 기여하였으며, 그리고 이들 요인들은 정착과정을 설명하는데 각기 나름의 역할을 하였다. 하지만 정착 흐름의 대전환을 가져온 핵심 요인이 무엇이었나 하는 문제와 관련해 보편적인 합의에 이르게 할 수 있는 만큼의 충분한 설명을 해주는 요인은 없다.

새로운 정착지와 관련해 제기되는 핵심 질문은 '어떤 역사적 변화가 사람들로 하여금 새로운 지역에서 살아가고 그곳에서 안전하게 영농생활을 할 수 있도록 정치적 환경을 조성했는가?' 하는 것이다. 정착지와 농업의 확산에는 질서와 안전 그리고 광범위한 보호가 필요했다. 그렇지 않았다면 농부들은 새로운 지역에서 농사를 짓는 위험을 감수할 마음이 전혀 없었을 것이다. 정치조직체로 이미 자리하고 있던 이스라엘에 미친 국경과 지방의 정치적 불안정의 몇몇 양태는 정착지 확산을 촉진시켰다. 이러한 변화는 정착지 확산 이전 지역에 자리하고 있었고 새로운 정착지 대부분을 장악하게 된 유력한 부족 실체와 관련이 있었거나 아니면 적어도 그들에게 엄청난 영향을 주었음은 쉽게 예상할 수 있다. 부족 이스라엘이 이후 고원지대 이스라엘에 포함되었던 지역의 농업과 정착지 확산을 관장할 수 있는 최고 지위를 차지한 정치적 실체였기에, 정치적 변화는 그들과 반드시 관련되어 있었다.

이러한 변화는 이미 전 장 말미에 지적했듯이 지정학적 차이 때문이었다. 13세기 말 그리고 12세기 초 유럽인의 침공은 이러한 변화를 선도하였으며 그 변화는 세단계로 발생하였다.

첫째로 유럽인들은 팔레스틴의 무대에서 하티(Hatti)를 축축하였다. 국경과 관련된 정치적 문제가 해결됨으로 하티와 이집트 사이에서 옭죄어 있던 이스라엘 부족의 영토에 숨통을 트여주게 되었으며 새로운 국경지대 정착지에서 부족 통제권의 초기 확산에 도화선이 되었다. 필수적인 질서와 안정은 이집트인들의 후원으로 창설된 이스라엘 부족 연합체에 의해 제공되고 보장되었다.

두 번째로 유럽인들이 팔레스틴 내 이집트인들을 축출하기 위해 위협을 가함에 따라, 람세스 3세는 정치적 힘의 균형을 유지하기 위해 이집트와 오랫동안 동맹관계를 맺어온 이스라엘의 부족들을 지원함으로 위협에 맞섰다. 이스라엘 부족의 본질적 특성으로 인해 이러한 국가 연합의 목적에 대한 모호함은 일시적으로 해소되었다. 이집트는 이스라엘의 영토 확장을 막고자 한 자국의 전략을 수정하고 대신에 이스라엘의 지도자들에게 새로운 지역으로 정착지의 확산을 관장할 수 있도록 독려하였다. 이러한 두 가지 정치적 변화는 이스라엘 지도자들의 권력을 강화시켜 주었을 뿐만 아니라 새로운 지역으로의 유럽인들의 확산에 기선을 제압하였다.

마지막으로 유럽인들은 이집트를 완전히 몰아내고 팔레스틴 저지대 대부분을 차지하였으며, 이집트 점령지의 팔레스틴인 엘리트 피보호민들을 함께 축출하였다. 많은 팔레스틴인 지도자들이 이스라엘의 영내로 편입되었다. 자연적 증가와 내부적 성장을 통해 확대된 이스라엘의 부족들은 더 이상 이집트의 지지가 없이도 자립할 수 있게 되었으며 그리고 당시 팔레스틴 저지대를 지배하고 있던 필리스틴인들과 그 외의 다른 외국인들에 맞서는 유력한 정치세력으로서 새롭게 개척된 고원지대의 농업기반에 대한 자신들의 권리를 확고히 하였다. 12세기 후반기 동안 필리스틴인들과 이스라엘인들 사이의 사회경제적 국경은 새로운 지정학적인 실체로서 쉐펠라(Shephelah)와 그 외의 다른 지역에서 형성되었다.

기존에 정착이 위축되었던 지역에서 소규모 정착지가 확산되었다는 사실은 더 많은 식량을 생산하고자 한 전체 촌락 인구들에게 필요이자 기회였음을 명백히 입증하는 것이다. 필요는 늘 상존하였으며, 그것은 특별한 기회이기도 하였다. 추진요인이자 유인요인이기도 한 필요와 기회, 이 두 가지 요소는 당시 유럽 유랑인들과 이들이 팔레스틴 저지대 통제권을 두고 이집트와 벌인 분투에서 거둔 성공으로 야기된 동부 지중해의 무역과 여행, 운송, 서신왕래의 안전보장과 같은 변화에 영향을 받았다. 유럽인들의 맹공격은 이집트의 군대와 행정 조직을 약화시켰다. 이집트는 자신들과 중첩되는 두 번째 외국인 엘리트의 실체와 농경 체제에 세금을 부여할 수 있는 또 다른 세 번째 실체를 인정할 수밖에 없었다.

이러한 정치적 전개는 모든 저지대 촌락 생산 활동에 대한 의욕을 저하시켰을 뿐만 아니라 관리를 더욱 어렵게 만들었다. 필리스틴 시대 첫 반세기 동안 필리스틴 정권은 이집트를 대리하여 영향력을 행사하고 있었지만, 예전 이집트가 분열정책을 통해 정착을 억제했던 곳으로 이제는 이집트의 장악력이 급속도로 감소하고 있던 변경지역까지는 세력을 확대하지 못했다. 당시 팔레스틴 지역의 또 다른 동향은 도회지에서 지위를 박탈당한 팔레스틴 군주들이 이집트로 추방당하기 보다는 부족주의로 전환하였으며, 자신들의 전투기술을 통해 부족을 강화하고 부족 엘리트의 계층을 확대시켜 나갔다. 저지대에서 이집트 권력이 위태롭게 되자, 고원지대 전 지역에서 경작활동이 시작되었다.

저지대 생산 활동의 위험성은 이스라엘 부족의 관리 아래 있던 산지와 건조지대에 산재했던 점유지에서의 생산 활동의 중요성을 보다 가중시켰다. 변경지역에서 행해진 부족의 분권적인 통제체제는 새로운 정착을 촉진시켰다. 정치적 형세가 바뀌게 되자, 부족 엘리트들은 곡물세 부담을 경감시켜 줌으로 지속적인 정착지의 확산을 독려하였다. 부족의 영토 내에서 근로세는 사라졌다. 홉킨스(D. Hopkins)가 주장한 것처럼, 많은 지역에서 더 많은 노동력이 필요하였다. 부족 엘리트들은 이집트의 소극주의(retractionist) 정책 대신에 그들의 소도시들에 팽창주의(expansionist) 정책들을 시행하였다. 하지만 이 모든 것들은 12세기의 첫 4반세기에 이집트 지배체제가 퇴조한 이후에나 가능하였다. 이스라엘이 추진했던 농경지 확대는 이스라엘의 성장과 관련한 독자적인 정책 때문에 유발된 것이 아니라, 이집트에 대한 이스라엘 부족 엘리트의 관계성을 변화시킨 연이은 상황들에 대한 반응에서 기인하였다. 농민 반란설에 대한 에시(D. Esse)의 평가는 적절하다: 갓월드와 다른 학자들이 주장한 바와 같이, "비록 저지대 주민들이 정치적인 관점에서 농민 반란을 목격하지 못했다 할지라도, 아마도 보다 안전한 환경이 보장된 산지에서의 삶은 후기 청동기 사회의 분열을 목격한 저지대 주민들에게는 새로운 기회로 보였을 것이다."[2]

이러한 전개상황 역시 이스라엘의 출현을 설명해주는 것이 아니라, 이집트에 의존하여 주로 북부 산지와 팔레스틴 국경에 자리를 잡고 이집트가 요구하는 군사적 지원활동에 따른 보상금과 촌락 농경에 기반을 두고 있던 부족 연합체에서 여전히 촌락 농경활동에 기반을 두고 처음에는 이집트와 보다 긴밀한 관계를 유지함으로 얻어지는 혜택에 의존했지만 신왕국의 몰락과 함께 이집트와의 관계가 점차 소원하게 된 부족 연합체로 전환하게 된 이스라엘의 변화를 설명해 주는 것이다.

정착지의 확대

최근의 고고학 연구는 12세기와 11세기의 정착 과정을 잘 규명해 주고 있다. 상당수 대규모 유적지들에 대한 부분적인 발굴이후 알브라이트(A. Albright)와 그의 제자들이 제기했던 정복가설에 대한 미국의 고고학적 접근방법은 결정적으로 무의미하게 되었다. 데버(W. Dever)의 최근 주장에 따르면, 이스라엘이 팔레스틴을 침공했던 시기에 파괴되었다고 성서가 소개하고 있는 16개 지역 가운데 3곳(벧엘, 라기스, 하솔)만이 파괴와 관련된 고고학적 증거를 보여주고 있다. (반면에 알브라이트의 주장과는 반대로 라기스의 파괴는 기원전 1230년이 아닌 기원전 1175-1150년에 일어났던 것으로 현재 추정된다.) 나머지 13곳 가운데 7곳은 정착 시대에 점유되지 않았거나 파괴의 흔적을 전혀 보여주지 않는다. 나머지 6곳은 아직 발굴되지 않았거나 위치가 확인되지 않고 있다. 13곳 가운데 알려진 다른 지역은 성서에 언급되어 있지 않거나 여전히 흔적이 미확인 상태에 있으며, 그 가운데 6곳은 아마도 유럽인들에 의해 파괴된 것으로 보이며, 나머지 한 곳은 만약 메르넵타 혹은 그의 군대가 팔레스틴에 원정을 감행했다면 메르넵타에 의해 파괴되었을 것이다. 다른 6곳은 신원이 불확실한 대리인들에 의해 파괴되었는데, 그 동기는 우발적인 것으로 보인다. 현재 대다수 학자들이 동의하고 있는 데버의 결론은 고고학적 증거들이 성서에서 소개되어 있는 것과 같은 이스라엘의 정복이라는 견해와는 정반대의 모습을 보여주고 있다는 것이다.[3] 또한 이 증거들은 유목민의 침입이라는 견해를 입증하지 못하고 있는데, 그 이유는 정착주민들이 비(非) 팔레스틴인 이었다거나 아니면 핑켈스타인의 최근 연구와는 달리 이주 유목민 또는 반(半) 유목민이었다는 어떠한 증거도 없기 때문이다.

당대의 발굴 작업과 특별히 고고학적 조사는 고원지대 이스라엘의 발전과 관련한 풍부한 새로운 정보를 제공하고 있다. 매우 귀중한 핑켈스타인의 연구서인 <이스라엘 정착의 고고학> (The Archaeology of the Israelite Settlement)은 이스라엘의 발전상에 대한 기초 자료로서, 비록 그가 결론에서 초기 이스라엘이 중기 청동기시대 요르단 강 서안지역(West Bank) 정착지에서 기원한 집단으로 강력한 정체성을 가진 반(半)유목민 집단(알트가 추측한 바와 같이)의 정주화(sedentarization)라는 주장은 가능성이 없음에도 불구하고 초기 이스라엘을 이해하는 소중한 자료임에는 틀림없다. 핑켈스타인의 명료한 연구는 250곳이 넘는 초기 이스라엘 시대의 유적지와 심도 있는 발굴이 진행된 20곳 이상의 초기 이스라엘 유적지들이 위치한 갈릴리 서부와 저지대, 므낫세, 에브라임, 유다를 망라한 주요 다섯 지방의 조사결과를 개괄한 것이다.

이들 조사결과를 검토하기 전에 우리가 주목해야 할 사실은 부족들이 일반적으로 지역적 기반을 가지고 있었음에도 불구하고 부족의 구성원들은 흔히 자신들이 점유하고 있거나 통제하고 있던 영토의 잣대로 스스로를 규정하지 않았다는 점이다. 부족들의 근본적인 정체성은 가변적인 정치 조직체라는 점이었다. 정치적 관계가 변하면, 영토관계도 변했다. 성서에서 소개된 목록, 현대성서지도, 그리고 아래에서 소개될 논의들에 함의되어 있는 부족 영토에 대한 보다 분명한 언급들은 부족들 스스로가 규정한 것이 아니라, 이동하는 대상과는 교류를 원치 않았던 도회지 왕실들이 구상한 영토개념에 기초하고 있다.

핑겔스타인의 분석에 따르면 최초의 새로운 정착지는 므낫세 지역에서 시작되었으며, 그곳은 새롭게 정착이 시작된 곳들 가운데 후기 청동기 시대 말 가장 많은 인구를 보유하고 있었다. 그곳은 이스라엘의 초기 전래적인 세력권과 인접한 곳으로 상대적으로 넓은 협곡들, 적당한 구릉지 경관, 그리고 커다란 세겜 분지를 갖추고 있었다. 이들 지형적 요인들은 모든 이스라엘인들의 영역에 있어서 초기 정착과 정착지를 조밀하게 조성하도록 만들었다. 새로운 정착지들은 평균 1내지 2에이커 규모로 방어벽이 없는 촌락이나 부락들로 주로 구성되었다. 초기 정착지들은 곡물의 생육과 생산 그리고 양과 염소를 방목하기에 적당한 고원지대 용마루와 동쪽지대에 위치하였으며, 이스라엘 족장들의 보호를 받던 농부들의 지속적인 생계활동이 가능한 곳이었다. 점진적으로 정착지가 건설된 곳은 서쪽 사면지역으로, 그곳은 특별히 포도와 올리브 과수에 적합하여 토지 보유권의 연속성이 요구되던 지역이었다.

1988년 이루어진 므낫세 지역에 대한 제르탈(A. Zertal)의 조사를 통해 160곳의 초기 철기시대 정착지의 목록이 작성되었다. 새로운 정착지들 가운데 많은 곳들은 400년 전 중기 청동기시대 중엽에 이미 점유되었던 지역에 위치하였다. 이러한 사실은 도단(Dothan) 계곡에 자리했던 12곳의 새로운 촌락들의 예에서 입증되었다. 세겜의 출토물들은 후기 청동기와 초기 철기시대 정착지들 사이의 연속성을 보여주고 있으며 비록 고고학적으로 동일하지는 않지만 이들 두 시대 사이에 문화적 단절이나 파괴가 없었음을 보여준다. 제르탈이 조사했던 이례적인 한 장소는 제단, 망대, 혹은 이와 유사한 모양의 시설물에 집중되어있으며 - 그것의 정확한 실체는 여전히 논쟁거리이다 - 그곳에서 이집트 스카라베가 발견되었는데 하나는 13세기의 것이며 다른 하나는 12세기의 것으로 추정된다. 이러한 발견물의 의미는 여전히 불분명하지만, 그럼에도 그것들은 고원지대에서 이집트와의 교류가 정착의 확산과 함께 중단되지 않았음을 보여주고 있는 것이다.[4]

므낫세 지역에서 시작된 정착은 에브라임과 베냐민의 영토가 되었던 지역으로 확산되었으며, 마지막으로 11세기 후반 유다 지역까지 확대되었다. 에브라임 지역에서는 새로운 정착지들 가운데 단지 1/4만이 예전에 점유되었던 곳에 자리하였다. 핑켈스타인의 에브라임 지대 연구 덕택에 에브라임 지역은 새로운 정착지역 가운데 가장 자세하게 연구된 지역이다. 이 지역은 후기 청동기와 초기 철기시대 정착지 사이의 뚜렷한 차이점이 가장 정확하게 설명될 수 있는 곳이다. 무엇보다 대부분의 촌락들은 에브라임 산지의 중부 산맥과 동쪽 사막 가장자리에 둘러싸인 작은 골짜기에 위치했거나 인접하여 자리하였다. 정착지들은 또한 이즈벳-사르타(Izbet-Sartah) 근처 서쪽 구릉지에 등장하였다. 거의 모든 정착지들은 오랜 수원지들에 인접하였으며 지역을 에워싸고 있던 마키(maquis: 지중해 지방의 관목 덤불)로 다소 어려움을 겪었는데, 대다수는 이미 중기 청동기시대에 제거되었다. 한편 고원지대의 광활한 서쪽 사면은 초목이 무성하고 수원지가 부족한 관계로 즉각적인 정착이 지연되었다. 당시 이들 지역의 정착민들은 불을 놓아 덤불을 처리한 후 토지를 개간하고 촌락을 세웠다. 이 지역의 촌락에서부터 수원지까지의 거리는 보다 고지대에 자리한 촌락들과 동쪽 지역 촌락들의 경우보다 훨씬 먼 편이었다. 남쪽 사면은 넓은 지역을 포함하고 있었음에도 지형이 위험하고 불모지였던 관계로 에브라임 지역 가운데 정착지가 가장 드물게 자리했다.

몇몇 정착지는 더 많은 농지를 조성하고 토양과 용수를 유지하기 위해 구릉지를 계단 형태로 깎는 계단농법을 시행하였다. 하지만 새로운 계단식 농지가 이 시기에 고원지대 정착을 가능케 한 유일한 요인은 아니었다. 정착에 있어서 계단식 농업이 필수적인 요인이었던 북쪽 사면 지역에서는 이미 중기 청동기 시대에 정착지들이 조성되어 있었다. 일찍부터 정착이 이루어졌던 지역들을 포함해 계단농법이 필수적이지 않았던 지역에서는 일부 소수의 계단식 농지들만이 초기 철기 시대에 조성되었다.

실로는 에브라임 지역의 핵심 정착지였다. 그곳은 중기 청동기시대에 요새화된 주요 지역으로, 세겜, 벧엘, 벧술, 헤브론과 마찬가지로 전형적인 중기 청동기시대 양식을 따라 몇몇 일부 위성 촌락으로 이루어져 있었다. 실로는 팔레스틴을 점령한 신왕국의 시작과 함께 파괴되었다. 핑켈스타인이 주장한 바와 같이, 그 후 그곳이 안전히 방치되기 전 약 한 세기 동안 원형을 유지하고 있던 제의 성소에 관심을 가진자들이 이따금 그곳을 방문하였다. 실로는 이스라엘인들의 정착이 국경 여러 지역에서 시작되기 이전인 기원전 12세기에 다시 점유되었으며, 그곳의 번영은 1100-1050년 절정에 달했다. 실로의 중요성은 다른 에브라임 지역들 보다 두세 배가 높은 인근 촌락들의 조밀도를 통해 잘 드러나고 있다. 22곳의 촌락들이 반경 6km 내에 위치하였다. 벧엘은 동일한 반경에 단지 12개 촌락들만을 보유하고 있었다. 이러한 사실은 실로가 초기 철기시대의 핵심 정착지로서 후기 청동기 시대에 벧엘이 수행했던 역할을 대신하였음을 보여준다. 물론 벧엘 역시 초기 이스라엘인들의 성소였다는 것은 의심의 여지가 없다. 한편 성서에 부각되어 있는 벧엘 성소의 중요성은 11세기 중엽 필리스틴에 의한 실로의 파괴에서 유래하였다.

보다 남쪽의 베냐민 지역에서는 초기 철기시대 촌락들이 고원지대 용마루와 동쪽 사면지대에서 발견되었다. 1930년대 발굴된 텔 엔-나스베(T.en-Nasbeh)에서 전형적인 타원형의 왕조시대 이전 이스라엘의 대규모 촌락의 전체 배치현황이 드러났으며, 이 촌락의 특성들은 발굴이 진행된 다른 지역에서 단편적으로 나타나고 있다. 서쪽 사면에는 "기브온 부족"의 4개 소도시들이 위치하였으며, 초기 성서 본문에 의하면 이들 소도시들은 처음에는 이스라엘과 아무런 관련이 없던 곳들이었다.

예루살렘 역시 이스라엘 영역 밖에 위치하였다. 핑켈스타인이 지적한 바와 같이, 이들 5개 소도시들은 위성 촌락들을 전혀 가지고 있지 않았다; 이들 도시들은 정치적으로 고립된 고원지대의 외딴 지역을 어느 정도 대표하였다. 오퍼(A. Ofer)의 조사결과 유다지역에서 10곳에서 12곳 정도의 초기 철기시대 지역이 발견되었으며, 이들 대부분은 헤브론 북쪽에 위치하였다. 유다 지역은 초기 이스라엘 시대 내내 정착과 관련해서 변방이었다. 쉐펠라 지역에는 새로운 소도시들 혹은 촌락들이 전혀 없었으며, 이러한 사실은 텔 베이트 미르심(T. Beit Mirsim)을 이스라엘인들의 정착지로 규정한 알브라이트의 주장에 대해 의구심을 던져준다.

핑켈스타인은 고원지대 정착지에 대한 통계를 간추려 제시하고 있다. 다윗시대 이스라엘 정착지 대다수가 위치했던 이즈르엘 계곡과 브엘세바 계곡 사이의 중부 산지에서는 정착지가 후기 청동기시대부터 초기 철기시대까지 30곳에서 240곳으로 증가하여 8배가 늘어났다. 이들 240곳 중에서, 96곳은 므낫세 지역, 122곳이 에브라임 지역, 그리고 22곳이 베냐민과 유다 지역에 위치하였다. 이와 더불어, 갈릴리 지역에는 68곳, 요르단 계곡에 18곳, 그리고 트랜스 요르단 지역에는 수십 곳에 달하는 정착지가 자리하였다. 따라서 초기 이스라엘의 인구는 이즈르엘과 예루살렘 사이에 집중되었다. 중부 고원지대의 250개 정착지들 가운데 90퍼센트는 므낫세와 에브라임 지역에 위치하였다. 지적한바와 같이, 11세기 말엽까지 유다지역에는 인구밀도가 희박하였다. 그 이후 수많은 정착지들이 유다와 브엘세바 계곡에 나타나기 시작하였다. 350곳이 넘는 모든 초기 철기시대 장소들은 팔레스틴에서 새롭게 정착이 이루어진 곳으로 알려져 있다. 모든 정착지 가운데 4/5에 해당하는 이들 지역들은 그 기간동안 이스라엘에 의해 점유되었던 것으로 여겨진다.

하부 갈릴리 지역은 갈(Z. Gal)의 조사에 의하면 4곳의 후기 청동기

시대 장소가 15곳의 초기 철기시대 장소들로 전환되었음이 판명되었다. 핑켈스타인의 관점에 의하면, 이러한 증거는 철기시대 갈릴리 지역의 정착이 후대에 이루어졌음을 보여주고 있다. 중부의 스블론 지역은 기원전 12세기 후반 이전까지 정착이 이루어지지 않았던 것으로 보이며, 그리고 동부의 잇사갈 지역에서는 10세기가 시작되기 이전까지 정착이 진행되지 않았던 것으로 보인다. 다시 한 번 강조하자면, 정착지의 확산이 특별한 정치적 환경변화에 의해 촉발되었음에도 불구하고, 정착과정 자체는 수 세대에 걸쳐 진행되었으며 그 가운데 언제 어떤 지역에 정착할 것인지를 결정한 부족의 정치적 이해관계와 저지대 정치적 환경의 변화에 대한 구체적 사실들과 관련해 우리가 알고 있는 사항들은 극히 일부에 불과하다는 것을 인식하는 것이 중요하다.

상부 갈릴리는 12세기 말이 되어서야 처음으로 정착이 시작되었으며, 중부 고원지대와 동일한 양식을 띠고 있었다: 소규모, 험난한 지형, 제한적인 도기형태, 저장공의 존재. 이들 지역들은 성서의 납달리 지역에 해당되는 것으로 여겨진다. 이들 지역의 도기 제조 문화는 중앙 고원지대의 것과는 큰 차이가 있었다. 전형적인 형태의 목이음 항아리(collared-rim jar)는 단 지역의 소도시에서만 발견되었다. 이 항아리의 기능은 여러 지역에서 독특한 갈릴리 형식이 가미된 *피토이*(pithoi)라 불리는 큰 항아리가 대신하였으며, 다른 지역에서는 두로의 지역적 특색이 담긴 항아리들이 사용되었다. 할 아디르(Har Adir) 지역에서는 성채와 독특한 모양의 철제 도끼가 발굴되었다. 이들 증거들은 고원지대로 이스라엘 문화가 유입된 것이기 보다는 페니키아 문화가 확산되었음을 말하고 있다.

팔레스틴 북부 하솔과 단의 소도시 지역 발굴은 특별히 중요한 의미를 담고 있다. 하솔은 기원전 1300년 직후 파괴되었고 이후 납달리 지역의 전반적인 정착흐름 속에서 1100년경이 되어서야 다시 점유되었다. 거의 200년간의 공백기는 이집트가 남부와 중부 팔레스틴의 통제권을 공고히 유지하고 있던 시기로 당시 하솔 지역이 무인지대와 같은 완충지로서의 기능을 했음을 예증하고 있으며, 그곳에서는 주로 부족의 경작과 목축활동만이 이루어졌을 것으로 여겨진다. 이러한 정황은 중기 청동기시대와 12세기 사이 단 인근 지역에 점유지가 없었다는 사실로 뒷받침되고 있다. 하솔과 단 이들 두 지역의 새로운 정착지들은 상대적으로 소규모로 여러 개의 저장공이 있었으며, 단의 경우에는 목이음 항아리와 유사한 형태의 *피토이*와 함께 독특한 두로 지역의 *피토이*가 발견되었다.

대 팔레스틴(Greater Palestine) 지역 여러 곳에서도 유사한 방식으로 정착이 확대되고 있었다. 길르앗 지역 그리고 후일 암몬, 모압, 에돔 지역으로 밝혀진 트랜스 요르단의 주요 정착지역은 많은 강우량으로 인해 농경생활에 매혹적인 곳으로, 여러 촌락들은 동일하게 부족 단위의 지휘아래 정착과 농경이 이루어지는 방식으로 발전하였다. 한편 이들 부족들 대부분은 10세기 다윗가문이 그들의 영토를 침공하기 전까지 얼마간 이스라엘로부터 독립을 유지하고 있었다. 그들은 늦게까지도 자신들 사회 체제를 국가형태로 발전시키지 않았으며, 에돔의 경우 크나우프(E. Knauf)의 주장에 따르면 신앗시리아 시대까지 국가로 발전하지 않았다.

12세기 들어 정착지 확산이 시작되면서, 간혹 새로운 촌락들이 주요 도시 인근지역에 자리하였다. 이 같은 현상은 므낫세 지역의 도단과 세겜 인근지역에서 나타났다. 대다수 고원지대 촌락들은 -전부는 아니지만- 도회지의 영향력에서 벗어나 유지되던 것이 일반적인 정착 양식이었으며, 이러한 흐름은 중기 청동기시대에도 일반적인 현상이었다. 이러한 팔레스틴 촌락문화의 특징은 이스라엘의 촌락들이 특정 도시에 부속되지 않는 중립적인 상태에서 혹은 인근 도회지의 영향을 받지 않으면서도 어떻게 발전을 이룰 수 있었는지를 이해하는데 도움이 된다. 아무튼 필리스틴과 이스라엘 영토 사이의 적대적인 경계는 저마다 독특한 촌락문화를 발전시켰다. 두 연합체 간에 적개심이 고조되면서, 이들 사이의 국경지대는 경작활동을 수행하기에는 점차 위험한 곳이 되었으며 정착이 이루어지지 않는 불안정한 상태로 방치되었다. 오로지 삼손과 같은 난폭한 영웅적인 인물들만이 이들 국경지대에서 아무런 제약 없이 활동할 수 있었으며, 그리고 성서 나레이티브가 암시하는 바와 같이 단 지파는 보다 안전한 지역을 찾아 구릉지 국경지역으로부터 두로의 영토로 이주해야만 했다.

핑켈스타인은 12세기 중반 요르단 강 서쪽 고원지대 인구가 약 20,000명에 달했을 것으로 추정한다. 이들 인구에서 양성될 수 있는 전투 세력은 그들의 분열상을 특별히 감안하면 그다지 큰 규모는 아니었다. 한 세기 후 왕정국가로 전환이 이루어지기 직전에는 그 수가 두 배로 증가했던 것으로 보인다. 단지 므낫세 지역과 에브라임 동쪽 지역만이 조밀하게 정착지들이 자리하였다; 그 외의 이스라엘 영토에서는 정착지들이 산발적으로 위치하였다. 정착의 변화가 곧장 인구 증가로 이어졌는지는 확실치 않다. 아마도 첫 한 두세대 동안에는 주민들이 단순히 지역을 옮겨 다녔던 것으로 보인다. 일단의 초기 정착지들은 알트와 그의 제자들이 추정한 것처럼 농작물 성장기 동안 저지대에 거주하던 목동들을 위한 고원지대의 넓은 방목장으로 시작되었다. 크나우프의 견해에 의하면, 정착지들이 확산되지 이전 그곳에는 최근 오만의 상황과 유사하게 고원지대에 조직화되지 않은 소규모 유목민 집단들만이 있었다. 프리츠(V. Fritz)는 정착이 이루어지던 시기 대부분 촌락들이 단지

한 두세 동안만 기존의 장소에 자리하고 있었으며 그 후 토양이 고갈되면 새로운 지역으로 이동했을 것이라고 주장하였다. 이러한 주장은 석조로 조성된 촌락들과 농장의 방치와 재건이 일상화된 일이 아니었다면 경작을 위해 지속적으로 새로운 토지 개간이 이루어졌음을 잘 묘사하는 것이라 할 수 있다. (어떤 경우에도, 왕조 시대 정착지의 안정과는 현저한 차이가 있다.) 그 이후 11세기에 들어 고원지대의 풍부한 생산 상황과 부족의 관리체제 하에 엄청난 인구의 증가가 발생하였다.

촌락의 고고학적 증거

약 20곳에 달하는 초기 철기시대 고원지대 촌락들에 대한 발굴이 이루어져 그곳들의 특징과 거주민들의 생활양식을 확인할 수 있다. 발굴된 증거들은 예상 가능한 사실들을 보여주고 있다: 자급농업의 경제생활 기반이 저지대 개척지에서 고원지대 개척지로 이전되었다. 저지대에서 건지농법으로 생계를 유지했던 주민들은 고원지대로 이동하였으며 그곳에서 경제활동을 이어갔다. 더욱이 이들 촌락 공동체들은 고원지대 환경에 적응해야만 하는 지역을 제외하고, 저지대와의 문화적 연속성을 보여주고 있다. 발굴된 지역 가운데 에브라임 지역의 아이(Ai)와 랏다나(Raddana)가 포함되어 있다. 아이에서는 40여 채로 추정되는 집터 가운데 약 20여 곳이 발굴되었다. 그 곳의 인구는 약 150명에서 300명에 달했던 것으로 추정되었다. 촌락의 규모는 3에이커 미만이었으며, 그곳에 천년이 넘게 자리했던 초기 청동기시대 도시와 비교하면 1/10에도 미치지 못하는 작은 규모였다. 그곳에서 서쪽으로 수마일 떨어져 있는 랏다나는 규모에 있어서 거의 아이와 동일한 것으로 보이지만, 단지 6채의 집터와 30명에서 40명을 수용할 수 있는 공간만이 발굴되었다. 총

인구는 100명 이하였던 것이 분명해 보인다. 랏다나는 초기 이스라엘의 부락으로 시작되었던 것으로 여겨진다. 그러나 이러한 주장을 입증할 수 있는 근거들은 불분명하다. 기원전 13세기 후반 제작된 것으로 추정되는 단지의 손잡이에 간단한 알파벳들의 명각이 발견되었다. 랏다나에서 출토된 크라테르(Krater: 물과 술을 섞는데 사용된 손잡이가 2개 달린 큰 단지)는 힛타이트 양식과의 유사성을 보여 주고 있다. 이들 증거들은 랏다나의 기원이 본격적으로 정착지가 확산되던 시기 이전임을 시사하고 있다. 반면에 철제 쟁기 고리를 포함해 여러 철제 물품들과 그리고 발전된 양식의 주상가옥이 발견되었다는 사실은 그 시대가 보다 후대임을 보여주고 있다.

초기 철기시대 모든 새로운 정착지들이 개척지의 농업활동에 대한 이스라엘 통제권의 확대와 관련이 있었던 것은 아니다. 예루살렘의 남부 구릉지에 위치한 길로(Giloh)는 기원전 1200년 요새화된 작은 산 정상에 자리한 유적지의 표본이다. 그곳의 도기는 분명 철기 1기의 요소들을 보여주고 있지만, 그곳이 초기 영농 정착지 혹은 방목지이며 해안 지역으로부터 떨어진 저지대 팔레스틴의 전초 기지가 아니었다는 사실을 입증할 수 있는 흔적은 전혀 발견되지 않는다. 핑켈스타인이 발굴한 이즈벳 사르타(Izbet Sartah)는 또 다른 예이다. 핑켈스타인은 그곳에 동쪽에서 이주해온 주민들이 정착했다고 추정하지만, 그 같은 이주를 입증할 만한 증거는 없다. 그곳의 도기는 12세기와 11세기 이스라엘의 정착지가 아니었던 게젤 인근의 도기와 거의 일치한다. 이렇듯 해안 인근 지역 유적지들에 대한 평가는 매우 어렵다. 유다 남부 산지에 계곡을 사이에 두고 위치한 텔 할리프(T. Halif)와 텔 베이트 미르심(T. Beit Mirsim)은 수백 년 동안 교대로 점유되었다. 이후 이들 두 지역은 1200년 이전 동시에 점유되었다. 므깃도의 정남쪽 이즈르엘 계곡에 위치한 타아낙(Taanak)은 후기 청동기시대 초기에는 상당히 규모가 큰 정착지였지만, 후기 청동기시대 말엽에는 그 규모가 축소되었다. 대략 1200년에 들어서면서 그곳은 상당히 중요한 새로운 점유지가 되었다. 12세기 초의 상황을 담고 있는 것으로 보이는 타아낙의 유일한 설형문자판은 부족의 행정기관이 아닌 당시 점령국가와 관련이 있는 일종의 곡식 선적인수증이 명기되어 있다. 그린버그(R. Greenberg)의 최근 연구결과에서 텔 베이트 미르심(T. Beit Mirsim)을 배제한 것은 초기 이스라엘에 관한 전체 논의에 있어 적절한 것이라 할 수 있다.

국가와 직접적인 접촉이 지속되었다는 사실은 네게브 지역의 주요 정착지로 브엘세바 동쪽 7마일에 위치한 텔 마소스(T. Masos)를 통해 잘 설명되고 있다. 발굴자들은 마소스가 이스라엘의 정착지였다고 추정하였지만, 마자르(A. Mazar)와 핑켈스타인은 이러한 추정에 의문을 제기하였다. 마자르는 마소스가 해안세력, 특히 필리스틴의 영향력이 네게브 지역으로 확대되었음을 보여주고 있다고 주장한다. 가장 아래에 있는 3개의 철기시대 단층들에 주목할 필요가 있다. 12세기 첫 반세기에 형성된 가장 오래된 정착지 단층은 유골 구덩이, 곡식 저장공, 잘 다져진 바닥면의 흔적만을 남겨두었다. 그곳의 도기는 전형적인 필리스틴 양식과 관련성이 없는 팔레스틴 양식의 도기였다. 파라오 세티 2세(약 1198-1192년)의 스카라베가 이 단층에서 발견되었다. 그 다음 단층에서는 약 1150년에 건축된 것으로 보이는 주상 가옥과 함께 일종의 행정기관으로 보이는 구조물이 드러났다. 세 번째 단층의 너비는 12에서 15에이커에 달했으며, 특징적으로 공공 시설물들과 잘 배열된 주상가옥들의 흔적이 발견되었다. 이러한 것들은 이집트와 해안지역 팔레스틴의 영향력을 입증하고 있다. 필리스틴과 미디안의 도기들과 함께 해안지역 형식의 도기들과 사자머리 모양의 값비싼 상아 조각품이 발견되었다. 이와 같이 세 번째 단층의 모습은 마소스의 위대한 발전상을 암시하고 있다. 이러한 발전상은 12세기 말부터 시작하여 적어도 한 세기 또는 그 이상 지속되었다. 당시 마소스는 가장 규모가 큰 새로운 정착지보다도 3배나 컸을 뿐만 아니라, 네게브 지역의 다른 초기 철기시대 정착지 보다는 10배 이상이었다. 마소스는 이스라엘인들이 유다 지역에서의 정착을 고려하기 이전에 이미 최고로 발전된 도시였기에, 따라서 이스라엘의 주요 지역과는 상당한 차이가 있다. 공공건물, 해안지역 건축술과 도기제작 방법, 그 외의 여러 발굴물들은 이스라엘의 전형적인 양식과는 완전히 다른 것이다.

따라서 이후 이스라엘 부족들의 영토로 밝혀진 지역들이 다양한 시기에 걸쳐 다양한 집단들에 의해 정착이 이루어졌음은 자명한 사실이다. 13세기 이스라엘이라 불린 부족 연합체가 지닌 응집력이 어떤 것이었든 간에, 그 응집력의 효력은 정착이 확대되던 시기동안 대단히 미미하였다. 갈릴리 지역 부족들에 대해 메이어스(C. Meyers)가 내린 지세학적(topological) 평가는 그들의 영토가 지리학적 또는 생태학적 요인들에 기초한 것이 아니라 정치적인 요인, 특별히 타 부족민들의 약탈행위와 저지대 군사세력의 공격에 맞서기 위해 조직화된 군사력의 필요성을 기초로 형성되었음을 보여주었다. 이러한 사실은 한 부족의 정치적 응집력과 중요성이 이스라엘이라는 부족연합체의 차원 보다는 각기 고유한 이름을 가진 부족들의 단계에서 더욱 강력했음을 보여주는 것이며, 또한 이스라엘이 계속해서 한 엘리트 조직과 사상에 의해 좌우되었을 가능성이 크다는 사실을 입증하는 것이다. 이미 언급한 바와 같이, 또한 부족들은 분쟁을 피하기 위해 이주를 감행하였다.

그 이후 정착지에 자리한 부족 집단들의 본질을 파악할 수 있는 또 다른 예는 부족 집단들이 자신들이 자리한 지역의 지리적 특성에 따라 부족의 명칭을 짓는 경향이 있었다는 사실에서 나타난다: 유다, 아셀, 납달리, 스블론("고원지대")은 이러한 경향을 따른 대표적인 예로 보이며, 그리고 "남부" 부족이라는 의미를 가진 베냐민은 추정컨대 초기 이스라엘의 북부 핵심지역 또는 므낫세와 에브라임과 비교하여 상대적으로 남쪽에 위치했다는 사실에서 그 같은 이름으로 불리어졌던 것으로 보인다. 이스라엘 인종이라는 개념은 부족 조직의 필요성에 의해 형성된 것이기 보다는 국가적 통치 이념의 측면에서 형성된 것으로, 이를 통해 많은 역사가들은 그 같은 개념이 이스라엘인들의 국가주의에 의해 강화되거나 보충되었다고 잘못 이해하였다. 만일 적절한 평가를 하지 않게 된다면, 인종과 국가주의라는 개념들은 고대 팔레스틴 사회에 대한 논의에서 상당히 벗어난 것이다.

고고학적으로 구별되지 않는 이스라엘

중요한 특이점들이 경작지 확대시기의 고원지대 부족 촌락문화를 특징지었다. 당시 촌락의 특이점으로 영농과 목축이 함께 이루어진 촌락과 그곳의 구조양식을 들 수 있다; 주상가옥이 대표적인 예로, 이들 가옥들은 초기 철기시대에 유행했으며 이스라엘 왕조시대에 들어서도 가장 대표적인 가옥형태로 자리 잡았다. 또 다른 특이점들은 지역의 저장고 기능을 했던 다수의 구덩이들과 기본적인 요리용 단지와 커다란 저장용 항아리들로 사용된 특별히 목이음 항아리가 주를 이룬 가장 일반적인 도기 형태들이 있다. 이러한 특이점들은 대 팔레스틴 지역을 이스라엘인들의 지역과 비 이스라엘 지역으로 구분되지 않는데, 그 이유는 이스라엘이 고유한 문화적 정체성을 지닌 집단이 아닌 본래 정치적인 집단이었기 때문이다. 일관성 있게 이스라엘의 실체를 알려줄 만한 문화적 유물은 존재하지 않는다. 이들 모든 특이점들은 주로 부족의 영향력 아래에서 형성되고 발전을 이룬 새로운 경작지역의 대다수 촌락들을 단순히 특징짓는 것으로, 그 같은 특징들은 정착지 개발을 주도한 부족의 권위와 이스라엘과의 관련성 유무나 정도와는 아무런 관련이 없다. 따라서 그것들은 12세기와 11세기 동안 정치적 이스라엘의 새로운 핵심 근거지에서 일했던 정착민들과 정착지들의 전반적인 특성만을 보여줄 뿐이다.

촌락 형태 새로운 고원지대 촌락들은 주로 경작과 소규모 과수농업 그리고 가축 관리에 적당하게 계획되었다. 이들 촌락들의 공간 평면도는 가축들의 외부 진출입을 방지할 목적으로 중앙의 가축 축사지역을 가옥들이 둘러싸고 있는 타원형이거나 장원형이었다.

주상 가옥 주상 가옥(일명 "4방 가옥")은 상대적으로 부유한 농가의 필요를 충족 시켰다. 석조 기초에 석조 벽으로 상부가 이루어진 전형적인 촌락 가옥은 고원지대에서 쉽게 구할 수 있는 석회암으로 건축된 직각형의 소규모 구조물이었다. 출입구는 바깥뜰에서 집안으로 연결되는 좁은 통로 끝에 위치하였다. 집안으로 들어서면 4개의 기둥들이 좌우편으로 전면에서 후방으로 배열되어 있었으며, 집의 길이에 따라 그보다 적은 수가 있기도 하였다. 기둥들은 집 출입구에서 진출입이 용이한 곳에 자리한 축사 구역을 구분 지었다. 이들 기둥들은 흔히 낮고 얇은 칸막이로 연결되었으며, 간혹 통과할 수 있는 붙박이 벽으로 쳐져 있었다. 아이(Ai)와 그 외의 다른 여러 지역에서는 이렇게 벽이 쳐진 축사들에 가축들의 크기에 맞는 약 2.5피트 높이의 아치형 통로를 만들어 가축들의 진·출입을 용이하게 하였다. 가축들은 이들 기둥으로 받쳐진 축사에서 사육되어졌으며 여물통에서 사료를 먹었다. 축사 맞은 편 긴 벽을 따라 간혹 두 개의 공간으로 나눠지기도 한 직각형의 공간이 있었고 뒷벽을 따라 집 전체 너비로 뻗어 있는 또 다른 공간이 있었으며 그 가운데에는 집 현관 출입구와 마주보는 방향에 출입구가 위치하였다. 안방이나 현관에는 흔히 난로, 오븐, 그리고 간혹 물통 등이 놓여있었다. 측면에 위치한 축사에는 이러한 것들이 갖추어지지 않았다. 안방의 바닥은 석고로 마감되었다. 축사 바닥은 흔히 석재로 포장되었다.

이러한 구조를 가진 가옥의 명칭이기도 4개의 "방들"은 긴 현관 또는 내실, 한쪽 편의 축사 공간, 그 맞은편에 간혹 두 개로 구분되기도 한 기다란 큰 공간, 그리고 뒤편의 폭이 넓은 공간으로 이루어졌다. 벽들과 기둥들은 위층의 공간을 지탱하였으며, 한편 2층은 주거 공간으로 벽이 쳐져있지 않았던 것으로 보인다. 이런 식으로 가옥은 전체적으로 많게는 8개의 방을 가질 수 있었다. 아이에서는 천장 보들이 바닥에서부터 5피트를 약간 상회하는 높이로 놓여있었던 반면, 네게브 지역에서는 6피트 이상인 것으로 측정되었다. 주상 가옥에는 곳간이 없었다. 이들 가옥들이 웅장한 규모는 아니었지만, 일반 소작농들의 기준에 비하면 일반가정에 적당한 규모의 다양도 거주공간으로 잘 건축된 구조물이었다.

실로(Y. Shiloh)는 팔레스틴 지역에 알려진 주상 가옥들의 95퍼센트가 이스라엘인들과 어느 정도 관련이 있는 정착지에서 나타나고 있음을 지적하였다. 따라서 그는 이들 가옥들을 이스라엘 양식으로 분류해야 한다고 주장하였다. 150기의 구체적인 사례 가운데 오직 10기만이 다른 지역에서 나타나고 있다. 하지만 초기 이스라엘의 본질과 관련된 문제에서 이스라엘이 고유한 문화적 혹은 인종적 실체였음을 당연시 여기는 경향들은 점차 감소하고 있다. 일단의 학자들은 전형적인 촌락 평면도와 주상 가옥 배치가 유목민의 텐트 거주지와 텐트 설계도안에 기원하였다고 주장하였다. 이러한 주장은 오늘날 점차 많은 지지를 받지 못하고 있다. 이 같은 주장은 정착 이전 이스라엘이 대부분 목축 유목민들로 구성되었다는 관점에 기초한 것으로, 고고학적 증거가 거의 없는 이 같은 주장은 점차 의심을 받고 있다. 정착지와 개인의 거주 형태들은 정착민들의 고유한 배경과 관계없이 촌락 생산 활동의 기능적인 필요에 따라 이루어졌다고 설명되어질 수 있다. 더욱이 선행했던 이집트 가옥양식의 일부 특징을 보유한 주상가옥이 기원전 12세기에 처음으로 나타난 것으로 보아, 정착민들이 그들의 새로운 건축술은 물론 새로운 가옥구조도 고안해 내었음을 의심할 이유는 없다. 새로운 건축술과 주택개념은 13세기와 그 이전 시대의 저지대 농민계층, 부족 또는 그 외의 다른 집단들의 역량 안에 잠재되어 있었다.

곡물 저장공 고원지대 촌락들과 관련해 주목할 만한 세 번째 특징은 곡물 저장공이었다. 정착시대 동안 이들 저장공들의 증가는 그것들이 전무했던 시대 전후와 현격한 차이를 보여준다. 이들 저장공들은 발굴이 이루어진 촌락들 전 지역에 걸쳐 가옥들의 안팎에서 상당수 나타나고 있다. 이러한 시설들은 지역의 소규모 생산량에 적합한 것이었다. 이들은 저지대 이집트 통치 초기와 고원지대의 이스라엘 왕조 후기를 대표하는 중앙집권적 생산방식과 사일로(silo)와 저장 창고를 포함한 저장 시절과 극명하게 대비되는 정착 시기 고원지대의 지방분권적 생산방식의 특성을 잘 보여주고 있다. 유사한 구덩이들이 팔레스틴의 모든 고고학 시대에 걸쳐 발견되기는 하지만, 이들의 수는 시대별로 매우 다양하다. 초기 철기시대는 이러한 곡식 저장공들의 수가 급증한 시기였다.

이들 구덩이들의 형태는 종 모양이나 병 모양으로 만들어졌다. 일반적으로 너비는 10피트 정도로 넓었으며 깊이는 16피트에 달했다. 발굴된 모든 구덩이 내부는 돌, 석회 벽토, 화산재와 같은 다양한 물질로 처리되었다. 민족지학적(Ethnographic) 유사성들은 점토와 동물의 배설물도 사용되었을 가능성을 보여준다. 일부 구덩이들은 저수조로 사용되었다. 이들은 주로 회반죽으로 마감처리 되었으나, 일부 발견된 구덩이들은 그렇지 않았다. 최근 라하브 곡물 저장 프로젝트(Lahav Grain Storage Project)에 관여한 연구자들은 대다수 이들 저장공들이 정확히 어떻게 사용되었는지를 규명하였다. 그들은 곡식 저장공들과 유사한 구덩이들이 4개월에서 6개월간 곡식을 보관할 수 있음을 확인하였다. 이러한 실험을 통해 저장공이 집쥐와 들쥐, 습기, 박테리아로부터 곡식을 보관할 수 있음이 밝혀졌으며, 이들 구덩이로 해결될 수 없는 문제는 벌레들이었다.

도기 형태들 마지막으로 고원지대 촌락들의 도기 형태들은 전형적으로 소박하였다. 가장 일반적인 품목은 간단한 형태의 요리용 단지들과 커다란 저장 항아리들이었다. 목이음 저장 항아리는 중기 청동기시대 고원 지대에서 사용된 커다란 *피토이*를 본떠 만들어졌다. 이 항아리는 주로 초기 철기시대 중부 고원지대에서 나타나고 있으며, 그 수량은 대표적인 한 지역에서 발견되는 도기들의 1/3에 달한다. 또한 트랜스요르단 지역에서도 비슷한 수가 발견되었으며, 북부 계곡지역과 해안평야지대에서는 상대적으로 소량만이 발견되었다. 단을 제외한 이즈르엘 계곡 북쪽 지역에서는 목이음 저장 항아리가 전혀 나타나지 않으며, 단지 두로 양식의 *피토이*를 포함해 이와 유사한 형태의 저장 항아리들만이 발견되고 있다. 따라서 목이음 항아리는 새로운 정착지가 이스라엘의 정착지였는지를 결정할 수 있는 기준은 아니다.

커다란 저장 항아리의 분포는 이들이 새로운 정착지의 포도원과 과수원에서 생산된 포도주와 기름을 지역에서 공동으로 보관하기 위해 사용되었음을 보여준다. 이 항아리는 정착지 확산의 시작과 함께 나타났다. 한편 10세기에 들어서면서 더 이상 사용되지 않았는데, 그 이유는 새로운 군주제도 아래에서 포도주와 기름이 지역의 소비를 위해서가 아니라 국가와 수출용으로 점차 생산되었기 때문이다. 그 시기에는 포도주와 기름의 수출과 운송을 위해 보다 작은 용기들이 필요했다.

종합적으로 새로운 정착지들의 독특한 특성들은 식량 생산 그리고 효율적인 주택, 분권화의 유지, 식량 저장의 상대적인 안정과 관련이 있었으며, 당시 위협, 압제, 불법이 전혀 없었던 것은 아니었지만 도회지 엘리트들의 약탈이 수반되지 않은 정치적 환경 속에서 형성되었다. 므낫세 지역의 지역 성소에서 길이 7인치와 높이 5인치의 12세기 청동 황소 입상의 발견은 당시 엘(El)에 대한 숭배사상을 암시하는 것으로, 이를 통해 이스라엘의 부족 문화의 단면을 추정할 수 있다. 므낫세 지역의 황소 입상은 하솔에서 발견된 후기 청동기시대의 황소 입상과 유사하다. 이러한 사실은 실로가 번영기에 에브라임 지역의 주요 성소로서의 기능을 했음을 보여준다. 이스라엘의 부족들이 고원지대와 다른 변경 정착지의 발전과 전개과정 속에서 하나의 중앙 성소를 고수하고 있었는지는 확실치 않다. 고원지대의 제의들은 부족장들이 함께 모일 수 있는 지역을 선호했을 것으로 보이지만 그곳의 경제만큼이나 분산되었던 것으로 보인다.

이스라엘 vs 유럽인들

정치적으로 고원지대 거주민들은 부족의 촌락 집단 소속이었으며, 이후 고원지대에는 새로운 소도시들이 형성되거나 점유되지 않았다. 세겜, 벧엘, 예루살렘과 같은 오래된 장소들에 사람들이 거주하고 있었으나, 이들 지역들은 성장하지 못했을 뿐만 아니라 수세대에 걸쳐 광범위한 농지에 대한 관할권을 행사하지 않았으며, 세겜과 벧엘만이 후기 청동기시대에 그 같은 역할을 수행하였다. 세겜은 정착기 후반부인 1125-1000년 사이 사실상 아무도 거주하지 않는 무인지역이 되었다. 왕궁, 성벽, 공용 저장시설들은 새로운 정착지들의 시작부터 그리고 정착시기 내내 대부분의 지역들에 전혀 존재하지 않았다. 그것들이 새로운 정착지 문화의 일부를 형성하지 않았다. 따라서 초기 이스라엘의 부족적 특성은 유지되었다. 이러한 상황은 부분적으로 초기 철기시대의 정치와 무역 연합체제의 대대적인 붕괴로 가능하였으며, 이러한 정치적 환경의 변화는 유럽인들에 대한 팔레스틴인들의 적대감과는 별도로 고원지대 지도자들 사이에서 고원지대 농업생산에 대한 도회지 양식의 통제에 대한 동기유발을 제한하였다.

이스라엘 부족들에 의해 처음으로 정착이 이루어졌던 지역들을 감안할 때, 신왕국 시기의 부족 연합은 12세기와 11세기의 안정기에도 유지되었다. 12세기 중엽이 되면서 팔레스틴의 두 거대한 대리세력들인 필리스틴의 과두집정관들과 이스라엘 부족의 부족장들은 권력을 장악하게 되었다. 저지대 군사적 책략을 발판으로 삼은 필리스틴인들은 저지대 농경지 보유권자로서 팔레스틴의 주요 곡창지대에서 더욱 강력한 영향력을 발휘하였다. 더욱이 지역 부족들과 오랫동안 우호적인 관계를 유지하지 못했던 이집트와는 달리 필리스틴인들은 그 같은 관계의 필요성조차 느끼지 않았다. 그들은 그들 중 누군가 고원지대 정착지를 정복하는 것은 단지 시기상의 문제일 뿐 언제든지 마음만 먹으면 정복이 가능하다고 생각하였다. 그들은 이스라엘의 지도자들을 압박하였으며,

저지대는 물론 고원지대에서도 더 많은 새로운 정착지의 필요성을 발견하고 그들의 지역에서의 통제력을 유지함과 동시에 정착지 확산을 촉진시켰다. 이스라엘 통제 아래에 있던 많은 촌락민들은 이스라엘의 지도자들에 의해 당분간 유지되었던 보다 우호적인 정치적 환경에 편승하기 위해 100년이 넘는 기간에 걸쳐 점차적으로 구릉지로 이주하였다.

얼마 지나지 않아 12세기와 11세기의 이스라엘 부족들은 유력한 고원지대 부족 사회가 되었다. 이미 앞장 말미에서 밝힌 바처럼, 정착시기 후반부 팔레스틴의 기본적인 정치적 양태는 이스라엘의 족장들과 저지대 도시들을 통제하고 있던 유럽인들의 과두 집정관들의 관계처럼 저지대와 고원지대 사이는 교착상태에 빠져 있었다. 시므온과 아셀 부족들과 같이 고원지대에 거주하지 않던 더 많은 팔레스틴인 집단들이 이스라엘에 흡수되고 중부 고원지대를 제외한 다른 지역들이 정착지로 개방됨에 따라, 이스라엘과 고원지대 사이의 대결구도는 점차 사라졌다. 한편 그 무렵 이스라엘의 엘리트는 유럽인들에 맞서 완전히 배타적인 연합체로서의 정체성을 구축해 가는 중이었다.

이스라엘 정체성의 사회정치적 통합은 고고학적으로도 잘 입증되고 있는데, 쉐펠라 인근 기슭에 위치하고 고원지대로 향하는 주요 관문들 중 하나로 해안 평야에서 새롭게 부상한 성서에서는 에글론으로 소개되고 있는 텔 미크네(T. Miqne)에서 발견된 동물의 뼈를 통해 예증되고 있다. 팔레스틴 지배아래 에글론의 경제에서 돼지와 소는 양과 특별히 염소를 대신하는 보다 일반적인 가축이 되었다. 선호된 가축 종들은 저지대 팔레스틴의 주요 곡창지대의 생산증대, 특별히 곡물 생산의 증가를 암시한다. 또한 고원지대 유목민들의 생산물과의 경제적 그리고 사회적 교류가 덜 이루어졌음을 보여주고 있다. 기원전 1175-1150년 라기스의 파괴는 이러한 문화적 장벽의 시작을 알리는 서막이었는지도 모른다. 마찬가지로 핑켈스타인은 11세기 초 방치되었던 이즈벳-사르타(Izbet-Sartah)가 당시 저지대와 고원지대 사이의 적대감이 점차 증가하고 있었음을 보여주는 증거라고 설명한다.

정치적·문화적인 차이로 인한 고원지대 정착민들의 필리스틴인들에 대한 반감은 연합 전선의 구축을 촉진시켰다. 이러한 반감을 거치며 필리스틴 과두체제의 집정관들은 이스라엘이라 명명된 부족의 정치적 통일체의 핵심이자 후원자였던 이집트의 파라오를 대신하였다. 홉킨스(D. Hopkins)는 고원지대로의 정착지 전환이 노동력의 감소를 초래하였다고 주장하였으며 그리고 이러한 노동력 부족의 과정 속에서 형성된 사회적 연대감은 이스라엘 사회를 결속시키는 요인이었다고 제시하였다.

부족의 엘리트 계층에서 이루어진 이스라엘의 정치적 연대와 이에 수반된 부속민들의 증대는 11세기 말 에브라임 지역의 정착양식에서 드러난 고고학적 자료를 통해 설명되어질 수 있다. 정착지들을 대규모 지역과 소규모 지역으로 구분해서 보면, 지형학적으로 에브라임의 전 영역 가운데 대규모 지역은 다른 인근 지역들과 일정한 간격으로 위치하였다. 일례로 인구밀도가 가장 높았던 북부 중앙산지에서는 각 계곡마다 대규모 정착지가 하나씩만 자리했다. 그리고 대부분의 경우 대규모 정착지 인근에는 몇몇 소규모 촌락들이 자리하고 있었다. 이러한 양식은 고원지대 사회의 계층화를 보여주고 있다.

필리스틴 군주들은 고원지대 정착지들을 공격하였는데, 고원지대 남쪽 사면을 통하지 않고 보다 접근이 용이했던 중부와 북쪽 사면을 거쳐 주로 침공하였다. 수많은 지역에서 정치적 소요사태가 격화되었다. 11세기 중반 에브라임 지역의 랏다나와 아이 인근의 촌락들이 사라졌으며 실로의 대규모 촌락은 파괴되었다. 최근 핑켈스타인이 지적한 바와 같이, 이러한 상황이 전개된 시기는 11세기 후반 필리스틴 도기가 고원지대에서 다량으로 나타나기 시작했던 때였다. 이미 언급한 것처럼, 동일한 상황이 텔 엔-나스베(T.en-Nasbeh), 벧엘, 그리고 텔 아이튠(T. Aitun), 벧술(Beth-Zur), 예루살렘, 텔 엘-풀(T. el-Ful), 랏다나, 아이를 포함한 다른 지역에서도 나타났다.

실로의 파괴와 관련해 필리스틴의 역할을 추정할 수 있음에도 불구하고, 필리스틴의 도기는 에브라임의 지역 어디에서도 아직까지 발견되지 않았다. 그럼에도 필리스틴인들은 예상대로 점차 우위를 점하기 시작했다. 그렇지만 두 세대가 지나기도 전에 모든 팔레스틴 지역이 필리스틴인들이 아닌 이스라엘의 명목상 왕권의 통제아래 놓이게 되었으며, 이러한 상황은 히브리 경전의 시작과 이스라엘의 기원에 대한 전통적 해석을 도출하는 결과에 이르게 하였다.

제7장
성서의 증거

주전 10세기에 형성되기 시작한 히브리 성서는 표면상 초기 이스라엘에 대해 많은 것들을 전해주고 있다. 비록 성서가 이스라엘의 기원과 초기 역사에 대한 역사적 진술을 담고 있지 않음에도 불구하고, 다윗시대 이전 한 세기 동안의 이스라엘에 대해 많은 것들을 보여주고 있다. 몇몇 초기 성서의 본문들은 당시 이스라엘에 대해 언급하고 있으며 성서 내 상당수 고대 본문들은 다윗시대에 구성되고 작성되었다. 하지만, 가장 오래된 경전들은 히브리 성서의 시작을 둘러싼 상황들에 대해 많은 것을 알려주고 있다.

본 장의 목적은 역사성의 사실여부를 판단하기조차 어려운 다윗시대 이전 이스라엘에 대한 진술들을 담고 있는 성서의 모든 내용들을 언급하려는 것은 아니다. 초기 이스라엘의 부족적 특성을 보여주는 수많은 증거들과 이집트와의 협력관계를 암시하는 가장 중요한 정보들은 우리가 이스라엘의 기원을 이해하는데 있어서 이미 본질적인 역할을 하였다. 따라서 본 장은 성서를 탄생시킨 이스라엘이 국가조직체로 어떻게 전환되었는지, 국가 경전의 기원은 무엇인지, 국가체제 이전에 기록된 일부 본문들이 11세기 이스라엘의 정치적 환경들을 어떻게 시사하고 있는지, 그리고 국가 경전에 공표되어 있는 초기 이스라엘이 어떻게 묘사되어 있는지를 살펴볼 것이다. 본격적인 논의에 앞서서 먼저 초기 이스라엘의 역사에 해당되는 성서 자료들이 무엇보다 이스라엘의 역사적 기원과 관련해 많은 의문점들을 내포하고 있으며 관련 질문에 만족할 만한 답을 제시하지 않고 있음을 인식하는 것이 필요하다. 따라서 본 장의 주제는 이스라엘의 기원에 관한 것이 아니라 이스라엘의 기원에 대해 말하고 있는 히브리 성서의 기원에 관한 것이다.[1]

부족 군주제

저지대를 지배한지 한 세기가 지난 후 필리스틴 군주들은 해안지대를 따라 하솔 지역까지 달하는 간선도로는 물론 요르단 계곡과 트랜스요르단의 고원에 이르는 내륙 도로망을 장악하였다. 내부분쟁으로 어려움이 있었음에도 불구하고 그리고 그들이 하나의 통일된 군주 국가체제를 형성한 것은 아닐지라도, 팔레스틴에서 신왕국을 다시 재건할 수 있는 위치에 있었다. 그들은 기존의 청동제작 방식에 더 많은 주석 성분을 첨가하여 더욱 견고한 새로운 청동제를 생산하였다. 그들은 팔레스틴에서 철제 도구를 최초로 사용했으며 전쟁에 광범위하게 활용하였다. 강력한 철제무기와 모국과 유랑생활 중에 체득한 산악전술을 바탕으로 그들은 고원지대 이스라엘인들을 토벌하기 위해 산지 깊숙이 원정을 감행하였다. 산지에 주둔한 필리스틴 군 병력의 목적은 사면도로와 사해 북단과 연결되는 횡단로 한 곳을 확보하는 것과 그 가운데 이스라엘인들을 진압하는 것이었다. 그들은 이즈벳-사르타(Izbet-Sartah)의 초기 정착지와 멀지 않은 에브라임의 해안 구릉지에 위치한 에벤에셀에서 이스라엘 전투원들을 물리쳤으며 기원전 약 1050년 이스라엘 영토의 심장부인 실로를 약탈하였다. 혹독했던 이들 두 전투들에 대한 실상이 성서에 기록되어 있다. 필리스틴인들은 베냐민의 중심부에 위치한 기브아를 포함해 산지 깊숙이 여러 지역에 요새들을 구축하였으며 동쪽의 암몬 지도자들과 동맹관계 수립을 계획하였다. 당시 그들은 자신들의 목표가 원활하게 이루어지고 있다고 생각했으며, 이집트는 그들의 계획을 중단시킬 수 있는 방도가 전혀 없었다.

필리스틴의 지배권이 팔레스틴 전역으로 확대되면서, 이스라엘 부족 엘리트는 지배 계급으로서의 역할을 점차 수행하게 되었다. 가용 노동력과 농업생산의 강화를 촉진시키려 한 이스라엘 부족 엘리트들의 필요를 감안하면, 이미 앞서 언급한 부족 사회의 계급제도의 구분은 예상 가능한 추이대로 진행되었다.[2]

필리스틴의 국가체제에 맞서 부족체제를 옹호한 족장들의 노력만으로 고원지대 소작농들을 결속시키기에는 역부족이었다. 저지대의 발전이 확대됨에 따라 소작농들의 역할이 다시금 주목받게 된 고원지대에서는 그 누구도 최하위 계층민들의 문화적 또는 정치적 동질성을 촉진시키는 일에 관심을 가지지 않았다. 이러한 상황은 예상 가능한 전형적인 수순이었다. 심지어 일정 지역의 사람들이 동일한 문화와 언어적 토대를 가지고 있다 할지라도 - 고원지대의 상황이 물론 이러한 경우에 포함되지 않지만 - 문화적 변동은 즉각적으로 영향을 미쳐 그들을 뿔뿔이 흩어지게 하는 것이 일반적인 현상이다. 이미 논의한 바와 같이, 촌락민의 정체성의 토대가 되는 사회적 계급, 부족, 촌락, 제의와 같은 요소들이 겹쳐지는 부분은 거의 없었다. 또한 촌락민들의 정치적 정체성 역시 그들을 보호하는 후원자들의 운명에 따라 유동적이었다.

11세기의 말엽 고원지대 족장들 중 한명이 군 통수권과 영토를 가신들에게 배분하고 세금을 부과할 권리를 가진 이론상 완벽한 군주제의 왕권을 떠맡게 되었다. 성서는 사울을 초대 이스라엘 왕으로 묘사하고 있다. 이러한 모습은 다윗의 권력침탈을 옹호하는 동시에 다윗의 적대 세력을 비난하고 사무엘과 같은 이스라엘의 지역 후견인들의 정치적 역할을 용인하기 위해 작성된 문서들에 기인하고 있다. 사울 이전에도 여러 "왕들"이 있었을 것으로 보이지만, 이들의 이름이 알려지지 않은 이유는 사울 왕실이 그 어떤 공식적인 문서도 남기지 않았기 때문이다. 사울의 아버지 기스는 부유한 베냐민 부족 사람으로, 그는 해안 인근지대로부터 이스라엘의 고원지대를 거쳐 요르단 강에 이르는 길과 그곳을 기점으로 남북으로 확장된 지역에서 필리스틴을 견제할 수 있는 특별한 정치적 버팀목을 가지고 있었다. 그의 아들은 저지대 침략자들에 맞서 자발적으로 조직된 이스라엘 군대를 지휘하였다.

부족 조직이 그 당시 한 명의 왕에 의해 통솔되었다는 것은 별로 놀라운 일이 아니다. 최근 일단의 역사학자들은 사울을 왕보다는 추장이나 족장으로 간주하는 경향이 있다. 이러한 주장은 일견 일리가 있기도 하다. 하지만, 부족들과 이들의 엘리트들이 도회지의 지배체제와 국가의 통치체제와 단순히 공존했던 것이 아니라 그러한 지배체제를 구성하는 요인이었음을 상기할 필요가 있다. "부족들 또는 부족 연합들은 역사를 통해 왕조의 구성과 동일시되었으며 그리고 수많은 국가들의 군사와 행정에 핵심조직으로 기여하였다. 사람들을 고용하고 동원하며 조직하는 일에 있어서 부족만의 중요한 방식들은 역사적으로 그리고 주변 환경에 따라 다양하였다. 그러나 부족은 항상 강력한 정치세력이었다."[3]

사울은 필리스틴에게서 기브아를 차지한 후 그곳에 왕궁을 건축하였다. 그는 기브아 동쪽 믹마스(Michmash) 도상에서 필리스틴을 물리쳤다. 동쪽 사면을 차지한 사울은 요르단 강을 도하한 후 야베스-길르앗(Jabesh-Gilead)에서 암몬의 군대를 길르앗 외곽 남쪽으로 몰아냈다. 따라서 사울은 요르단 계곡으로부터 필리스틴인들과 이들의 동맹국들을 거의 축출하였을 뿐만 아니라 그들을 이즈르엘 계곡을 지나 해안지역으로 물러나게 하였다.

예전 이집트의 유력자들이 에게 양식에 따라 왕실 도시들의 과두정치 연합체를 구성했던 것처럼 필리스틴인들도 반격을 위해 연합체를 구성하였다. 사울은 다마스쿠스와 북쪽에 이르는 중요한 무역로를 관통하는 지점을 차지하기 위해 요르단 강과 이즈르엘 계곡이 만나는 곳에서 저지대로 압박을 가했다. 필리스틴의 거점인 벳산 인근 길보아 산에서 결전이 벌어졌다. 하지만 이스라엘은 필리스틴인들에 완패하였으며, 그 전투에서 사울과 그의 네 아들들 중 세 명이 전사하였다. 사울 가문의 운명은 비참한 패배로 최후를 맞게 되었으며, 팔레스틴 전역에 걸쳐 필리스틴의 승리가 눈앞에 있었다.

필리스틴의 통제권 밖에 있던 일부 팔레스틴 지역들은 두 정치 집단들의 지배 하에 놓이게 되었는데, 사울의 넷째 아들인 이스바알(Ishbaal)이 이스라엘 북쪽 지역을 그리고 유다부족 사람으로 한때는 사울의 신하였고 필리스틴의 봉신인 다윗이 이스라엘 남쪽 지역을 각기 그들의 추종자들과 함께 관장하였다. 야훼(Yahweh)가 아닌 바알(Baal)을 따라 지어진 이스바알("바알의 사람")이라는 이름은 고원지대 부족장들이 저지대의 정치적·경제적 양식에 재통합되었음을 보여주는 또 다른 증거일 수 있다. 마자르(A. Mazar)는 초기 철기시대 고원지대의 바알 숭배의 실체를 지적하면서, 바알-브리심(Baal-perazim), 바알-하솔(Baal-hazor), 바알-샬리사(Baal-Shalishah)라는 이름을 가진 제의 중심지들에서 그 흔적을 찾을 수 있다고 주장하였다. 로젠(S. Rosen)은 바알-유다(Baaljudah)와 바알-다말(Baal-tamar)도 바알 숭배의 관련 증거에 추가하였다.[4]

사울의 사촌이자 군대 장군인 아브넬은 마하나임에서 이스바알을 왕으로 옹립하고 길르앗 지역 일부, 갈릴리 바다 동쪽의 게술(Geshur), 이즈르엘 계곡의 동쪽, 에브라임, 그리고 베냐민의 기스 가문의 본거지 등 당시 필리스틴이 정복하지 않았던 모든 지역을 관장하게 하였다. 이후 유다와는 대조적으로 300년간 이어진 이스라엘 왕정체제에서 빈번하게 발생했던 것처럼, 군 사령관인 아브넬의 경우 왕권을 교체하거나 빼앗을 수 있는 위치에 있는 사실상의 지배자였다.

유럽인의 꿈을 실현한 다윗

유다의 다윗은 사울에 충성을 다하던 베들레헴의 부유한 이새 가문의 막내아들이었다. 일곱 혹은 여덟 아들들 중 가장 어린 아들이었던 다윗은 유산상속이나 총애를 받을 수 없을 것을 알고 하프 연주자이자 전사가 되어 왕의 측근으로서 경력을 쌓으려하였다. 뛰어난 전투원이자 호전적인 기회주의자인 그는 부대 지휘관이 된 후 왕의 딸인 미갈과 결혼하였다. 다윗은 그의 야망으로 인해 자신의 군주이자 보호자인 사울에 대적하게 되고, 즉시 사울은 그를 왕실에서 축출하였다. 그는 사울왕의 세력이 미치지 않는 동남쪽 유다 광야로 피신하여 그곳에서 반역집단을 규합하였다. 그는 약탈과 강탈 그리고 용병활동을 통해 자신의 집단을 유지하였다. 그가 형제들로부터 아무런 지원을 받지는 못했지만, 대신에 그의 형제들과 자매들의 아들들이 그에게 합류하였다. 다윗의 조카인 요압, 아비새, 아사헬은 그의 누이 스루야의 아들로 중요한 역할을 수행하였다. 요압은 그의 군대 장군이었으며 아비새는 그의 친

위대 사령관, 그리고 아사헬은 그의 저격병으로, 이후 아브넬과 또 다른 조카인 아마사의 죽음에 관여하였다. 이들 스루야의 아들들이 중요한 지위를 차지하고 있었음에도 불구하고, 마지막에 다윗은 그들을 자신이 책임져야 할 비열한 행위의 희생양으로 삼았다. 다윗은 일시적으로 자신의 아내 미갈을 빼앗겼지만, 그는 사울의 아내인 아히노암을 자신의 아내로 삼을 수 있었다. 사울의 전처인 아히노암은 다윗의 첫째 아들을 출산하였다. 다윗은 모든 수단 방법을 동원하여 이스라엘의 권좌를 차지하고자 하였다.

유다 지역 변방에서 세력을 키우기 시작한 다윗은 점차 그의 영향력을 유다 심장부로 확대해 나갔다. 당시 유다 지역의 주요 가문은 갑렙의 일가로 헤브론의 핵심 도시와 인근 지역에 거주하고 있었다. 예델(Yether)이라 불린 부유한 갈렙 사람이 이새의 딸인 아비가일과 혼인하여 다윗의 매부가 되었다. 이후 다윗은 예델이 자신의 수하의 종들을 모욕했다는 핑계를 들어 그를 살해하도록 명령하고 자신이 아비가일과 결혼을 함으로 근친상간의 금기를 범했으나 당시 고대 왕실의 관습의 측면에서 보면 충분히 가능할 일이었다. 그의 누이인 아비가일은 그의 둘째 아들의 어미가 되었다. 그는 드디어 친위사병 부대를 가지게 되었고 이스라엘(사울 가문)과 유다(갈렙 가문)의 두 유력한 가문들과 결혼동맹을 맺어 그 결과 부유한 지주로서 그의 새로운 점령지의 혼합경제 체제를 바탕으로 든든한 거점을 마련하게 되었다.

다윗이 자신의 영토를 저지대로 확장함에 따라, 저지대의 유럽인 군주들과의 충돌도 점차 흔하게 되었다. 자신의 영역에서 우세한 적들과의 소규모 전투에서 거둔 승리에 만족하지 않고 원대한 야망을 가진 다윗은 갓의 왕인 아기스의 봉신으로 필리스틴에 협력하게 되었으며, 아기스는 위협적인 게릴라인 다윗과 그의 부하들을 자신의 수하에 두게

된 것에 만족하였다. 아기스는 그를 갓 남쪽 시글락의 영주로 임명하였으며, 그곳에서 다윗은 많은 약탈품들과 시글락의 소작농들에게서 세금으로 거두어들인 생산물로 그의 부대에 안정적인 수입을 보장할 수 있었다. 다윗은 그가 대량 학살을 했다고 알려진 아말렉 부족과 같은 여러 유목민 부족들을 사막지대로 몰아내는 등 그의 필리스틴 주군을 위해 충실히 임무를 수행하였다.

사실상 다윗은 네게브 지역의 강력한 부족장이 되었으며, 도회지에 기반을 두고 변경지대와 미개간 지역 그리고 서남부와 동남부로 연결된 무역로에 걸친 광활한 지역의 관할권을 행사하였다. 다윗이 재배분한 전리품은 자신의 휘하 부대를 강력하게 만들었을 뿐만 아니라 유다 산지의 고향으로까지 전달되어 헤브론과 대다수 주요 촌락들의 잠재적 후원자들에게 선물로 보내졌다. 다윗의 영향력은 점차 내륙지역으로 확대되어졌다: 그의 곳간과 하사품이 늘어남에 따라, 그에게 수혜를 입은 수많은 이들이 그를 의지하게 되었으며 기꺼이 그를 따라 전투에 참가하는 숫자가 늘어나 그의 부를 축적하는데 일조하였다. 2년 후 다윗은 시글락에서의 임무를 포기하고 산지로 되돌아갔다. 이 과정에 그렛인(Cerethites), 블레셋인(Pelethites), 카리아인(Carians)들로 구성된 유럽인 용병들이 동조하였으며 그리고 힛타이트 혹은 *후루*인 용병으로 보이는 갓의 잇대(Ittai)가 600명의 장정을 데리고 다윗의 부대에 합류하였다.

다윗은 커다란 어려움이 없이 헤브론을 차지하였으며 사울이 이루지 못한 과업을 달성하였다. 그는 자신을 위해 잘 훈련된 용병들을 자신의 게릴라 부대에 배속시켰다; 유다 부족을 위해 그는 필리스틴의 공격을 저지하였다. 헤브론에서 그는 왕이라는 칭호는 물론 특권을 가진 유다의 왕권을 주장하였다. 좋든 싫든 간에 이제 유다 부족은 이스라엘이 가지지 못했던 그들만의 사병을 보유하게 되었으며 그리고 외부의 지원을 유도하고 유럽인 용병들을 이용해 필리스틴의 접근을 막을 수 있는 군주를 가지게 되었다. 다윗의 전략은 유럽인들을 무찌르는 것이 아니라 그들과 협력하는 것으로, 따라서 유럽인의 세력을 이용하여 그가 거둔 유다와 이스라엘에 대한 승리는 그저 명목일 뿐이지 실상은 필리스틴이 고원지대 정복을 달성한 것이라 할 수 있다. 따라서 그 지역의 왕국이 형성된 기초는 한명의 이스라엘인에 의해 다져졌으며, 이제 고원지대에 대한 저지대의 압박은 철저한 계급구조에 기초한 착취로 변모되었을 뿐만 아니라 공식화되고 조직화되었다.

다윗은 그의 대리인들을 북쪽 게술(Geshur)과 야베스-길르앗으로 파견하였다. 그는 게술 왕의 딸인 마아가와 혼인하여 그의 셋째 아들인 아비살롬(Abishalom: 압살롬)을 낳았다. 이스바알은 이러한 외교적 교섭을 통치권의 침해로 간주하였다. 아브넬 휘하의 군대가 기브온 근처에서 다윗의 장군들이 거느린 군대와 대결하였다. 그 전투에서 대패한 아브넬은 베냐민 지역의 통제권을 상실할 위기에 놓였다. 오래지 않아 아브넬은 그 자신은 물론 자신의 휘하에 있던 베냐민 부족민까지 다윗에 투항하기로 결심하였다. 다윗은 조건으로 사울의 딸인 미갈을 데려올 것을 요구하였고, 이스바알은 왕권 찬탈을 방지할 최후의 수단으로 그녀를 넘겨주었다. 아브넬은 다윗에 충성을 맹세하며 투항하였으나, 얼마 지나지 않아 다윗의 조카에게 살해당해 생을 마감하였다.

이스바알은 다윗의 손아귀에 놓여있는 이스라엘의 왕이라는 허울뿐인 지위를 유지하고 있었다. 이러한 사실을 인식한 두 명의 베냐민인 신하들이 마하나임에서 자신들의 왕인 이스바알을 암살하였다. 그들은 다윗의 환대를 기대하였으나, 다윗은 기민하게 그들의 행위를 비난하고 그들을 공개적으로 처형하였다. 다윗은 산지의 유일한 지배 권력임을 확인하고 자신의 신분을 사울의 아들인 요나단의 절친한 친구이자 협력자로 그리고 사울의 사위로 재규정함과 동시에 이스라엘을 반역한 총사령관 아브넬과 이스바알을 시해한 신하들에 대해 사형을 명령하고 다윗 스스로 사울 가문에 행한 모든 비행들을 사면받기 위해 노력하는 모습을 보여줌으로써, 다윗은 이스라엘의 통치권을 승계하는데 성공하게 되었다. 이스라엘의 부족장들은 사울과 이스바알을 대신하는 이스라엘의 왕으로 그리고 고원지대 두 왕국을 통합한 인물인 다윗에게 충성을 맹세하기 위해 헤브론으로 모였다. 부족 전체에 연고를 가지지 못한 체 권력을 차지한 다윗은 이제 자신의 군주체제에 보이지 않는 부족의 저항을 희석시키기 위한 시도로 부족의 동질성을 확보하는 일에 착수하였다.

다윗은 헤브론에서 세 명의 아내를 더 맞이하여 세 명의 아들들을 더 가지게 되었다. 그는 자신의 통치 지역의 주요 생산품인 양모와 그 외의 다른 생산물을 가지고 두로와 무역관계를 구축하였다. 라기스와 벧세메스에서 발견된 왕궁과 곡물창고 유적들은 그가 헤브론에서의 치세기 동안 유다지역을 부족 경계와 달리 특별히 구분하였음을 보여주고 있다. 헤브론을 차지한지 7년 그리고 사울의 사망 2년 후 이스바알이 죽고 이스라엘을 양도받게 된 다윗은 자신의 군대를 이끌고 예루살렘을 점령하고 그곳으로 수도를 이전하였다. 그의 연합 왕국 사이 경계에 위치하여 중립적이며 전략적 요지인 예루살렘은 "다윗의 성"이라 불리는 그의 도시가 되었다.

그 시기에 다윗은 그를 반대한 필리스틴인들을 고원지대 용마루로부터 두 왕국 사이의 침하 지역을 거쳐 저지대로 연결되는 르바임(Rephaim) 계곡에서 몰아내었다. 그 계곡의 이름인 르바임(rephaim)은 사망한 지역의 전쟁 영웅들로 (그리스어로는 "위대한 고인들"이라는 의미) 그들의 보호신은 라파(Rapha)였다 (라파-엘[Rapha-el]의 경우처럼, 라파는 엘

[El]의 별칭이었던 것으로 보인다). 다윗 왕실에서 작성된 문서 단편들은 어떻게 그의 전사들이 라파의 신봉자들이라 불린 군사동맹체의 영웅적인 지위에 오른 용감한 투사들을 무찌름으로 필리스틴을 물리쳤는지를 전하고 있다. 이들 라파의 전사들 중 한명인 도도(Dodo)는 다윗을 생포하여 죽이려 하였으나, 오히려 아비새에 의해 살해당했다. 도도와 그의 아버지 요아스(Joash)는 셈어 이름을 가졌다: 따라서 그는 필리스틴인들을 위해 싸운 팔레스틴인 전사였다. 저지대와 고원지대 사이의 정치적 분열은 중요한 사상적 요인이 포함되어 있었으나, 다윗의 시대 즈음에는 개인들과 여러 집단들이 상대편과 전투를 벌이기 위해 두 지역 경계를 넘나드는 것이 다윗 본인만큼 그리 어려운 일은 아니었다. 다윗의 팔레스틴인 전사들 가운데 베들레헴 인근 출신인 십브개(Sibbecai)는 열혈 전사인 삽(Saph)을 살해하였고, 베들레헴 출신 엘하난(Elhannan)은 필리스틴의 전사 골리앗(Goliath)을 살해하였으며(이후 다윗의 업적으로 간주되었다), 그리고 다윗의 조카이자 역시 베들레헴 출신인 요나단은 손가락과 발가락이 각기 여섯 개씩을 가진 이름이 알려지지 않은 전사를 살해하였다.

다윗 이전 3세기 동안 예루살렘은 팔레스틴 산지에 위치한 소도시 서너 곳 가운데 일개 소도시에 불과하였으며, 그곳의 지배자는 광활한 비정착지역의 일부만을 통제할 수 있었다. 여전히 규모는 작았지만 예루살렘은 이제 역사상 그 어떤 시대보다도 인구밀도가 높고 농업생산이 활발하게 이루어지게 된 고원지대에서 점차 세력을 확장해 나가던 제국의 수도가 되었다. 다윗은 전쟁과 기회주의적 전략, 여러 왕국들의 소외 세력들의 규합과 불만을 가지고 있던 유다 부족 모든 사회계층에 대한 후원, 그리고 무엇보다 가장 중요한 유럽인들과의 연합을 통해 고원지대 왕국들을 차지하였다. 고원지대에서 정치적 기반을 마련한 그는 홍해로부터 레바논에 위치한 북부 비카(Biqa) 계곡에 이르는 거의 팔레스틴 전역을 지배하기까지 세력을 확장하였다.

고원지대에서 다윗은 여전히 부족 조직 체제를 벗어나지 못하고 있던 대다수 사회에 그의 강력한 왕명을 강요하였다. 현대적 견지에서 보면 그는 결코 좋은 평판을 받을 수 없는 지도자였다. 그가 누린 충성심의 토대는 정복을 통해 그의 왕국을 확장하는 것이었다. 에돔과 모압 부족들의 정복을 통해 유다부족의 건조지대와 네게브 지역에 대한 그의 통제권을 확대하였다. 그는 모압 부족과의 전투에서 승리한 후 전쟁 포로들 가운데 2/3을 처형하였다. 그는 암몬 부족들의 왕과 동맹관계를 맺고 있었는데, 예전 그의 아버지는 사울에 맞서기 위해 다윗을 지원했던 인물로 또 다른 한명의 "필리스틴인"으로만 소개되었던 것으로 보인다. 암몬 부족에게 있어 사울의 위협은 사라졌지만 이제 다윗의 위협이 그 자리를 대신하였다. 암몬은 다윗처럼 조바(Zobah)와 벳레홉(Bethrehobb) 두 연합 왕국을 통치하고 있던 아람 왕 하닷에셀(Hadadezer)에게 지원을 호소하였다. 이들 연합세력에 맞서 다윗은 라바(Rabbah), 북부 트랜스 요르단, 다마스쿠스 인근 지역에서 벌어진 세 전투에서 승리하여 북동부의 넓은 아람 영토를 차지하였다. 해안을 따라 그는 저항하던 일단의 필리스틴 부대들을 섬멸하였으며 두로와 동맹관계를 협상하였다. 그는 점령한 모든 지역에 요새를 설치하고 왕실부대를 배치하였다. 북방 내륙 계곡에서 그는 하맛과의 관계를 설정하였다. 내륙에서 수천 명의 전투원들을 진두지휘한 다윗은 이제 "초기" 이스라엘의 고원지대 중심부를 완전히 에워싸고 압도하게 되었다. 그는 정치적 영향력을 네게브 지역 너머로 확대하여, 그곳의 부족 세력들을 보호하게 되었으며, 그곳에서 이집트를 상대로 한 자신의 군사 경계선을 표시하기 위해 국경 제례의식을 정립하였다. 비록 굳건한 것은 아니지만 이례적으로 변함없는 권위에 기초한 무력을 통해 다윗은 오랫동안 이집트 신왕국의 아시아 점령지였던 곳들을 차지하게 되었다. 유럽인의 팔레스틴 정복의 꿈이 마침내 달성되었다.

다윗은 모든 곳에서 두려운 존재이자 흔히 혐오의 대상이 되었음에도 불구하고, 각지역에 특히 유다 지역에 그의 추종자들이 많았으며 그들에게는 많은 수혜가 주어졌다. 그는 고원지대만을 지원하지 않고 제국 내 다른 지역 보다 이스라엘인 촌락민들에게 더 많은 세금 경감의 혜택을 베풀기도 하였다. 팔레스틴의 작은 수도에 자리한 왕으로 군사력을 결집시킬 수 있는 능력은 강압과 호의라는 강온정책의 시행에 달려 있었으며, 특별히 왕실의 가신들에게 토지를 하사하고 식량을 분배하는 일이 중요하였다. 다윗의 군 지휘관들 그리고 궁중 관리들과 관료들은 수고의 대가로 토지를 요구하였다; 이들에게는 그들의 고향인 고원지대 보다는 정복한 저지대와 트랜스요르단 내 영지들이 제공되었다.

또한 다윗에 대한 지원여부는 다양한 지방의 고유한 예전의식을 장려하는 일에 달려있었다. 다윗은 이러한 과제를 부족의 이상과 권위에 충실한 것으로 알려진 이스라엘의 전문 제사장 부족인 레위인들을 통해 후원하였다. 다윗은 레위인들에게 48곳에 달하는 소도시들과 촌락들의 정주권과 방목권을 부여하였지만 토지의 보유권은 허락하지 않았다. 이들 48개 지역들은 각 부족마다 4곳씩 배치되었지만, 부족의 영토 규모에 따라 균등하게 배분되지는 않았다. 레위인의 소도시들은 다윗의 지배가 생소한 국경과 저지대 지역 그리고 예전 사울 가문의 영토였다가 다윗이 장악하게 된 지역에 주로 위치하였다. 무엇보다도 왕실에 대한 지지는 왕의 개인적 자질 그리고 건축물, 제의, 문서화된 규율을 통해 왕권의 정당성을 공표하는 역량과 복합적인 왕 개인의 성취도에 달려 있었다. 유다 지역의 많은 이들에게 있어 다윗의 치세 전반기는 생활수준의 향상을 가져온 시기였다.

그럼에도 모든 곳에서 생활수준의 향상이 이루어진 것은 아니었다. 다윗을 대항하는 세력들은 무수히 많았다. 그의 아들 치세기에 제국은 허물어지기 시작했으며 그 아들의 죽음과 함께 붕괴되었다. 다윗의 특별한 왕국은 그의 시대에는 라이벌들의 탐욕의 대상이었으며 그의 계승자들에게는 허망한 기억속의 자취로만 남았다. 다윗에 의해 통제당하고 고초를 받은 왕실 가문들의 후손들은 원한을 품고 있었다. 살아남은 사울과 갈렙 가문의 후손들은 복수할 기회만을 엿보고 있었다. 다윗 자신의 아들들조차 그의 폐위를 시도하였다. 그 가운데 가장 잘 알려진 인물은 아비살롬으로 헤브론에서 예델과 아비가일의 아들인 아마사의 지지를 받았다. 다윗의 폐위를 시도한 아비살롬이 살해당하자 다윗은 아마샤를 자신의 군대의 고위직에 임명하지만 곧 그가 살해당하도록 내버려 두었다. 이스라엘과 유다의 촌락민들은 다윗의 통치가 사울의 통치보다 더욱 수용할 수 없는 것임을 인식하고 사울을 반역하고 다윗의 수하로 들어간 이들을 상대로 저항하게 되었다. 대중적인 저항으로 인해 다윗의 영향력은 물론 그의 아들의 지배 권력이 곤경에 처하게 되었을 뿐만 아니라, 그의 손자가 유다 왕국을 제외한 모든 지역의 권력을 상실하는데 결정적인 역할을 하였다. 세바(Sheba)의 뒤를 따른 비크리인(Bichrites)들의 반란은 위대한 왕이 사망한지 한 세대 만에 다윗의 가문으로부터 이스라엘의 이탈을 앞당겼다.

다윗은 매우 성공적으로 사울의 가문을 약화시켰다. 그는 요나단의 아들인 므리바알(Meribaal)과 미가(Mica)를 그의 보호아래 두었다. 다윗이 예루살렘에서 쫓겨났을 때, 그는 사울의 사위들 중 한명의 아버지이자 길르앗의 유력자인 바르실래(Barzillai: "강철인")의 도움을 받아 길르앗 지역의 사울의 요새를 피난처로 삼았다. 다윗은 일찍이 사울이

화친조약을 맺었지만 그 협정을 위반하고 살해했던 비이스라엘인들인 기브온 부족의 지원을 간절히 요청하였다. 그 대가로 기브온인들은 다윗에게 사울의 아들들 중 2명과 그의 손자들 중 5명의 목숨을 요구하였다. 결국 사울의 아들들과 손자들은 처형되고 그들의 시체는 웃음거리가 되었다. 사울 가문의 일원이던 게라(Gera)의 아들인 시므이(Shimei)는 공개적으로 다윗을 하나님의 저주를 받을 살인자라고 비난하였다. 그러나 다윗은 그러한 비난에 개의치 않았을 뿐만 아니라, 오히려 그가 길르앗에 당도했을 때는 위협을 느끼는 것이 당연했음에도, 오히려 살해당한 사울 일가 5명의 할아버지인 바르실래의 도움을 받았다.[5]

필요에 의해 다윗은 자신의 유다 부족민들과 휘하에 있던 이스라엘인들의 부족 관습들을 따랐다. 그는 왕이라는 지위를 통해 어떠한 경우에도 예속민들의 복잡한 조직의 지원을 받을 수 있었다. 그는 고원지대 외곽지역에 대한 더 이상의 사회적 통제가 필요치 않게 되었다. 그는 주요 법령을 공포하지는 않았으나, 통치 권력을 보다 강력히 유지하기 위해 부족 간의 원한으로 피의 복수가 되풀이되던 관행을 제외한 오래된 부족의 관습을 허용하였다. 힘이 곧 그의 정의였으며, 그의 힘이 필요치 않고도 왕실의 명령이 이행되던 곳의 사법권은 지역 부족의 관례에 따라 행사되었다. 요압의 부족 민병대는 다윗의 군사 전략에 중요한 역할을 수행하였으나, 다윗의 친위부대와 사병들이 보다 중요한 무력수단을 제공하였다. 다윗은 예루살렘의 요새들을 강화하기 위해 노동계층에 세금을 부과하였다. 그의 예속민들이 부족의 정체성과 관습을 주장했지만, 이러한 요구는 그로 하여금 일반 대중들에게 그것들을 유지할 수 있다는 희망을 부여하는 기회를 제공하는 것 이상 별 영향을 주지 못했다.

다윗의 행정은 부족과 국가 두 가지 통로로 운영되었다. 부족 분야는 고원지대 전통에 따라 따랐으며, 국가 분야는 이집트를 본보기로 삼았다. 군부는 2명의 지휘관의 통제아래 두었다. 요압은 부족 민병대를 지휘하였으며 브나야(Benaiah)는 그릿인들과 블레셋인들 다시 말해 필리스틴인과 동족은 아니었지만 같은 유럽인들인 크레타인들과 에게 해 지역민들로 구성된 왕실 친위부대를 이끌었다. 제의 역시 2명의 지도자들의 관리 아래 두었다. 그 중 한명은 엘리 가문의 유일한 생존자인 아비아달(Abiathar)로서 그는 실로에서 이스라엘인들의 제의를 관장하였을 뿐만 아니라 이동이 용이한 이스라엘의 전쟁 팔라디움(palladium: 전쟁수호신의 역할을 하는 물품)인 야훼의 상자(법궤)를 지키는 일을 하였다. 그는 다윗의 순례 의식, 특별히 이집트의 위협이 만연했던 시나이 지역의 국경 제사(boarder cult)를 관장하였을 뿐만 아니라 분산된 레위인들의 제의 역시 관리했던 것으로 보인다. 사독이라 불린 제사장은 예루살렘의 다윗 가문의 제례 의식을 담당하였다. 알려진 바에 의하면, 이들 제의들은 고원지대와 미개간지 백성들의 부족적 정서를 감안하여 텐트 성소들에서 행해졌다.

국가 신은 위엄 있는 엘(El)의 발현이자 이스라엘의 전쟁 신으로 여겨진 야훼(Yahweh)였다. 야훼라는 단어의 어미를 변형시키거나 단축시켜 엘이라는 호칭을 붙여 문장화한 신의 이름은 이스라엘의 영향력 아래 있던 팔레스틴의 부족들이 부족 신 엘을 부르는 방식이었다. 당시 부족들의 신이 엘이었다는 사실은 “엘이 (부족 군대들을) 통치하심”이라 뜻을 가진 이스라엘이라는 이름에서 잘 나타나 있다. 다시 말해 야훼는 엘을 부족 연합체의 주요 신으로 받아들이도록 하는 특별한 형태였다. 물론 엘은 나머지 팔레스틴인들이 숭배하던 여러 신들 가운데 뛰어난 신으로 변함없이 남아있었다. 또한 부족 집단들과 구성원들은 엘을 신적 위엄을 나타내는 복수형인 엘로힘(Elohim)으로 불렀다.

간소하지만 유구한 역사를 가진 제의는 단호한 공격과 즉각적인 파병이 필요한 지역으로 국가적 역량을 결집시키는 역할을 하였다. 다윗의 군부와 제의 절반을 이끌던 브나야와 사독은 네게브 지역에 위치한 캅스엘(Qabseel) 출신 여호야다(Jehoiada)의 아들들이었다. 그들은 다윗이 사막의 산적으로서 초창기 군사적 성공을 거둔 시대부터 함께 하였다. 그들은 다윗의 치세기 뿐만 아니라 솔로몬 시대에도 왕을 옹립하는 실력자로서 중추적인 역할을 수행하였다. 그들은 아론의 제사장 가문을 대표하였으며 왕정 시대 동안 모세의 제사장 가문과 경쟁관계에 있었다. 이들 두 제사장 집단 사이에 야기되었던 잘 알려지지 않은 대결 구도는 성서에서 단지 어렴풋하게 암시되고 있다. 17명에 달하는 다윗의 아들들 중 일부는 제사장의 역할을 담당하기도 하였다. 행정관리에는 왕실 전령관인 요사밧(Joshaphat)과 서기관의 수장인 사워사(Shawsa)가 포함되어 있었으며, 사워사의 경우 그의 이름이 다윗의 국가 제의 가문과 마찬가지로 이집트인 혹은 후루인의 이름을 가졌던 것으로 보아 예루살렘의 서기관 전통이 14세기 아마르나 시대까지 거슬러 올라갈 수 있음을 짐작케 한다.

다윗 왕실 문서들

다윗 왕실의 문서들은 이후 히브리 경전으로 발전된 저작물들의 근간이 되었다. 이러한 왕실과 제의 문학은 다윗의 잠재적인 라이벌들인 엘리트 집단들의 이목을 염두에 두고 작성되었으며, 이들은 왕실 내부 인물이거나 적대행위를 방지하기 위해 왕궁으로 끌어들어진 이들이었다. 왕실 문서들의 내용과 관심사에 대해 알고 있던 팔레스틴 주민들은 극히 일부에 불과하였다.

권력 침탈에 대한 옹호 현재 대략 사무엘상 15장 - 사무엘하 5장에 담겨있는 다윗의 사울 가문에 대한 침탈의 역사는 다윗이 사울에 대해 불충했으며 계획적인 배반자이자 반역자라는 사실, 다윗이 사울, 아브넬, 이스바엘의 죽음과 관련이 있다는 사실, 또는 다윗의 성공 배후에 야훼가 아닌 다른 신들 또는 다른 세력이 있었다는 비난에 맞서 다윗을 옹호하기 작성되었다. 이러한 저작물의 구성은 사울 가문에 충성했지만 이스바알이 살해당한 후 다윗을 지지하도록 강요당했던 이스라엘 부족장들에게 좋은 인상을 주기위해 의도되었다.

이들 부족장들은 다윗이 7명의 사울 일족을 처형했다는 사실을 알고 있었다. 그렇다면 다윗이 그것에 대해 어떻게 설명하였을까? 현재 사무엘하 21:1-14과 사무엘하 9장에서 발견되는 보다 짧은 두 번째 구성물은 사울 일족의 죽음을 방조한 다윗의 행위가 기근을 종식시켜야 하는 공공의 필요를 충족시키기 위해 신의 명령에 따른 불가항력적인 일이었다는 것과 망자들을 위해 장례식을 성대하게 준비하였다는 것, 그리고 그의 선의의 증명으로 사울의 일족인 므리바알(Meribaal)을 가택 연금 하에 두지 않고 그의 보호 아래 보살폈다는 사실을 소개함으로 설명하고 있다.

현재 사무엘하 13-20장에 해당되는 세 번째 구성물은 아비살롬의 반역이 공적인 이유에서가 아니라 단지 권력을 찬탈하기 위한 무모한 사리사욕에 기인하였다는 사실과 다윗이 아비살롬을 죽이려는 시도를 막으려고 노력했으며 아들이 살해당하는 비극적인 사건이 일어났을 때 그가 몹시 슬퍼했다는 사실을 보여주고 있다. 이러한 진술은 아마사의 통제 아래 있던 아비살롬의 후원자들을 염두에 두고 작성된 것으로, 이들은 아마사가 예전 그의 원수에 의해 군 지휘관으로 등용되자 다윗의 울타리 안으로 들어갈 것을 권유받았다.

"국가"와 제의의 역사: J문서 이러한 자기 방어적인 진술들은 다윗 이전 시대에 대해 거의 아무것도 밝히고 있지 않지만, 다윗 왕실에서 작성된 주요 저작물 이면에 깔려있는 정치적 이해관계와 청중들을 예시하고 있다. 한편 다윗은 예루살렘에서 권력기반을 확립한지 얼마 지나지 않아 세상과 인류의 기원으로 시작하는 초기 이스라엘의 역사에 대해 기록할 것을 명령하였다. 이 문서는 일반적으로 J 문서(야훼문서)로 역사가들에게 알려져 있으며, 그 저자는 흔히 야훼기자(Yahwist) 혹은 야훼주의자로 불린다. 이 문서는 창세기와 출애굽기의 대부분 그리고 민수기의 일부로 구성되어 있으며 성서의 첫 번째 역사이기도 하다.

J 문서는 여러 가지 목적을 담고 있었다. 이 문서는 초기 인류와 대홍수 사건과 관련된 오래된 문학적 전승 자료들을 근거로 전 우주의 보편적 틀에서 이스라엘의 역사가 시작된 것으로 묘사하였다. 다윗 시대 무렵 이들 전승들은 이미 기록물로 보관되어 수세기 동안 전해져 내려와 잘 알려져 있는 내용들이었으며, 이들 전승 자료들은 당시 상형문자가 팔레스틴 여러 왕실들의 기록 방법으로 일반적으로 사용되었음에도 여전히 팔레스틴에서 통용되던 설형문자 텍스트에 기록되어 있었다. 그리고 그 같은 우주적이고 보편적인 역사의 구상은 이집트의 통치권에 맞서려고 한 왕실에 매우 중요하고 적절한 것이었다.

또 다른 목적은 다윗의 권력상승에 기여했으며 헤브론에 위치한 그의 왕궁에 자주 모였던 그리고 이제는 이집트와 맞닿은 국경 방어에 중추적인 역할을 수행하게 된 네게브 지역 부족장들의 지속적인 충성을 요구하기 위해서였다. 다윗은 팔레스틴 남부, 네게브 지역, 그리고 필리스틴 평야지대에서 권력을 차지하였다. 그는 이들 지역과 시나이 지역 세력들과 동맹관계를 형성하였다. 그가 권력을 곤고히 구축하게 되자 이들 동맹세력들을 이스라엘 "국가" 역사의 중심으로 삼았다. 다윗의 역사는 그들이 부족 배경을 가진 다윗 국가의 선조들을 대표한다고 그들에게 시사하였다. 한편 이 역사에 의하면, 부족 이스라엘의 시조가 된 족장들은 아브람, 이삭, 야곱 등과 같은 네게브 지역의 유목민 족장들이었으며 그리고 오래 지속되지 못한 고원지대 족장들 혹은 그들이 정착하기 이전의 조상들이었다.

흔히 지적되는 바와 같이 아브람과 이삭 그리고 아마도 야곱까지도 부족 이스라엘 전통적 가계의 일원이 아니었다. 남부 출신인 아브람과 이삭 두 사람은 시대적으로 야곱보다 더 앞선 것으로 소개되었지만, 증거에 의하면 야곱은 부족 이스라엘과 역사적 연관성에 있어서 이들 두 사람보다 더 이른 시기와 관련이 있었던 것으로 암시되고 있다. 더욱이 아브람은 먼 동쪽에서 이주해 온 것으로 조명되었는데, 그 이유는 도회지의 성직자인 다윗의 역사학자가 초기 인류의 역사와 관련해서 팔레스틴의 민간전승이 아닌 메소포타미아에서 기원한 상형문자 자료들을 사용했기 때문이며 따라서 아브람의 등장과 관련해 메소포타미아에서 팔레스틴으로 장면을 전환해야만 했다. 비록 역사학자가 그의 원대한 작업에 아브람의 이주를 성공적으로 구성하고 최초의 이스라엘인이 모든 팔레스틴인들에게 있어서 하나님의 지시를 받는 외국인이었다는 선례를 잘 이용했지만, 그럼에도 불구하고 이주와 관련한 너무나도 짧은 일화는 의도적이기 보다는 우연의 일치였다.

이스라엘 12부족의 이름들은 전통에 따른 것이지만, 다윗과 그의 왕실이 이스라엘 부족들에 대해 착안하기 전에 12부족이 이미 형성되어 있었다고 믿을 만한 이유는 없다. 모든 부족들이 이스라엘과 연결되어 있지 않았을 지라도 유다 부족과 같이 느슨하게나마 연관을 맺고 있었던 부족들은 부족 연합체의 중심이 되었다. 게다가 유다는 다윗이 의뢰한 역사에서 영웅적인 시조로 추앙되었다. 더욱이 이스라엘들의 부족 협력관계에서 고대 영토와 역사적으로 가장 관련성이 없던 부족들, 특별히 남부의 부족들은 다윗의 역사에서 가장 오래된 부족으로 간주되었다. 이들 부족들은 레아의 소생으로 알려진 르우벤, 시므온, 레위, 유다, 잇사갈, 스블론이었다. 레아의 여종 실바는 중요한 다윗의 영토 두 곳에 자리한 갓과 아셀을 낳았다고 소개되었지만, 실상 그곳들은 이후 이스라엘인들에 의해 새롭게 정착이 이루어진 곳들이었다. 고원지대 이스라엘의 기원이 되었던 지역을 대표하는 요셉과 베냐민은 가장 늦게 태어난 것으로 그리고 에브라임과 므낫세는 다른 부족의 시조와 동세대 인물들이 아닌 것은 물론 J 문서의 기본 틀에서 문제성이 있을 수 있는 이집트인 여성의 아들들이었다. 의심의 여지없이 J 문서는 초기 이스라엘의 민간전승을 기록한 것이 아니다.

물론 이들 이야기들이 다윗의 서기관에 의해 창안된 것이 아닌 만큼, 아브람과 그의 후손들에 관한 전승들은 부족들의 것이었지만 그 내용 대부분이 이스라엘의 것은 아니었다. 다윗은 유다와 이스라엘 부족들의 본질을 다루는데 아무런 어려움도 없었다: 부족의 민간전승을 고취시킨 반국가주의적(antistate) 정서는 왕실 이데올로기로 쉽게 윤색되었다. 일례로 J 문서에 의하면 성전 제의와 같은 반부족적(antitribal) 제의들은 많은 비난을 받았다; 단지 들판의 투박한 석조 제단에서 간단한 예물만이 요구되는 소박한 희생제사만이 거행되었으며, 이러한 제례의식은 (다윗의) 국가에서도 유효하였다.

공식적인 역사가 입증하듯 부족들은 서로 간에 충돌하는 경향이 있었지만, 특별히 아브람을 전형으로 삼은 왕실 존중이라는 양식에 따라 부족들은 그들의 차이점들을 조정할 수 있었으며 최대의 외적인 이집트에 맞설 수 있는 연합 전선을 구축할 수 있게 되었다. 가장 화합이 어려웠던 부분은 신흥세력인 남부의 유다와 고원지대 이스라엘의 중심인 요셉 부족 사이의 관계였다; 그들의 충돌은 다윗의 시조인 유다가 예전 요셉에게 베풀었다고 알려진 은근한 선행을 소개함으로 해결되었다. 다윗의 지배하의 이스라엘은 유럽인 동맹과의 분쟁을 해소하였으며 이제는 유럽인들의 세력에 의존하게 되었다. 새로운 적은 이집트였다. 따라서 새로운 공식적인 역사는 필리스틴과 이집트를 바라보는 전통적인 이스라엘의 시각을 바꿔놓았다: 이후로 필리스틴인들은 호의적인 존재가 되었던 반면 이집트는 증오의 대상이 되었다. 국가를 형성하는 과정에서 거둔 중요한 성과는 나일 강 삼각주 지역에서 이집트의 통제를 받던 *콜비*의 위협에서 벗어난 것이었으며, 이들은 고원지대 촌락민들보다 네게브 유목민들에게 더 심각한 위협을 초래했었다. J 문서는 이러한 반이집트적(anti-Egyptian) 주제를 가장 중요한 결론으로 극대화시켰는데, 그 이유는 다윗 왕국을 위협하는 이집트에 대한 반감이 다윗 시대에 들어 처음으로 정치적 이스라엘의 최우선 정책이 되었기 때문이다.

J 문서는 한 나라의 군주에 비견되는 존경받는 모세의 권위에 맞서는 불평과 반역이 무수히 많았음을 보여주고, 그 모든 행위는 불법적인 것이라고 주장하였다; 사악한 제국의 함정에서 이스라엘을 구한 유일무이한 구원자들, 그들이 모세이든 아니면 다윗 자신을 의미했든 간에 존경을 받고 복종의 대상이 되었다. 모세에 관한 나레이티브는 사실상 아무런 역사적 관련이 없었음에도 불구하고 그가 남부 팔레스틴 유목민 소속이었다고 소개하였다; 이와 같은 모세에 관한 이야기는 다윗의 역사가에 의해 처음으로 변모되었다. J 문서의 역사는 수많은 봉신왕들의 지지를 받는 이러한 통치 권력의 성스러운 합법성과 이로 인한 신의 은총을 전복시키려는 모든 시도들은 다윗 국가의 신인 신성한 창조주를 모욕하고 국가를 유린하는 것이라고 결론지었다.

국가라는 용어는 부족의 선조들과 마찬가지로 다윗의 백성들에게도 거의 어울릴 수 없는 개념이었다. 사회적 현실로 보면 그 시대는 대부분 산업화 시대에 속해 있었다. 이미 1장에서 언급한 것처럼, 고대 시대에 "국민" 또는 "국가"로 명명된 정치적 관점에서의 합의는 J 문서의 경우처럼 통치자가 고안한 것으로 그에게 중요한 일단의 사회적 집단을 나타내기 위한 것이었거나 또는 예속민들의 계층화를 위한 구실이었다. 한 국가를 규정하는 또 다른 기준들로 예들 들면 백성들이 모든 것에 우선하는 정치적 문화적 정체성을 공유한다거나 백성들이 절대군주에 대한 충성과는 별도로 서로를 동일한 정치적 신념이나 색채를 지닌 것으로 인식하는 것과 같은 기준들이 다윗의 왕국들에 적용되지 않는다. 고원지대 촌락민들은 지역적으로 다양한 팔레스틴의 셈어 방언들을 구사하였다. 다윗의 왕실에서 사용된 히브리어는 이스라엘인들 가운데 일부 소수만이 자신들의 언어로 인식했던 팔레스틴 남부의 방언이었다. 다윗의 이스라엘 백성들은 어느 정도 문화교류에 관여하였으나, 만약 그들의 비이스라엘인 이웃들과의 문화적 연속성에 있어서 선명한 차이가 있을 경우에는 문화적 교류는 거의 이루어지지 않았으며, 먼 지역과의 교류는 대부분의 촌락민들에게 의심스러운 것으로 여겨졌다. 상호 인식의 차원에서 말하자면, 국가라는 개념은 보호자와 예속민의 관계 그리고 사법권의 의미로 더 잘 간주될 수 있으며, 이스라엘이란 개념은 부족 이스라엘의 경우처럼 정치적 또는 법적인 개념으로 이해되었다.

고대의 노래와 축복문 성서의 첫 번째 역사를 소개하는 것 외에도 J 문서는 여성들의 승전가(출애굽기 15장), 각 부족별로 구분되어 선포된 축복문(창 49장) 그리고 하나로 묶여진 이스라엘에 관한 4개의 축복문들을 포함하고 있으며, 이들 모두는 다윗시대 이전 11세기의 저작물들을 반영하고 있는 것으로 보인다. 미리암의 노래는 고원지대와 저지대에 대한 부족의 저항을 단정 짓고 있다. 야훼가 이집트의 전차 부대를 바다로 뒤덮었다는 것과 이스라엘의 고원지대와 저지대 적대세력들, 즉 필리스틴, 에돔, 모압, 적대적인 팔레스틴의 모든 지도자들을 두려움에 떨게 하였다고 전한다. 이 노래는 야훼가 그의 백성을 고원지대 성소로 인도하였다는 것으로 결론짓고 있으며, 이 성소는 야훼가 준비한 유일한 성소였다고 언급하고 있다. 만약 J 문서 기자가 이 노래를 가필했다면, 그 성소는 예루살렘에 위치한 다윗의 제의 성소를 가리키는 것으로 보인다.

창세기 49장에 기록된 부족들에 대한 야곱의 축복은 고전적인 문학형식으로 쓰여 있지만, 부족의 순서와 이를 구성하는 몇몇 문학적인 특성을 포함한 일부 중요한 부분들은 J 문서 자체의 특별한 프로파간다(propaganda)의 관점에서만 이해가 가능하다. 유다와 요셉이 각별히 주목되어 있다. 요셉이 부족들 가운데 가장 많은 복을 받는 것으로 소개되고 있는 반면, 유다는 왕의 운명을 부여 받는 것으로 기록되었다. 부족의 영역들은 흔히 인접하게 경계 지어져 있다. 스블론 영역은 해안에 닿아있을 뿐만 아니라 멀리 시돈까지 확대되어 있으며, 잇사갈은 *콜비*의 임무를 부여받은 것으로 보아 그들이 저지대 군주들의 강탈에 쉽게 노출되었던 사실을 지적하고 있고, 단은 북부 무역로들이 교차하는 지점에 위치한다고 전한다. 이러한 내용들이 11세기 혹은 10세기를 반영하고 있는지는 확실치 않다. 발람의 축복문들은 고원지대 여러 동맹들을 조명하고 있는데, 이들 부족들을 주요 나레이티브에서 소개되고 있는 이들의 이동 경로와 일치하는 지역의 텐트 거주자들로 소개하고 있다. 아멜렉 부족의 아각(Agag)과 이스라엘의 왕을 직접적으로 언급하고 있는 것으로 보아, 이들 축복문들의 연대를 10세기보다 훨씬 이전의 것으로 추정할 수는 없다. 발람의 축복문에서 이스라엘을 이집트에서 나온 것으로 언급한 내용 역시 이들 축복문을 J 문서에 의도적으로 배치한 결과에 기인했을 것이다.

고난 받는 자의 기도문 국가의 공식 제의이자 다윗의 사적인 제의의 예식서는 부당하게 고소되고 박해를 당한 개인들이 신적 보호자에게 드려진 민간전승 기도문들을 전형으로 한 야훼를 향한 기도문들로 이루어져 있었으며, 이들 기도문들은 촌락민들이 의존했던 보호자-피보호자의 관계성을 본 딴 화법의 형식으로 구성되었다. 매일, 매달, 매해, 다윗 또는 그의 보호를 받던 제의를 담당했던 제사장들과 그 아들들은 다윗의 미약한 제국의 보호를 호소하였다. 그들이 사용한 기도문들은 다윗이 많은 반대자들로부터 위협에 처해있을 때 그리고 자신의 휘하에 있던 촌락민들이 이스라엘인 주인들과 그들의 군대로부터 압제에 고통당하고 부당한 채무변제를 요구받아 힘겨워하던 자신들을 대변하기 위해 호소했던 탄원을 상기하였다. 어려운 환난 속에서 다윗은 야훼에게 핍박받는 피고소인의 전형적인 호소의 형식으로 기도하였다. 야훼는 당연히 그의 호소에 응답하였으며 그를 구원하였다. 이런 종류의 기도문들은 다윗에게 효과가 있었다: 따라서 그는 이들 기도문들을 자신의 여생동안 신에게 경의를 표하는 기초로 삼았다. 만약 다윗의 신하들 가운데 누군가 왕이 신에게 어떤 내용으로 찬미하는지 발견하였다면, 그들은 자신들의 왕이 그들의 상황을 누구보다 잘 알고 있다는 사실에 안심하였을 것이며 그리고 전 영토의 지역 제의에서 되풀이한 자신들의 탄원도 최고 왕실법정에서 거침없이 제기하였을 것이다. 이러한 왕실의 탄식과 탄원은 기록되어 훗날 성서 시편의 근간이 되었다.

그 외의 작품들 이들 외에도 성서에는 여러 왕실 문서 단편들이 산재해 있는데, 이들 단편에는 왕실 공직자들의 명단, 단편적인 전쟁 기록, 전사들의 명단, 그리고 팔라디움인 야훼의 법궤가 어떻게 팔레스틴의 수중에 들어가게 되었으며 이후 이스라엘에 되돌아오게 되었는지 그리고 종국에는 예루살렘에 안치되게 되었는지를 소개하는 간략한 역사가 포함되어있다. 사사기 17-21장의 친 다윗 문서들은 다윗 왕실로부터 기인했을 것이다. 전사들의 명단들은 다윗 헤브론 치세 때 그의 팔레스틴인 부대의 실체를 보여주고 있다: 이들 목록들은 다윗이 자신의 유럽인 친위부대에 의존하고 있었다는 사실을 밝히지 않고 있다. 다윗의 팔레스틴인 전사들은 그들이 달성한 위업과 연공에 따라 서열화 되었다. "세 명"의 지휘관들이 이들 팔레스틴 전사들을 통솔하였다: 예슈바알(Yeshbaal: 성서에는 요셉밧세벳 혹은 아디노)은 한번에 800명의 필리스틴인들을 살해하였고, 엘르아살(Elehazar)은 그의 부하들이 후퇴하였을 때 그의 영지를 지켰을 뿐만 아니라 "그의 손에 그의 검이 붙을 때 까지" 필리스틴인들을 살육하였으며, 삼마(Shamma)는 모든 이들이 도망갔을 때에도 녹두나무가 가득한 지역을 지키고 혼자서 필리스틴인들을 물리쳤다. 또 다른 두 명의 지휘관은 이들 "세 명"의 용사에는 미치지는 못했으나, 뛰어난 전사로 추앙을 받았다: 아비새(Anishai)는 다윗의 사병을 통솔하는 지휘관으로 등용되었으며, 함정에 빠진 사자를 죽이고 이집트인 거인을 창으로 살해한 일로 알려진 브나야(Benaiah)는 다윗의 친위부대 지휘관의 책무가 주어졌다. 이들 부대 내부적으로는 다윗이 사울과 함께했던 때와 초창기 자신의 세력을 키우던 시절부터 그에게 충성을 해온 베들레헴과 인근지역 출신 전사들이 높은 지위를 차지하고 있었다. 이들 다음으로 다윗이 사울과 함께 필리스틴을 상대로 전투를 벌이던 시절 그에게 매료되었던 베들레헴 북쪽 출신 전사 집단이 그 다음의 지위를 차지하였다. 초기 엘리트 전사들은 길르앗 동쪽 유목 부족주의자들의 외인 용병들, 암몬인, 예루살렘과 게젤 사이 위치한 기랏-여아림(Qirat-yearim) 출신의 2명의 이델인(Ithrites), 힛타이트인 우리아(Uriah) 등으로 채워졌다. 요약하자면, 다윗의 고유한 군 세력의 핵심은 주로 그의 고향 인근 출신들, 베냐민과 유다 지역의 초창기 위업을 달성했던 지역 출신들, 그리고 쉐펠라와 갓 출신 용병들로 구성되었다. 단지 한 사람만이 사울 가문의 명목상 통제 하에 있던 베냐민 북쪽 지역 출신이었다.

다윗과 그의 왕실을 위해 구성된 이러한 초기 이스라엘의 모습은 고원지대와 저지대 사이의 기나긴 싸움의 투쟁의 모호한 결과에서 유래하였다: 한명의 고원지대 군사령관이 그 전쟁에서 승리하였으며 이제 광활한 저지대가 그의 경제적 기반이 되었다. 다윗은 이스라엘을 좌우했던 팔레스틴인들과 유럽인의 외곽세력에 대한 승리를 실현하였다. 다윗은 사울과 필리스틴인 모두를 물리침으로 유럽인들의 이스라엘 정복을 성취하였다. 그의 아들 솔로몬은 팔레스틴 최남단 출신인 사독과 브나야의 지도를 받아 다윗의 정복을 이스라엘의 성전국가(temple state) 체제로 완성시켰다.

후대의 경전들

다윗 이후의 역사는 히브리 경전들과 초기 이스라엘에 대한 이들의 언급을 통해 대략적으로 그려질 수 있다. 솔로몬이 사망하자 고원지대 이스라엘의 전통적 영토의 지도자들은 다윗 가문을 전복시켰다. 다윗

가문은 예전 다윗 제국의 일부에 지나지 않는 유다 지역만을 통치하는 왕국으로 쇠락하였다. 권력을 찬탈한 이스라엘의 여로보암은 왕실 사료에서 이스라엘의 공식 역사인 J 문서를 받아들인 후 자신의 경력과 관심사를 반영한 개정된 부분과 함께 새롭게 다시 사본한 역사서를 가지게 되었다. E 문서(엘로힘 문서)로 알려진 개정판 역사서는 민간전승을 포함하지 않고 있을 뿐만 아니라 초기 이스라엘에 관한 어떠한 사실도 진술하지 않고 있다. 더욱이 대부분의 내용에서 J 문서에 기록된 이스라엘의 부족적 특성은 철저히 무시되어 있다.

신명기사가적(Deuteronomistic) 역사 2세기 후 이스라엘 왕국은 앗시리아에 함락되었으며 끝내 재건되지 못했다. 유다의 다윗 가문은 앗시리아와 타협하였으며 앗시리아의 봉신으로 전락하였다. 요시아 왕의 치세기인 7세기 후반 유다는 마침내 앗시리아의 지배에서 벗어나 이스라엘을 재정복하고 재건하여 더욱 확장된 다윗의 성전국가에 다시금 재합병한 것처럼 보였다. 한편 공식적인 다윗의 이스라엘 역사가 성전에 대해 아무런 언급도 하지 않고 오히려 성전에 대한 기본적인 사상조차 비난했기 때문에, 요시아의 서기관들에게 있어서 새로운 이스라엘의 역사를 써야 할 필요성을 가지게 되었다. 그들이 쓴 새로운 역사에는 예루살렘의 성전이 태초부터 하나님의 계획에 필수적인 요소였다는 것, 다윗계열의 왕에 의한 통치체제가 그 어떤 다른 선택보다 낫다는 사실, 그리고 예루살렘의 요시아에 의해 공포된 법이 바로 부족 영웅인 모세의 율법이었다는 것을 제시하였다. 이 역사에는 특별히 다윗과 예후의 권력 침탈을 옹호하는 여러 논증들, 이스라엘 군주제를 형성하는데 일조했던 지역 성인들의 역사, 그리고 왕실 문서들의 발췌문들이 삽입되었으며, 현재 이들 내용들은 룻기를 제외한 신명기부터 열왕기하에 걸쳐 나타난다.

일명 신명기사가적 역사라 불리는 이들 성서 본문들은 출애굽부터 요시아 시대까지의 사건들을 별개의 시기별로 구분하고 있다. 첫 3 시대는 이스라엘의 군주제 이전의 이스라엘을 묘사하는 것에 목적을 두고 있어 초기 이스라엘에 대한 후대의 이해에 지대한 영향을 준 내용들이 포함되어 있다. 첫 번째 시기는 모세의 생애 마지막 날로 이루어져 있다. 그는 야훼의 법을 전달한 뒤 그것이 작성될 수 있도록 배열하였으며, 시기별로 낭송할 것을 지시한 후 죽음에 이른다. 두 번째 시기에 요수아(Joshua: 혹은 여호수아)는 이렇게 작성된 율법을 빈틈없이 공부하고 요시아 왕이 구상한 것과 같이 하나로 결속된 그의 백성을 이끌어 이스라엘 대부분의 영토를 정복하고 승리를 달성한다. 요수아는 요시아를 모델로 그려지고 있으며, 요수아 정복 역시 다윗 왕국의 영광을 재현하기 위해 요시아가 고원지대 전역에 행한 무시무시한 행위들에 기초하고 있다. 세 번째 시기에는 율법이 잘못 보관된 것처럼 보이게 하였다. 아무도 율법을 언급하지 않으며, 왕도 없으며, 율법의 규정과는 반대로 모든 이스라엘인들이 야훼와의 관계를 회복할 수 있는 중앙 성소도 존재하지 않았음을 제시하고 있다. 신명기사가는 이러한 결과가 정치적 혼란을 야기했다는 구체적인 사례를 제시함으로 다윗 가문을 배제하고 싶어 했던 이들에게 강력한 메시지를 전달하고 있다. 그 시기의 무질서는 단순히 아무 왕을 임명하는 것으로 해결되지 않으며 예루살렘을 정복했던 왕 그리고 신의 계획에 따라 성전을 건설한 그의 아들에 의해서만 해결된다는 것이다. 통상적으로 사사들의 시대로 알려진 이 시기가 이러한 요시아의 역사 구성의 바로 세 번째 시기에 해당된다.

드보라의 노래 몇몇 주안점들을 강조하기 위해 여호수아서와 사사기서에 삽입된 전승들은 요시아 시대 이전 어떤 경우에는 그 보다 훨씬 앞선 것들이었다. 이들 전승들이 다윗 시대보다 이전의 것들이었는지는 또 다른 문제이다. 한 텍스트의 경우에는 확실히 다윗 시대 이전의 것이다. 드보라의 승전가(사사기 5장)는 히브리 경전에서 가장 오래된 저작물로 여겨진다. 이 노래는 9부족 혹은 10부족의 연합 체제를 언급하고 있으며, 이 부족 연합체 가운데 이즈르엘 계곡에 가장 가까이 자리하고 있던 5부족 또는 6부족들은 자신들의 대상행렬을 방해한 시세라(Sisera: 혹은 시스라)라 불린 유럽인 지휘관이 이끈 저지대 전차부대를 무찌르기 위해 전투에 참여한다. 부족들은 전투에서 승리하고 시세라는 머리에 붉은 피를 쏟으며 유혈이 낭자한 체 죽임을 당하지만, 마지막 장면은 시세라의 아내와 어미가 목에 다채로운 천을 휘감고 돌아오는 그를 상상하는 장면을 묘사하고 있다. 그 전투는 한 여성이 그녀의 텐트에서 한 손으로 시세라를 살해하는 것으로 종결된다. 이 노래에서 이스라엘은 명백히 촌락 인구를 의미하는 페라존(perazon: 농업을 주업으로 하는 주민들을 지칭하는 히브리어 집합명사, 한글 개역개정판 성서에는 "마을 사람들" 그리고 영어 개역표준역에는 "소작농"으로 번역)으로 구성되어있다. 이 노래는 당시 원거리에 위치했던 부족들이 전투에 참여하라는 요청을 거부했다는 사실을 밝히고 그들의 비겁함을 조롱하고 있다. 스테이저(L. Stager)의 주장처럼 이들 부족들은 자신들의 경제적인 이익과 관련되지 않는 일에는 관여하지 않았다: 기본적으로 그들의 관심은 고원지대의 생산 활동보다 자급자족 능력이 떨어지는 해상무역에 있었으며 (단과 아셀) 유목생활에 전념하였다(르우벤과 길르앗). 유다는 전혀 언급되어있지 않다. 드보라의 노래는 부족사회 전반의 진취성을 고취시키기 위한 프로파간다로 일부 부족 지도자의 회의에서 처음으로 기록되었던 것으로, 따라서 당시 엘리트 집단들 간에 더 나아가 부족들 사이에 공동의 목적의식과 정체성이 결여되어 있었음을 보여주고 있다.

유력자들 요수아와 사사들의 산문체 전승들은 지역 군 지도자, 산적, 성인들에 관한 것으로, 이들은 원래 왕실에 반감을 가지고 있던 영웅들이었지만 아마도 초기 문서들에서부터 요시아의 역사에 선취되어 포함되었을 것이다. 요시아 역사의 독특한 관점을 반영한 문학적 구조를 제거하면 이들 영웅들의 텍스트들은 백성들이 왕 없이도 스스로 부양해 나갈 수 있다는 견해를 제시하고 있다. 요시아의 경우 사사들의 이야기들은 예루살렘의 강력한 이스라엘 왕의 부재로 인해 초래된 정치적 불확실성과 불안정을 의미하였다. 따라서 요시아의 역사가는 에훗부터 단 부족의 삼손 그리고 베냐민 부족의 사무엘까지 북부 또는 이스라엘 전승들만을 담고 있던 초기 문서를 사용하였다. 또 다시 유다 부족과 관련된 이야기는 빠져 있는데, 이질적인 별개의 옷니엘의 이야기(사사기 3:7-11)는 신명기사가적(Deuteronomistic) 저작물로 여겨진다. 앞서의 수집물은 부족의 가치를 보존하고 있다. 이들 이야기들이 반 다윗적이지 않은 이유는 다윗 가문이 이들 자료를 수집하고 보존했기 때문이다. 이들은 우세한 세력에 맞서 지역의 임시방편적인 군사대응과 고독한 전사들과 구원자들의 영웅적인 공적을 묘사하고 있다. 그 어떤 이야기도 전체 이스라엘의 집단행동을 묘사하고 있지 않다. 이것은 이들 전승 자체의 특성인 동시에 다윗 왕조를 위해 모두가 이스라엘인이라는 해결책을 제시하려는 신명기사가(Deuteronomist)의 관심이기도 하다.

이들 영웅들이 직면한 문제들은 고원지대 사회가 족장이든 아니면 유약한 왕의 통제아래 있었든 간에 영속해 온 지방 분권적 환경을 암시하고 있다. 전부는 아니지만 대부분의 이야기들은 초기 이스라엘 시대보다는 사울부터 요시아 시대까지 약 400년간 가능했던 시기에 일어난 사건들에 기원했을 것이다. 에훗은 트랜스요르단 지역 부족의 군 사령관에게 공물을 바쳐야만 일로부터 베냐민 부족을 해방시킨다. 삼갈은 소몰이용 막대기로 600명의 필리스틴인들을 살해한다. 드보라의 승전가에 묘사되어 있는 전투에 관해 설명해 놓은 산문체 저작물에서는 에브라임 부족의 드보라가 이즈르엘에서 전쟁을 벌인다. 시세라의 배후인물인 팔레스틴인 군주는 하솔을 그의 근거지로 삼았던 것으로 소개되고 있다. 이러한 상황은 빠르면 11세기 말엽으로 추정되는 하솔의 제 11 지층의 시대와 일치하며, 산문체 이야기의 이러한 시대적 구성요소는 다윗과 거의 동시대에 일어난 일이거나 아니면 그 이후의 상황을 반영하고 있음을 보여주고 있다. 므낫세 출신 기드온은 생산물을 지키려는 지역의 노력을 가장 잘 묘사하고 있는 대표적인 이야기에서 트랜스요르단 지역 부족들 - 미디안 부족, 이스마엘 부족, 동쪽 부족들의 침략행위를 물리쳤던 것으로 소개되고 있다(6:3). 아비멜렉과 그의 70명의 형제들에 관한 이야기에서 요담은 부족의 반 왕실 감정을 담은 우화를 소개하며 왕실의 잔혹성을 고발한다; 그러나 이 이야기는 당시 점유가 이루어지지 않았던 것으로 알려진 세겜과 연관되어져 있다. 이 나레이티브 역시 확실히 다윗 시대를 근간으로 하는 시대적 배경에서 유래하였으며 왕실 또는 부족장의 영내에서 프로파간다로 보존되었다. 돌라는 에브라임 지역에 살고 있는 잇사갈 부족민으로 소개된다. 그렇다면 에브라임 지역이 왕조시대 초반 잇사갈의 고유한 영토에 정착이 이루어질 때까지 잇사갈 부족이 살았던 곳일까? 길르앗의 야일은 길르앗의 부유한 족장으로 그리고 길르앗의 입다는 암몬인들과 대적한 지역의 건달무리의 구세주로 소개된다. 입산은 후대의 정착지였던 베들레헴의 거주민으로 나타난다. 스블론의 엘론과 에브라임 지역의 비라돈(Priathonite)부족인 압돈은 간단히 이름만 소개될 뿐이다. 단 출신 삼손의 전쟁 장면들은 여러 다른 사사들의 사건들 중에서도 이야기의 전개가 가장 잘 이루어져있다. 예상대로 그 이야기들은 고원지대와 저지대 사이의 충돌과 바이넘(D. Bynum)의 설명처럼 세련된 문명인들을 상대로 이리저리 부딪치고 밀치며 깨뜨리고 넘어져 쓰려져도 다시 일어나 싸움을 벌이는 저돌적인 한 인간을 민간전승의 양식을 빌어 함축적으로 묘사하고 있다.

지역 영웅들에 대한 이들 나레이티브는 대부분 부족의 표현형식을 사용하지 않거나 초기 이스라엘 시대에 역사적 근거를 두지 않고 고원지대 부족의 생활상을 예시하고 있다. 거의 예외 없이 이들 이야기들이 초기 이스라엘의 상황들에 대해 우리에게 드러내고 있는 사실들은 다윗 치세기의 저작물, 고고학적 자료, 민족 지학적 유사성, 팔레스틴의 비교 역사 지리학의 역사적 정보로부터 짐작할 수 있는 것들이다. 초기 이스라엘을 가장 잘 드러내고 있는 나레이티브 역사는 아직까지 드러나지 않고 있는 많은 고고학적 발견들을 기다리고 있다.

제8장
초기 이스라엘의 대단원

이스라엘은 팔레스틴 북부 그리고 하솔과 벳산 인근 지역 부족장들의 지배 하에 있던 팔레스틴인 농부들과 유목민들의 복잡하고 가변적인 부족 연합체를 부르는 통칭으로 시작하였다. 조직화된 세력으로서 이스라엘은 이집트가 이집트와 힛타이트 제국 영역 사이 국경 지대에 반협동적인(semi-cooperative) 대리세력을 조성하기 위해 이스라엘의 부족지도자들과 관계를 맺고 있던 기원전 13세기 동안 공인된 유력 세력으로 성장하였다. 하티의 몰락, 유럽인들의 침공, 팔레스틴에서의 이집트의 퇴조는 12세기 동안 고원지대 변방 정착지에 자리했던 부족 이스라엘의 비호아래 부족 촌락들의 확산을 촉발시키고 부채질하였으며, 권력을 위임받은 이스라엘의 부족장들이 이들 지역 전부는 아니지만 상당수 지역들을 관리하였다. 특히 12세기 후반세기 유럽인 군주들이 팔레스틴인의 저지대에서 우위를 차지하게 되면서, 중요한 이스라엘 부족의 무게 중심이 이후 므낫세, 에브라임, 베냐민의 영토들로 정해졌던 중부 팔레스틴의 고원지대로 이동되었다.

12세기 말엽 예전 이집트의 대리세력들 가운데 두 주요 집단들은 자신들의 영토를 차지하게 되었다. 유럽인들은 해안지대, 벳산과 인근 영토, 요르단 계곡의 일부를 통제하였으며 이스라엘의 부족장들은 중부 고원지대를 장악하였다. 이들 양쪽 진지에는 신왕국 시대의 팔레스틴 엘리트 집단을 구성했던 요인들이 포함되어 있었다. 12세기 말과 11세기에 들어 새롭게 부상한 국지전의 양상은 저지대 군주들로 하여금 긴장을 초래하기에 충분한 세력이자 매력적인 토지를 보유하고 있던 고원지대 군주들을 상대로 팔레스틴 전 지역의 주도권을 차지하기 위한 전쟁에 나서도록 하였다. 저지대 군주들은 고원지대 이스라엘의 부족들을 정복할 목적으로 동맹을 결성하였다.

11세기 말이 되자 유럽인들은 이 싸움에서 승리하는 것처럼 보였다. 한편 그들은 네게브와 유다 변경 지역을 근거지로 삼고 유럽인 용병들의 지원을 받고 있던 다윗이라 불린 고원지대 무법자가 이스라엘을 포위하고 함락시킬 수 있도록 지원을 하였지만, 저지대 군주들의 계획과는 달리 형세가 역전되어 오히려 그들이 지원한 다윗이 수많은 저지대 유럽인들이 위치하고 있던 광활한 팔레스틴에 대한 주권을 이스라엘 부족들의 이름으로 선포하게 되는 결과를 초래하게 되었다. 후대 성서 나레이티브의 근간이 된 다윗 왕실의 이스라엘 역사는 그가 권력을 차지하고 이집트에 맞섰던 지역들에 위치했던 세력들과 그의 관계성을 반영하였으며 그리고 정착민들 혹은 이들의 북부 부족장들에 의해 형성된 이스라엘의 역사적 기원에 대해 어렴풋하게나마 기억되어질 수 있었던 사실들을 부적절한 것으로 무시하였다.

이와 같이 이스라엘은 전적으로 팔레스틴 지역의 전형적인 정치적 상관관계의 틀에서 기원하였다. 이스라엘의 황금기는 존재하지 않았다. 초기 이스라엘은 이념적인 특성을 구체화하지 않았다. 부족 이스라엘의 정치체제에는 특히 13세기와 11세기 후반 팔레스틴의 도시국가 사회의 수많은 특징적인 요소들이 포함되어 있었다. 그럼에도 불구하고, 새로운 부족 정착지들은 수많은 경작 농가들과 집단들에게 이집트 또는 필레스틴 지배 하에서의 삶보다 더욱 매력적인 곳으로 보였는데, 특별히 그 이유는 이집트인들이든 유럽인들이든 외세의 지배와는 대조적으로 새로운 정착지들이 토착 지배체제를 선택할 수 있는 권리 또는 명목상의 자치권을 제공하였기 때문이다. 정착지의 확대는 상대적으로 이스라엘의 가난한 경작 농가들과 그들의 부족장들의 상황들을 일정 부분 호전시켰으며, 이러한 환경적 개선은 그들이 신왕국과 실질적으로 이스라엘의 부족 조직을 와해시킨 다윗과 그의 후계자 솔로몬의 다윗 가문시대 사이에 이루어졌다. 12세기와 11세기 고원지대 부족 이스라엘의 특징들 - 정치적, 경제적, 사회적, 또는 종교적 특성들은 저지대 군사세력으로부터 억압을 받고 있던 고원지대 변경 정착지의 팔레스틴 부족 조직을 반영한 것들이었다. 이러한 발전의 많은 예들이 지적될 수는 있지만, 이들 가운데 어떤 것도 정착민들의 삶과 선택을 완벽하고 이상적인 것으로 형상화할만한 근거를 제공하지 않는다.

이스라엘의 기원은 신비스러운 것도 초자연적인 것도 그렇다고 기적적인 것도 아니었다. 단지 압제에 직면해서도 좌절하지 않고 끊임없이 보여준 생명력과 모험심 그리고 폭정에 맞선 경이로운 저항정신만이 존재했을 뿐이다. 비록 이러한 생명력과 저항정신 역시 신비스럽고 놀라운 것이긴 하지만, 이들은 언제나 일어나는 기적이자 신비일 뿐이다. 따라서 부족 이스라엘이 보여준 행동이 이스라엘의 기원에 특이점과 더 나아가 다른 세력과 뚜렷이 구별되는 특성을 부여하지는 않는다. 또한 이스라엘의 영속성과 저항이 서로 상반된 여러 방식으로 이루어졌어야만 한다는 초기 이스라엘의 비극적인 요소들도 이스라엘의 독특성을 보여주는 것이 아니다.

따라서 이스라엘의 기원은 초기 이스라엘이 강인한 민족의식, 공명정대한 사법제도, 윤리적 순수함, 불굴의 용기, 또는 종교적 신념으로 승화된 유일무이한 국가라는 개념에 종말을 고한다. 성서 시대의 관점에서 "초기 이스라엘"이라는 구분은 왕정제도 이전의 이스라엘과 군주제가 시행된 이후의 이스라엘 사이의 단순대비에서 비롯된 것이다. 이러한 구분 자체는 "왕정 이전 이스라엘"(premonarchic Israel)이라는 의미 외에는 특별한 다른 의미가 없다. 무엇보다 본서가 의도한 바와 같이, 초기 이스라엘을 지정학적 관점에서 이해하기 위해서는 이러한 시대적 구분을 한층 명확하게 설명해야할 필요가 있다. 더욱이 정확한 시대적 구분은 정치적 이스라엘이라는 개념의 구조와 본질을 처음으로 수용했던 부족들의 정치적 복잡성으로 우리를 바로 인도한다.

그렇다면 당시 이스라엘의 신앙은 어떠했을까? 초기 이스라엘 시대에 강화된 종교적 자의식이 히브리 경전들, 기독교 성서 그리고 유대교 탈무드의 형성을 가능하게 한 것은 아닐까? 초기 이스라엘에서 유래한 하나님의 천지창조와 초기 이스라엘의 하나님의 발견이 인간사에 새롭고 특별한 순간을 결정짓게 한 것은 아닐까? 경전들과 이들의 신학적 계시의 독특함을 이스라엘의 기원에서 찾는 것은 이들 모두를 역사의 영역에서 벗어나도록 하는 것이다. 또한 이러한 시도는 경전들과 이들에 내재된 신학적 계시들을 무의미한 것으로 만들뿐만 아니라 자기정당화를 위한 속임수에 더욱 손쉽게 이용 가능하게 하는 것이다. 경전들과 이들을 만들어낸 신앙 공동체의 독특함은 이스라엘의 기원 또는 경전상의 역사(scriptural history)의 어떤 특정 시기에 있는 것이 아니라,

이스라엘 초창기부터 오늘날까지 경전의 취지에 입각한 시대(scriptural period) 가운데 존재한다. 이들의 의미는 역사적 과정, 즉 오늘날 우리의 삶에 이들의 특별한 역할과 하나님에 대한 우리의 이해에 기여했던 모든 부분들로부터 분리될 수 없다.

성서의 정신은 한 부족의 풍조나 관습의 근저에서 솟아나는 것이 아니라, 매 세기마다 이스라엘과 유다의 예언자들이 영속시켰으며 성전의 저작물로 보존된, 그리고 이후 300년간 끊임없이 기억되고 환생되었던 성전국가에 대한 뿌리 깊은 비판의식과 신정론(theodicy)에서 기인한다. 심지어 특권적인 성직 제도에서도 나타나는 이러한 비판적인 견해는 이스라엘 부족의 정신으로 승화된 압제에 맞서는 놀라운 저항정신에 기초한다. 한편 이러한 저항의식은 여전히 지속되고 있으며, 이러한 정신은 생명력 있게 모든 시공간에 자리하고 있다. 이 정신은 특별한 형식을 가진 완벽한 본보기에 달려있지 않다. 히브리 경전을 만든 왕실과 성전의 성직자들 그리고 후대에 이들을 해석했던 회당과 교회의 성직자들에게는 J 문서에 나오는 성전국가에 대한 다윗의 준부족적(quasitribal) 무효화를 근거로 성전국가에 대한 비판의식을 성서의 핵심으로 유지해야하는 역사적 그리고 이념적 동기가 있었다. 적어도 기원전 6세기 초 예루살렘이 함락당한 시기와 90년 후 다윗 가문이 몰락했을 때는 성전국가에 대한 비판적 시각은 없었다.

이유가 무엇이든 이스라엘과 유다의 왕국들 그리고 페르시아의 식민지가 된 유다는 도저히 당해낼 수 없는 이들의 압제에 맞서는 비판적 저항과 타협하는 방안을 찾았다. 비록 이러한 경전의 특성은 비록 기원후 70년 성전이 파괴되자 성전에 보관된 경전이 사문화되기는 했지만, 한편으로 하나님의 정의는 성전국가의 경계에 제한되지 않고 능가한다는 경전상의 신앙이 미쉬나(Mishina)와 신약성서와 같은 새로운 경전들을 포함하는 유대교와 기독교의 형태 속에 유지되었음을 의미하였다. 따라서 팔레스틴 부족 조직들에서 완벽하지는 않지만 적용되고 실현되었던 국가의 절대적 주권에 대한 거부는 히브리 경전으로부터 전해 내려와 오늘날 신앙체계의 필수적인 구성요소로 존속하고 있다.[1]

역자서문

1. 성서의 역사성을 두고 벌어진 "맥시멀리스트"와 "미니멀리스트" 사이의 논쟁은 기본적으로 이스라엘 역사를·재구성하는데 성서의 자료적 가치와 고고학적 증거에 관련된 이해의 관점의 차이에서 기인한다. 간단히 말하면, 소위 "맥시멀리스트" 학자들은 고고학이 성서의 기록이 사실이 아님을 입증하지 않는 한 성서의 역사성을 당연하게 받아들이는 반면, "미니멀리스트" 학자들은 고고학적으로 성서의 역사적 기록이 입증되지 않는 경우에는 모든 성서의 기록들이 역사를 재구성하는 자료로 사용될 수 없다는 견해를 유지한다. 따라서 이 두 견해는 성서의 역사를 재구성하는 방법론과 자료에 대한 접근방법의 차이라 할 수 있다. 연대기적 측면에서 이들 두 견해가 충돌하는 시대는 주로 기원전 10세기부터 7세기까지의 성서역사(biblical history)와 관련되어 있다. 이와 관련한 논의는 다음을 참조하라: Philip Davies, "What Separates a Minimalist from a Maximalist? Not Much," *Biblical Archeology Review* 26, no 2 (March-April 2000).
2. J. Alberto Soggin, *Introduction to the History of Israel and Judah.* London: SCM, 1993; J. Alberto Soggin, *Israel in the Biblical Period. Institutions, Festivals, Ceremonies, Rituals.* transl. John Bowden; Edinburgh-New York: T & T Clark, 2001; William G. Dever, *What Did the Biblical Writers Know & When Did They Know It?: What Archaeilogy Can Tell Us about the Reality of Ancient Israel.* Grand Rapids: Wm. B. Eerdmans Publishing Co., 2001.
3. Alfred J. Hoerth, et al., eds. *Peoples of the Old Testament World.* Grand Rapids: Baker, 1994: J. Maxwell Miller, "Israelite history." In *The Hebrew Bible and Its Modern Interpreters,* D. Knight and G. Tucker, eds., Philadelphia: Fortress Press, 1985. 1-30; Miller, J. Maxwell, and John H. Hayes. *A History of Ancient Israel and Judah.* Philadelphia: Westminster Press, 1986.
4. Frank S. Frick, *The Formation of the State in Ancient Israel.* Sheffield: Almond Press, 1985; Niels P. Lemche, *Ancient Israel: A New History of*

Israelite Society. Sheffield: JSOT Press. 1988; Robert B. Coote, and Keith W. Whitelam. *The Emergence of Early Israel in Historical Perspective.* Sheffield: Almond Press, 1987; Philip R. Davies, *In Search of 'Ancient Israel': Can We Superimpose the Biblical Israel onto Iron Age Palestine?* Sheffield: JSOT Press, 1992; Thomas L. Thompson, *Early History of the Israelite People: From the Written and Archaeological Sources.* Leiden: Brill, 1992; Gösta W. Ahlström, *The History of Ancient Palestine from the Palaeolithic Period to Alexander's Conquest;* with a contribution by Gary O. Rollefson; Diana Edelman, ed., Sheffield: JSOT Press. 1993.

서 문

1. Robert B, Coote and Keith W. Whitelam, *The Emergence of Early Israel in Historical Perspectives.* Sheffield: Almond Press, 1987.
2. Robert B, Coote and David Robert Ord, *The Bible's First History.* Philadelphia: Fortress Press, 1989

서 론

1. Albrecht Alt, "The Settlement of the Israelites in Palestine," in *Essays on Old Testament History and Religion* (Garden City, N. Y.: Doubleday, 1968), 173-221. 더 자세한 논의는 다음의 책을 참조하라: Niels Peter Lemche, *Early Israel: Anthropological and Historical Studies on the Israelite Society Before the Monarchy* (Leiden: E. J. Brill, 1985), 35-48.
2. 본인은 이러한 반론이 그의 책, Norman Gottwald, *The Tribes of Yahweh: A Sociology of the Religion of Liberated Israel, 1250-1050* B.C.E. (Maryknoll, N. Y.: Orbis Books, 1979)의 핵심주제라고 생각하지만, 이 책에서 제기된 주장 자체가 관념적이라는 비판을 받고 있다. 수많은 비판자들은 이 같은 주장에 동의지만, 갓월드의 주장에 동정적인 견해를 피력한

많은 비평가들의 견해를 외면하지는 않는다. 갓월드의 주장에 대한 우호적인 견해를 파악하려면 *Journal of Biblical Literature* 103 (1984): 93에 소개된 마빈 채니의 서평을 참조하라. 갓월드의 보다 최근의 견해는 다음의 연구물에서 파악할 수 있다: Norman C. Gottwald, "Two Models for the Origins of Ancient Israel: Social Revolution or Frontier Development," in *The Quest for the Kingdom of God: Studies in Honor of George E. Mendenhall,* ed. H. B. Huffmon, F. A. Spina, and A. R. W. Green (Winona Lake, Ind.: Eisenbrauns, 1983), 5-24; "Religious Conversion and the Societal Origins of Ancient Israel," *Perspectives in Religious Studies* 15(1988): 49-65; "Israel's Emergence in Canaan: BR Interviews Norman Gottwald," *Bible Review* 5, no. 5 (October 1989): 2634; "The Exodus as Event and Process: A Test Case in the Biblical Grounding of Liberation Theology," in *The Future of Liberation Theology: Essays in Honor of Gustavo Gutierrez,* ed. Marc H. Ellis and Otto Maduro (Maryknoll, N.Y.: Orbis Books, 1989), 250-60; "Sociology of Ancient Israel" in the *Anchor Bible Dictionary*. ed. David Noel Freedman (6 vols.; New York: Doubleday, 1992), 79-88.

3. Albrecht Alt, "The Settlement of the Israelites in Palestine;" Martin Noth, *The History of Israel*, 2d ed. (N.Y.: Harper & Row, 1960), 1-163; George E. Mendenhall, "The Hebrew Conquest of Palestine," in *The Biblical Archaeologist* 25, no. 3 (September 1962),66-87; Norman K. Gottwald, *The Tribes of Yahweh.* 그렇다고 해서 이러한 견해들이나 이들 주장들 이면의 가정들을 견지하는 이들이 전혀 없다는 것은 아니다. 이들 견해들은 여전히 중요하게 여지고 있을 뿐만 아니라, 이들 견해를 형성하게 했던 사회정치적 상황들은 초기 이스라엘의 연구에 있어 여전히 영향력을 유지하고 있다. 대표적인 예로, 브라이언트 우드(Bryant Wood)의 "Did the Israelites Conquer Jericho? A New Look at the Archaeological Evidence," *Biblical Archaeology Review* 16, no. 2 (March/April 1990): 44-58 논문은 후기 청동기시대 여리고 정복에 대한 일반적인 견해를 수정하는데 중요한 학술적 기여를 한 매우 뛰어난 연구로서 미국의 대중매체에 큰 반향을 일으켰다. 미국의 대중들은 "만약 힉소스가 여리고를 파괴하지 않았고 그리고 이집트가 여리고를 파괴

하지 않았다면, 과연 누가 파괴했다는 것인가?" (p. 53)라는 우드가 제기한 핵심 질문에 동감하였다. "성서의 역사성을 입증하는 증거"는 미국 전역에서 각광을 받았으며 1940년대, 50년대, 60년대 이스라엘 기원에 대해 정복가설을 지지했던 미국과 이스라엘의 성서 고고학의 신보수주의적 (neoconservative) 가설들의 완고성을 예증하였다. 다른 학자들 역시 침공가설과 혁명가설을 여전히 그들의 핵심주장으로 수용하고 있다.

4. 이집트 신왕국의 연대기는 여전히 논쟁의 대상이 되고 있다. 본서에서는 대다수 역사학자들의 지지를 받고 있는 가장 최근에 제안된 연대기를 수용하였다.
5. *Early Israel,* 414.
6. *Oxford Bible Atlas,* 3d ed. (New York: Oxford University Press, 1984), *The Harper Atlas of the Bible* (New York: Harper & Row, 1987).

제 1 장

1. 이러한 조명의 목적은 본서가 다루는 시대에 존재했던 팔레스틴 사회 전체에 대한 본인의 가설을 보다 분명히 하기 위함이다. 더욱이 초기 "이스라엘인들"이 팔레스틴 지역의 다른 거주민들과 문화적으로 구별되지 않았기에, 이러한 묘사는 초기 이스라엘인들을 시초부터 한정된 문화적 상황에 두는 것이다. 서론에서 언급했듯이, 본 장은 초기 이스라엘의 정치적 본질을 이해하는 기본요소인 후기 청동기와 초기 철기시대의 팔레스틴 사회의 정치적 구조를 명확히 한다. 본장에서 제기되는 최고의 논쟁적인 문제는 초기 이스라엘 역사에서 나타난 계층갈등의 중요성이다. 대부분의 학자들은 여전히 계층갈등을 주요요인으로 여기지 않을 것이다. 반면에 본인은 농경사회의 근본 주제인 계층갈등이야말로 핵심적인 요인이라는 견해를 가지고 있으며, 그렇다고 해서 이 요인이 하나의 부족 세력과 군주국가로서 이스라엘의 출현을 야기한 역사적 변화상황을 전적으로 설명한다고는 생각하지 않는다.
2. Miriam Lichtheim, *Ancient Egyptian Literature.* Vol. 2; *The New Kingdom* (Berkeley: University of California Press, 1976), 170-71.

인용

3. 국가와 토지를 보유했던 귀족세력들 간에 벌어진 필연적인 충돌은 정치적 역동성 보다는 경쟁관계에 있던 라이벌에 따라 큰 차이가 있었을 것이다. 이러한 개념에 관해서는 다음을 참고하라: Chris Wickham, "The Uniqueness of the East," in *Europe and the Rise of Capitalism*, ed. Jean Baechler, John A. Hall, and Michael Mann (Cambridge, Mass.: Basil Blackwell, 1988), 66-100.

제 2 장

1. James B. Pritchard, ed., *Ancient Near Eastern Texts Relating to the Old Testament,* 2d ed. (Princeton: Princeton University Press, 1955), 237 (이하 약자 ANET로 명기).
2. *Ibid.,* 238.
3. *Ibid.,* 239.
4. *Ibid.,* 239.
5. 가나안은 팔레스틴과 레바논 남부 해안지대의 거주지로 간주되었다. 이집트인들은 가나안을 그들의 아시아 제국 영토 가운데 일부를 지칭하는 여러 명칭들 가운데 하나로 사용하였다. 이러한 의미로 보면, 이스라엘인들은 가나안인들이었다. 본서에서 본 저자는 가나안과 팔레스틴이 엄밀하게 동일한 의미가 아님에도 대다수의 학자들이 여전히 사용하고 있는 가나안이라는 용어 대신에 그곳의 영토, 주민, 문화를 지칭하는 팔레스틴이라는 용어를 사용한다. 그 이유는 매우 중요하다: 성서와 일반적인 영어 표현에서 "가나안"은 "이스라엘"의 반대개념, 즉 "이스라엘"의 생존을 방해했던 외국인들의 실체라는 의미를 내포하고 있어, 성서 이전 팔레스틴을 지칭하기 위해 가나안이라는 용어를 계속해서 사용하는 것은 성서이전 이스라엘이 당연히 팔레스틴 지역 이외에 다른 곳에 위치하였다는 오해를 불러일으킬 수 있는 문제점을 가지고 있다. 한편 일부 학자들은 이러한 처방이 더 큰 문제를 야기할 수도 있다고 주장할 것이다: 어떤 근거로 이스라엘들이 팔레스틴인들 이었다고 주장하는 것인가? 현대적 의미의 국가라는 범주를 차치하고, 본서에서 사용되는 팔레스틴이라는 용어는 독자들로 하여금 성서적

학술용어와 그것의 기저가 되는 이데올로기에 대한 확실한 학문적 성찰이 없이 막연한 추측에 의존하지 않도록 하는 이점이 있다. 본 논의와 관련한 학자들의 견해는 다음을 참조하라: Joe D. Seger in *Biblical Archaeology Today: Proceedings of the International Congress on Biblical Archaeology, Jerusalem, April 1984* (Jerusalem: Israel Exploration Society, 1985), 157-58, and Michael D. Coogan, in *Ancient Israelite Religion: Essays in Honor of Frank Moore Cross,* ed. Patrick D. Miller, Jr., Paul D. Hanson, and S. Dean McBride (Philadelphia: Fortress Press, 1987), 121 n. 5.

6. *ANET,* 485; William L. Moran, *Les lettres d'El Amarna: Correspondance diplomatique du pharaon* (Paris: Les Editions du Cerf. 1987), 560-61.
7. *ANET,* 247
8. Moshe Dothan, "Terminology for the Archaeology of the Biblical Periods," in *Biblical Archaeology Today: Proceedings of the International Congress on Biblical Archaeology, Jerusalem, April 1984* (Jerusalem: Israel Exploration Society, 1985), 139.
9. 이들 신전들, 특별히 이집트의 팔레스틴 지역 수도인 가자의 신전은 람세스 3세 이전에 축조되었던 것으로 보인다.

제 3 장

1. 중동지역의 지역정착 양식에 대한 연구는 초보단계에 있지만, 기록으로 남겨진 증거가 부족하거나 전무한 지역의 정착 상황과 요인들을 이해하는데 상당한 학문적 성과를 입증하고 있다. 점차 정착지 연구의 중요성이 더해지면서, 성서 역사학자들은 역사적 지리학의 다양한 양상들을 포함하는 성서시대의 역사에 대한 이해를 점차 넓혀가고 있다.
2. Rivka Gonen, "Urban Canaan in the Late Bronze Period," *Bulletin of the American Schools of Oriental Research* 253 (1984): 68.

제 4 장

1. 많은 초기 번역본에서 "가나안"으로 묘사된 이 용어는 요사이 가나안의 핵심도시인 가자를 지칭하는 것으로 간주되고 있다. 이러한 수정은 알스트롬(Ahlström)과 에델만(Edelman)이 수행한 메르넵타 본문 구조에 대한 흥미로운 연구를 무의미한 것으로 보이게 한다. 이들 학자들은 가나안과 이스라엘을 대조적인 실체로 대비시킨다. 이들의 연구에 대해서는 다음을 참조하라: Gösta W. Ahlström and Diana Edelman, "Merneptah's Israel," *Journal of Near Eastern Studies 44* (1985): 59; Gösta W. Ahlström, *Who Were the Israelites?* (Winona Lake, Ind.: Eisenbrauns, 1986), 37-45. 유르코(Yurco)는 "가나안"이라는 번역을 유지하고 있다: Frank Yurco, "3,200-Year-Old Picture of Israelites Found in Egypt." *Biblical Archaeology Review* 16, no. 5 (September/ October 1990): 20-38. 유르코의 중요한 이 논문은 논의의 중심에 자리하고 있다.
2. Michael E. Meeker, *Literature and Violence in North Arabia* (Cambridge: Cambridge University Press, 1979), 191.
3. *Ibid.*, 192.
4. *Ibid.*, 192.
5. 핑켈스타인은 개별 부족들을 언급하면서도 초기 이스라엘의 민족적 개념에 동의하는 것으로 보인다. 초기 이스라엘에 대한 이러한 개념은 민족적 동질성이라는 가정에 기초한 것으로, 실상 이러한 개념은 고대 농경사회 또는 국가체제 이전의 사회에 대한 연구에 부적절한 것임에도 불구하고 현대의 학문적 환경에서 배제하거나 대체시키기에는 상당한 어려움이 있다. 고대사회 연구에서 민족에 관한 개념에 대한 논의는 더 많은 연구가 필요하다. "이스라엘인들"이 샤슈이었을 리가 없다는 유르코의 주장은 "이스라엘인들"이 샤슈이었기도 하고 아니었을 것이라는 주장만큼이나 무의미한 것이다.
6. *ANET*, 254.
7. *Ibid.*, 254.
8. *Ibid.*, 248.
9. 크나우프도 유사한 견해를 제시하였다. Ernst Axel Knauf, *Midian:*

Untersuchungen zur Geschichte Palästinas und Nordarabiens am Ende des 2. Jahrtausends v. Chr. (Wiesbaden: Otto Harrassowitz, 1988), 97-99, 135-38.

10. Walter P. Zenner, "Aqiili Agha: The Strongman in the Ethnic Relations of the Ottoman Galilee," *Comparative Studies in Society and History* 14 (1972): 183.

제 5 장

1. "해양 족속들"이란 명칭은 무엇보다 동일한 출생지의 배경을 가진 집단들을 지칭하는 것으로 보인다. 일부 집단들은 동일한 언어와 관습을 공유했던 것으로 보이며, 이들은 동부 지중해 연안과 같은 이질적인 외국환경에서 현대적 의미의 민족적 정체성과 유사한 고유한 자신들만의 정체성을 구축하였을 것이다. 하지만 이들 각기 다른 "해양 족속들"은 고고학적 기록물에서 거의 구별되지 않는다는 사실에 주목할 필요가 있다.
2. Richmond Lattimore, *The Odyssey of Homer* (New York: Harper & Row, 1965), 217.
3. *ANET*, 262-63.
4. *Ibid.*, 262.
5. *Ibid.*, 262.
6. MycIIIC1b의 단일채색 도기에서 필리스틴의 2채색 도기로의 전환은 점진적으로 이루어졌으며, 도기의 수입을 중단하지 않으면서 동일한 외국인 집단이 지역의 단일채색 도기와 2채색 도기 모두를 제작하였다.
7. "해양 족속들"이 동쪽은 물론 서쪽으로도 이주하였기에, 이 도기는 멀리 사르디니아(Sardinia)와 시실리(Sicily)에서도 발견된다.
8. 일부지역에서는 필리스틴 도자기가 보다 일반적인 도기로 통용되었다. 텔 미크네(T. Miqneh)의 도자기 가마에서는 그 지역의 MycIIIC1b 도기가 전체 도자기의 2/3를 차지하였다. 참조, Trude Dothan, "Ekron of the Philistines: Part I: Where They Came From, How They Settled Down and the Place They Worshiped In," *Biblical Archaeology Review* 16, no. 1 (January/February 1990): 27.

인용

제 6 장

1. Israel Finkelstein, *The Archaeology of the Israelite Settlement* (Jerusalem: Israel Exploration Society, 1988), 15 n. 1.
2. Douglas L. Esse, "Review of Finkelstein, *The Archaeology of the Israelite Settlement*," *Biblical Archaeology Review* 14, no. 5 (September/October 1988): 12.
3. 여리고의 정착역사를 재검토하면서 제기한 브라이언트 우드(Bryant Wood)의 증거는 당연히 이러한 결론에 아무런 영향도 미치지 않는다: 서론의 인용 3번을 참조하라.
4. 참조 Adam Zertal, "Has Joshua's Altar Been Found on Mt. Ebal?" *Biblical Archaeology Review* 11, no. 1 (January/February 1985): 26-43; A. Kempinski, "Joshua's Altar-An Iron Age I Watchtower," *Biblical Archaeology Review* 12, no. 1 (January/February 1986): 42, 44-49; Zertal, "How Can Kempinski Be So Wrong?" *Biblical Archaeology Review* 12, no. 1 (January/February 1986): 43, 49-53; William G. Dever, "The Contribution of Archaeology to the Study of Canaanite and Early Israelite Religion," in *Ancient Israelite Religion: Essays in Honor of Frank Moore Cross*, ed. Patrick D. Miller, Jr., Paul D. Hanson, and S. Dean McBride (Philadelphia: fortress Press, 1987), 233, 245 n. 66. 가능성 있는 성소를 둘러싼 유사한 해석의 문제에 대해서는 다음을 참조하라: Amihai Mazar, "The 'Bull Site'-An Iron Age I Open Cult Place," *Bulletin of the American Schools of Oriental Research* 247 (1982): 27-42.이 지역의 "이스라엘"의 특성에 대해 마이클 쿠간(Michael Coogan)은 *Palestine Exploration Quarterly* 119 (1987): 1-8에서 의문을 제기하였다. 쿠간의 견해에 대한 반론들은 다음을 참조하라: Amihai Mazar, "On Cult Places and Early Israelites: A Response to Michael Coogan," *Biblical Archaeology Review* 15, no. 4 (July/ August 1988): 45: R. Wenning and E. Zenger, "Ein bäuerliches Baal-Heiligtum im samarischen Gebirge aus der Zeit der Anfange Israels," *Zeitschrift des Deutschen Palästina-Vereins* 102 (1986): 75-86.

제 7 장

1. 새로운 고고학적 자료가 발견되기 전까지 초기 이스라엘에 대한 여러 문제들이 어느 정도 결론에 도달하였다고 말할 수 있지만, 초기 이스라엘에 대해 성서가 이야기하고 있는 내용들의 기원과 관련된 쟁점들은 그 어느 때보다도 더욱 뜨거운 논쟁의 대상이 되고 의견의 불일치를 보일 것이다. 본 장에서는 이 문제에 관한 본 저자의 견해를 간략하게 소개하였으며, 보다 자세한 내용들은 참고문헌에 소개한 본인의 연구결과에서 제시되어 있다.
2. 이스라엘의 형성과정에서 낙타의 가축화에 대한 논의는 초기 이스라엘을 이해하는데 있어 새로운 차원의 통찰력을 제공하고 있다. 이와 관련한 대표적인 연구는 H. Keith Beebe, "The Dromedary Revolution," Occasional Papers of The Institute for Antiquity and Christianity, 18 (Claremont, Calif.: The Institute for Antiquity and Christi1990)에서 살펴볼 수 있지만, 본서에 적용하기에는 늦게 출판되어 참조하지 못했다.
3. Daniel Bates and Amal Rassam, *Peoples and Cultures of the Middle East* (Englewood Cliffs, N.J.: Prentice-Hall, 1983), 264.
4. 일부 지명은 이러한 호칭들에 나오는 "바알"을 "주" 야훼를 언급하는데 사용한다.
5. 바르실래라는 이름을 가진 이들 두 명의 인물은 일반적으로 다른 사람들로 취급되지만, 동일인으로 보인다.

제 8 장

1. 최종 형태의 기독교 경전과 유대교 경전 형성과정에 대한 간략한 개관은 다음을 참고하라: Robert B. Coote and Mary P. Coote, *Power, Politics, and the Making of the Bible: An Introduction* (Minneapolis: Fortress Press, 1990).

참고문헌

여기에 소개된 문헌들 외에도 더 많은 최근 참고문헌들 특별히 핑켈스타인의 연구물은 독자들로 하여금 보다 깊이 있는 연구를 하도록 인도할 것이다. 몇몇 문헌들은 여러 장에 걸쳐 중복되어있다.

학술지

아래의 학술지들은 초기 이스라엘과 관련된 최신 논문들이 수록되어 있다.

Biblical Archaeologist.

Biblical Archaeology Review.

Bulletin of the American Schools of Oriental Research.

Israel Exploration Journal.

Zeitschrifi des Deutschen Palästina Vereins.

제 1 장

Baly, Denis, *Basic Biblical Geography.* Philadelphia: Fortress Press, 1987.

Bates, Daniel G., and Rassam, Amal. *Peoples and Cultures of the Middle East.* Englewood Cliffs, N.J.: Prentice-Hall, 1983.

Borowski, Oded. *Agriculture in Iron Age Israel.* Winona Lake, Ind.: Eisenbrauns, 1987.

Dalman, Gustav. *Arbeit und Sitte in Palistina.* 7 vols. 1928-1942. Reprint. Hildesheim: 1964-1971.

Eickelman, Dale F. *The Middle East: An Anthropological Approach.* Englewood Cliffs, N. J.: Prentice-Hall, 1981.

Gottwald, Norman K. "The Israelite Settlement as a Social Revolutionary Movement." In *Biblical Archaeology Today: Proceedings of the International Congress on Biblical Archaeology, Jerusalem, April* 1984. Jerusalem: Israel Exploration Society, 1985.

Grant, Elihu. *The Peasantry of Palestine: The Life, Manners and Customs of the Village.* Boston: The Pilgrim Press, 1907.

Kautsky, John H. *The Politics of Aristocratic Empires.* Chapel Hill: University of North Carolina Press, 1982.

Lemche, Niels Peter. *Early Israel: Anthropological and Historical Studies on the Israelite Society Before the Monarchy.* Leiden: E. J. Brill, 1985.

Lenski, Gerhard E. *Power and Privilege: A Theory of Social Stratification.* Chapel Hill: University of North Carolina Press, 1984.

Matthews, Victor H. *Manners and Customs in the Bible.* Peabody, Mass.: Hendrickson Publishers, 1988.

Paul, Shalom M., and Dever, William G., eds. *Biblical Archaeology.* New York: Quadrangle/The New York Times, 1974.

Pritchard, James B., ed. *Ancient Near Eastern Texts Relating to the Old Testament,* 3d ed. Princeton: Princeton University Press, 1969.

제 2 장

Aharoni, Yohanan. *The Land of the Bible: A Historical Geography,* rev. ed. Philadelphia: Westminster Press, 1979.

Bienkowski, Piotr. "Prosperity and Decline in LBA Canaan: A Reply to Liebowitz and Knapp." *Bulletin of the American Schools of Oriental Research* 275 (1989): 59-63.

Bryce, Trevor R. "The Boundaries of Hatti and Hittite Border Policy." *Tel Aviv* 13-14 (1986-87): 85-102.

The Cambridge Ancient History, 3d ed. Vol. 2, Part 2, *History of the Middle East and the Aegean Region c. 1380-1000* B.C. Edited by I. E. S. Edwards, et al. Cambridge: Cambridge University Press, 1975.

Chaney, Marvin L. "Ancient Palestinian Peasant Movements and the Formation of Premonarchic Israel." In *Palestine in Transition: The Emergence of Ancient Israel,* ed. David Noel Freedman and David Frank Graf. Sheffield: Almond Press, 1983.

Gorg, Manfred. *Beitrage zur Zeitgeschichte der Anflinge Israels: Dokumente, Materialien, Notizen.* Wiesbaden: Harrassowitz, 1989.

Gottwald, Norman K. *The Tribes of Yahweh: A Sociology of the Religion of*

Liberated Israel, 1250-1050 B.C.E. Maryknoll, N.Y.: Orbis Books, 1979.

Halpern, Baruch. *The Emergence of Israel in Canaan.* Chico, Calif.: Scholars Press, 1983.

James, T. G. H. *Pharaoh's People: Scenes from Life in Imperial Egypt.* Chicago: University of Chicago Press, 1984.

Kenyon, Kathleen M. *The Bible and Recent Archaeology,* rev. ed., ed. P. R. S. Moorey. Atlanta: John Knox Press, 1987.

Kitchen, K. A. *Pharaoh Triumphant: The Life and Times of Ramses II.* London: Aris and Phillips, 1982.

Knapp, A. Bernard. *The History and Culture of Ancient Western Asia and Egypt.* Chicago: The Dorsey Press, 1988.

______. "Response: Independence, Imperialism, and the Egyptian Factor." *Bulletin of the American Schools of Oriental Research* 275 (1989): 64-68.

Leonard, Albert, Jr. "The Late Bronze Age." *Biblical Archaeologist* 52 (1989): 4-39.

Liebowitz, Harold. "Response: LB IIB Ivories and the Material Culture of the Late Bronze Age." *Bulletin of the American Schools of Oriental Research* 275 (1989): 63-64.

Moran, William L. *Les lettres d'EI Amarna: Correspondance diplomatique du pharaon.* Paris: Les Editions du Cerf, 1987.

Na'aman, Nadav. "Habiru and Hebrews: The Transfer of a Social Term to the Literary Sphere." *Journal of Near Eastern Studies* 45 (1986): 271-88.

Newby, P. H. *Warrior Pharaohs: The Rise and Fall of the Egyptian Empire.* London: Faber & Faber, 1980.

O'Connor, David. "New Kingdom and Third Intermediate Period, 1552-664 B.C." In *Ancient Egypt: A Social History*, ed. B. G. Trigger, B. J. Kemp, D. O'Connor, and A. B. Lloyd. Cambridge: Cambridge University Press, 1983.

Oren, Eliezer. "Governor's Residencies in Canaan under the New Kingdom: A Case Study of Egyptian Administration." *Journal of the Society for the*

Study of Egyptian Antiquities 14 (1984): 37-56.

Pritchard, James B., ed., *Ancient Near Eastern Texts Relating to the Old Testament*, 3d ed. Princeton: Princeton University Press, 1969, 199-203, 234-63.

______, ed. *The Harper Atlas of the Bible.* New York: Harper & Row, 1987.

Rainey, Anson, ed. *Egypt, Israel, Sinai: Archaeological and Historical Relations in the Biblical Period.* Tel Aviv: Tel Aviv University, 1987.

Redford, Donald B. "The Ashkelon Relief at Karnak and the Israel Stela." *Israel Exploration Journal* 36(1986): 188-200.

______. "The Relations Between Egypt and Israel from El-Amarna to the Babylonian Conquest." In *Biblical Archaeology Today: Proceedings of the International Congress on Biblical Archaeology, Jerusalem, April* 1984. Jerusalem: Israel Exploration Society, 1985.

Singer, Itamar. "Merneptah's Campaign to Canaan and the Egyptian Occupation of the Southern Coastal Plain of Palestine in the Ramesside Period." *Bulletin of the American Schools of Oriental Research* 269 (1988): 1-10.

Weinstein, James M. "The Egyptian Empire in Palestine: A Reassessment." *Bulletin of the American Schools of Oriental Research* 241 (1981): 1-28.

제 3 장

Bienkowski, Piotr. *Jericho in the Late Bronze Age.* Warminster: Aris & Phillips, 1986.

Coote, Robert B., and Whitelam, Keith W. *The Emergence of Early Israel in Historical Perspective.* The Social World of Biblical Antiquity 5. Sheffield: Almond Press, 1987.

Gal, Zvi. "The Late Bronze Age in Galilee: A Reassessment." *Bulletin of the American Schools of Oriental Research* 272 (1988): 79-84.

______. "Kirbet Ros Zayit-Biblical Cabul." *Biblical Archaeologist* 53 (1990): 88-97.

Gonen, Rivka. "Urban Canaan in the Late Bronze Period." *Bulletin of the*

American Schools of Oriental Research 253 (1984): 61-73.

Marfoe, Leon. "The Integrative Transformation: Patterns of Sociopolitical Organization in Southern Syria." *Bulletin of the American Schools of Oriental Research* 234 (1979): 1-42, 84.

Sauer, James A. "Transjordan in the Bronze and Iron Ages: A Critique of Glueck's Synthesis." *Bulletin of the American Schools of Oriental Research* 263 (1986): 1-26.

Wood, Bryant G. "Did the Israelites Conquer Jericho? A New Look at the Archaeological Evidence." *Biblical Archaeology Review* 16, no. 2 (March/April 1990): 44-58.

제 4 장

Abu-Husayn, Abdul-Rahim. *Provincial Leaderships in Syria 1575-1650.* Syracuse, N. Y.: Syracuse University Press, 1986.

Abu-Lughod, Lila. *Veiled Sentiments: Honor and Poetry in a Bedouin Society.* Berkeley: University of California Press, 1986.

Ahlstrom, Gosta W. *Who Were the Israelites?* Winona Lake, Ind.: Eisenbrauns, 1986.

Bates, Daniel G., and Rassam, Amal. *Peoples and Cultures of the Middle East.* Englewood Cliffs, N.J.: Prentice-Hall, 1983.

Betts, Alison. "The Solubba: Nonpastoral Nomads in Arabia." *Bulletin of the American Schools of Oriental Research* 274 (1989): 61-69.

Coote, Robert B. "The Meaning of the Name Israel." *Harvard Theological Review* 65 (1972): 137-42.

Eickelman, Dale F. *The Middle East: An Anthropological Approach.* Englewood Cliffs, N.J.: Prentice-Hall, 1981.

Finkelstein, Israel. *The Archaeology of the Israelite Settlement.* Jerusalem: Israel Exploration Society, 1988.

Freedman, David Noel, and Graf, David Frank, eds., *Palestine in Transition: The Emergence of Ancient Israel.* The Social World of Biblical Antiquity

2. Sheffield: Almond Press, 1983.

Gottwald, Norman K. "The Israelite Settlement as a Social Revolutionary Movement." *In Biblical Archaeology Today: Proceedings of the International Congress on Biblical Archaeology, Jerusalem, April 1984.* Jerusalem: Israel Exploration Society, 1985.

Kamp, Kathryn A., and Yoffee, Norman. "Ethnicity in Ancient Western Asia During the Early Second Millennium B.C.: Archaeological Assessments and Ethnoarchaeological Prospectives." *Bulletin of the American Schools of Oriental Research* 237 (1980): 85-104.

Kelly, Raymond C. *The Nuer Conquest: The Structure and Development of an Expansionist System.* Ann Arbor: University of Michigan Press, 1985.

Knauf, Ernst Axel. *Ismael: Untersuchungen zur Geschichte Palästinas und Nordarabiens im 1. Jahrtausend v. Chr.* Wiesbaden: Otto Harrassowitz, 1985.

______. *Midian: Untersuchungen zur Geschichte Palästinas und Nordarabiens am Ende des 2. Jahrtausends v. Chr.* Wiesbaden: Otto Harrassowitz, 1988.

Kochavi, Moshe. "The Israelite Settlement in Canaan in the Light of Archaeological Surveys." In *Biblical Archaeology Today: Proceedings of the International Congress on Biblical Archaeology, Jerusalem, April 1984.* Jerusalem: Israel Exploration Society, 1985.

Lemche, Niels Peter. *Early Israel: Anthropological and Historical Studies on the Israelite Society before the Monarchy.* Leiden: E. J. Brill, 1985.

Martin, James D. "Israel as a Tribal Society." In *The World of Ancient Israel: Sociological, Anthropological and Political Perspectives.* Cambridge: Cambridge University Press, 1989.

Mayerson, Philip. "Saracens and Romans: Micro-Macro Relationships." *Bulletin of the American Schools of Oriental Research* 274 (1989): 71-79.

Mazar, Amihai. "The Israelite Settlement in Canaan in the Light of Archaeological Excavation." In *Biblical Archaeology Today: Proceedings of the International Congress on Biblical Archaeology, Jerusalem, April 1984*. Jerusalem: Israel Exploration Society, 1985.

Mazar, Benjamin, ed. *The World History of the Jewish People Vol. 2: Patriarchs*. Tel Aviv; Massada, 1970.

______, ed. *The World History of the Jewish People Vol. 3: Judges*. Tel Aviv: Massada, 1971.

Meeker, Michael E. *Literature and Violence in North Arabia*. Cambridge: Cambridge University Press, 1979.

Mendenhall, George E. *The Tenth Generation*. Baltimore: Johns Hopkins University Press, 1973.

Miller, J. Maxwell. "Old Testament History and Archaeology." *Biblical Archaeologist* 50 (1987): 55-63.

Redford, Donald B. "The Ashkelon Relief at Karnak and the Israel Stela." *Israel Exploration Journal* 36 (1986): 188-200.

Rosen, Steven A. "Finding Evidence of Ancient Nomads." *Biblical Archaeology Review* 14, no. 5 (September/October 1988): 46-53.

Rowton, Michael B. "Autonomy and Nomadism in Western Asia." *Orientalia* 42 (1973): 247-58.

_______. "Urban Autonomy in a Nomadic Environment." *Journal of Near Eastern Studies* 32 (1973): 201-15.

_______. "Dimorphic Structure and the Tribal Elite." *Al-Bahit: Festschriftjoseph Henninger, Studia Instituti Anthropos* 28 (1976): 219-57.

_______. "Dimorphic Structure and the Parasocial Element." *Journal of Near Eastern Studies* 36 (1977): 181-98.

Sharon, Moshe. "The Political Role of the Bedouins in Palestine in the Sixteenth and Seventeenth Centuries." In *Studies on Palestine During the Ottoman Period,* ed. M. Ma'oz. Jerusalem: Magnes Press, 1975.

Shepherd, Naomi. "Feudal Palestine: Akil Aga." In *The Zealous Intruders: The Western Rediscovery of Palestine*. San Francisco: Harper & Row, 1987.

Stager, Lawrence E. "Merneptah, Israel and Sea Peoples: New Light on an Old

Relief." *Eretz Israel* 18 (1985): 56-64.

Yurco, Frank. "3,200-Year-Old Picture of Israelites Found in Egypt." *Biblical Archaeology Review* 16, no. 5 (September/October 1990): 20-38.

Zenner, Walter P. "Aqiili Agha: The Strongman in the Ethnic Relations of the Ottoman Galilee." *Comparative Studies in Society and History* 14 (1972): 169-88.

제 5 장

Artzy, Michal. "On Boats and Sea Peoples." *Bulletin of the American Schools of Oriental Research* 266 (1987): 75-84.

Barag, Dan. "Survey of Pottery Recovered from the Sea off the Coast oflsrael." *Israel Exploration Journal* 13 (1963): 13-19, plate v.

Brug, J. F A *Literary and Archaeological Study of the Philistines.* B.A.R. International Series 265. Oxford: B.A.R., 1985.

Dothan, Moshe. "Ashdod at the End of the Late Bronze Age and the Beginning of the Iron Age." In *Symposia Celebrating the SeventyFifth Anniversary of the Founding of the American Schools of Oriental Research (1900-1975),* ed. Frank Moore Cross. Cambridge: American Schools of Oriental Research, 1979.

Dothan, Trude. "The Philistines Reconsidered." In *Biblical Archaeology Today: Proceedings of the International Congress on Biblical Archaeology, Jerusalem, April 1984.* Jerusalem: Israel Exploration Society, 1985.

______. "Ekron of the Philistines, Part I: Where They Came From, How They Settled Down and the Place They Worshiped In." *Biblical Archaeology Review* 16, no. 1 (January/February 1990): 26-36.

______, and Gitin, Seymour. "Ekron of the Philistines: How They Lived, Worked and Worshiped for Five Hundred Years." *Biblical Archaeology Review* 16, no. 1 (January/February 1990): 20-25.

Gitin, Seymour, and Dothan, Trude. "The Rise and Fall of Ekron of the Philistines: Recent Excavations at an Urban Border Site." *Biblical*

Archaeologist 50 (1987): 197-222.

Karageorghis, Vassos. "Exploring Philistine Origins on the Island of Cyprus." *Biblical Archaeology Review* 10, no. 2 (March/ April 1984): 16-28.

Lattimore, Richmond. *The Odyssey of Homer.* New York: Harper & Row, 1965.

Mazar, Amihai. "The Emergence of the Philistine Material Culture." *Israel Exploration Journal* 35 (1985): 95-107.

Muhly, James D. "How Iron Technology Changed the Ancient World and Gave the Philistines a Military Edge." *Biblical Archaeology Review* 6, no. 6 (November/December 1982): 40-54.

Raban, Avner. "The Harbor of the Sea Peoples at Dor." *Biblical Archaeologist* 50 (1987): 118-26.

Sandars, Nancy K. *The Sea Peoples: Warriors of the Ancient Mediterranean,* rev. ed. London: Thames and Hudson, 1985.

Strange, John. "The Transition from the Bronze Age to the Iron Age in the Eastern Mediterranean and the Emergence of the Israelite State." *Scandinavian Journal of the Old Testament* 1 (1987): 1-19.

Tadmor, Hayim. "The Decline of Empires in Western Asia ca. 1200 B.C.E." In *Symposia Celebrating the Seventy-Fifth Anniversary of the Founding of the American Schools of Oriental Research,* ed. Frank Moore Cross. Cambridge: ASOR, 1979.

Waldbaum, Jane C. *From Bronze to Iron: The Transition from the Bronze Age to the Iron Age in the Eastern Mediterranean.* Goteburg: Paul Astroms Forlag, 1978.

Wood, Michael. *In Search of the Trojan War.* New York: Facts on File, 1985.

Yoffee, Norman, and Cowgill, George L., eds. *The Collapse of Ancient States and Civilizations.* Tucson: University of Arizona Press, 1988

제 6 장

Boling, Robert G., and Campbell, Edward E, Jr. "Jeroboam and Rehoboam at Shechem." In *Archaeology and Biblical Interpretation: Essays in*

Memory of D. Glenn Rose, ed. Leo G. Perdue, Lawrence E. Toombs, and Gary L. Johnson. Atlanta: John Knox Press, 1987.

Callaway, Joseph A. "A Visit with Ahilud." *Biblical Archaeology Review* 9, no. 5 (September/October 1983): 42-53.

Coote, Robert B. "Settlement Change in Early Iron Age Palestine" (with response by David C. Hopkins). In *Early Israelite Agriculture: Reviews of David C. Hopkins' Book The Highlands of Canaan,* ed. Oystein Sakala La Bianca and David C. Hopkins *Occasional Papers of the Institute of Archaeology, Andrews University,* 1 (Berrien Springs, Mich.: Andrews University Press, 1988) 17-27.

______, and Whitelam, Keith W. "The Emergence of Israel: Social Transformation and State Formation Following the Decline in LBA Trade." *Semeia* 37 (1986): 107-47.

Currid, John D., and Gregg, Jeffrey L. "Why Did the Early Israelites Dig All Those Pits?" *Biblical Archaeology Review* 14, no. 5 (September/October 1988): 54-57.

______, and Navon, Avi. "Iron Age Pits and the Lahav (Tell Halif) Grain Storage Project." *Bulletin of the American Schools of Oriental Research* 273 (1989): 67-78.

Dever, William G. "The Contribution of Archaeology to the Study of Canaanite and Early Israelite Religion." In *Ancient Israelite Religion: Essays in Honor of Frank Moore Cross,* ed. Patrick D. Miller, Jr., et al. Philadelphia: Fortress Press, 1987.

______. *Recent Archaeological Discoveries and Biblical Research.* Seattle: University of Washington Press, 1990.

Edens, Christopher. Review of *The Emergence of Early Israel in Historical Perspective* by R. Coote and K. Whitelam; and of *The Archaeology of the Israelite Settlement* by I. Finkelstein. In *American Journal of Archaeology* 93(1989): 289-92.

Esse, Douglas L. Review of *The Archaeology of the Israelite Settlement* by I.

Finkelstein. In *Biblical Archaeology Review* 14, no. 5 (September/October 1988): 6-12.

Finkelstein, Israel. "Arabian Trade and Socio-Political Conditions in the Negev in the Twelfth-Eleventh Centuries B.C.E." *Journal of Near Eastern Studies* 47 (1988): 241-52.

______. *The Archaeology of the Israelite Settlement.* Jerusalem: Israel Exploration Society, 1988.

______. "Searching for Israelite Origins." *Biblical Archaeology Review* 14, no. 5 (September/October 1988): 34-45.

Frick, Frank S. "Ecology, Agriculture and Patterns of Settlement." In *The World of Ancient Israel: Sociological, Anthropological and Political Perspectives,* ed. R. E. Clements. Cambridge: Cambridge University Press, 1989.

______. *The Formation of the State in Ancient Israel,* The Social World of Biblical Antiquity Series 4. Sheffield: Almond Press, 1985.

______. "Israelite State Formation in Iron I." In *Archaeology and Biblical Interpretation: Essays in Memory of D. Glenn Rose,* ed. Leo G. Perdue, Lawrence E. Toombs, and Gary L. Johnson. Atlanta: John Knox Press, 1987.

Fritz, Volkmar. "Conquest or Settlement? The Early Iron Age in Palestine." *Biblical Archaeologist* 50 (1987): 84-100.

Greenberg, Raphael. "New Light on the Early Iron Age at Tell Beit Mirsim." *Bulletin of the American Schools of Oriental Research* 265 (1987): 55-80.

Hesse, Brian. "Animal Use at Tel Miqne-Ekron in the Bronze Age and Iron Age." *Bulletin of the American Schools of Oriental Research* 264 (1986): 17-27..

Hopkins, David C. *The Highlands of Canaan.* Decatur and Sheffield: Almond Press, 1985.

______. "Life on the Land: The Subsistence Struggles of Early Israel" *Biblical Archaeologist* 50 (1987): 178-91.

Knauf, Ernst Axel. *Midian: Untersuchungen zur Geschichte Palästinas und*

Nordarabiens am Ende des 2. Jahrtausends v. Chr. Wiesbaden: Harrassowitz, 1988.

Kochavi, Moshe. "The Israelite Settlement in Canaan in the Light of Archaeological Surveys." In *Biblical Archaeology Today: Proceedings of the International Congress on Biblical Archaeology, Jerusalem, April* 1984. Jerusalem: Israel Exploration Society, 1985.

London, Gloria. "A Comparison of Two Contemporaneous Lifestyles of the Late Second Millennium B.C." *Bulletin of the American Schools of Oriental Research* 273 (1989): 37-55.

Loretz, Oswald. *Habiru-Hebräer: Eine sozio-linguistische Studie uber die Herkunft des Gentiliziums 'ibri vom Appellativum habiru.* Berlin: Walter de Gruyter, 1984.

Mazar, Amihai. "Bronze Bull Found in Israelite 'High Place' from the Time of the Judges." *Biblical Archaeology Review* 9, no. 5 (September/October 1983): 34-40.

______. "The 'Bull Site'-An Iron Age I Open Cult Place." *Bulletin of the American Schools of Oriental Research* 247 (1982): 27-42.

______. "The Israelite Settlement in Canaan in the Light of Archaeological Excavations." In *Biblical Archaeology Today: Proceedings of the International Congress on Biblical Archaeology, Jerusalem, April 1984.* Jerusalem: Israel Exploration Society, 1985.

Meyers, Carol. "Of Seasons and Soldiers: A Topographical Appraisal of the Premonarchic Tribes of Galilee." *Bulletin of the American Schools of Oriental Research* 252 (1983): 47-59.

Miller, Maxwell, and Hayes, John H. *A History of Ancient Israel and Judah.* Philadelphia: Westminster Press, 1986.

Otto, Eckart. "Israels Wurzeln in Kanaan: Auf dem Weg zu einer neuen Kultur- und Sozialgeschichte des antiken Israels." *Theologische Revue* 85, no. 1 (1989): 3-10.

Rainey, Anson E "Biblical Archaeology Yesterday (and Today)." *Bulletin of the*

American Schools of Oriental Research 273 (1989): 87-96.

Shiloh, Yigal. "The Casemate Wall, the Four Room House, and Early Planning in the Israelite City." *Bulletin of the American Schools of Oriental Research* 268 (1987): 3-15.

Stager, Lawrence E. "The Archaeology of the Family in Ancient Israel." *Bulletin of the American Schools of Oriental Research* 260 (1985): 135.

______. "The Song of Deborah-Why Some Tribes Answered the Call and Others Did Not." *Biblical Archaeology Review* 15, no. 1 (January/February 1989): 50-64.

Zertal, Adam. "How Can Kempinski Be So Wrong?" *Biblical Archaeology Review* 12, no. 1 (January/February 1986): 43, 49-53.

제 7 장

Bynum, David E. "Samson as a Biblical phēr oreskǭos." In Susan Niditch, ed., *Text and Tradition: The Hebrew Bible and Folklore,* Semeia Studies. Atlanta: Scholars Press, 1990.

Chaney, Marvin L. "Joshua." In *The Books of the Bible,* vol. 1. New York: Scribner's, 1989.

Coote, Robert B. *The Elohist: In Defense of Revolution.* Minneapolis: Fortress Press, 1991.

______, and Ord, David R. *The Bible's First History.* Philadelphia: Fortress Press, 1989.

Finkelstein, Israel. "The Emergence of the Monarchy in Israel: The Environmental and Socio-Economic Aspects." *Journal for the Study of the Old Testament* 44 (1989): 43-74.

Flanagan, James w. "Chiefs in Israel." *Journal for the Study of the Old Testament* 20 (1981): 47-73.

______. *David's Social Drama: A Hologram of Israel's Early Age,* The Social World of Biblical Antiquity 7. Sheffield: Sheffield Academic Press, 1989.

Frick, Frank S. "Israelite State Formation in Iron I." In *Archaeology and Biblical Interpretation: Essays in Memory of D. Glenn Rose,* ed. Leo G. Perdue, Lawrence E. Toombs, and Gary L. Johnson. Atlanta: John Knox Press, 1987.

Halpern, Baruch. *The First Historians: The Hebrew Bible and History.* San Francisco: Harper & Row, 1988.

Haver, Christian E., Jr. "David and the Levites." *Journal for the Study of the Old Testament* 23 (1982): 33-54.

Levenson, Jon D., and Halpern, Baruch. "The Political Import of David's Marriages." *Journal of Biblical Literature* 99 (1980): 507-18.

McCarter, P. Kyle, Jr. "The Historical Abraham." *Interpretation* 42 (1988): 341-52.

______. "The Historical David." *Interpretation* 40 (1986): 117-29.

______. "The Patriarchal Age: Abraham, Isaac and Jacob." In *Ancient Israel: A Short History from Abraham to the Roman Destruction of the Temple,* ed. Hershel Shanks. Washington, D.C.: Biblical Archaeology Society; Englewood Cliffs, N.J.: Prentice-Hall, 1988.

Miller, J. Maxwell, and Hayes, John H. *A History of Ancient Israel and Judah.* Philadelphia: Westminster Press, 1986.

Olyan, Saul. "Zadok's Origins and the Tribal Politics of David." *Journal of Biblical Literature* 101 (1982): 177-93.

Stager, Lawrence E. "The Song of Deborah-Why Some Tribes Answered the Call and Others Did Not." *Biblical Archaeology Review* 15, no. 1 (January/February 1989): 50-64.

Whitlam, Keith W. "The Defense of David." *Journal for the Study of the Old Testament* 29 (1984): 61-87.

______. "The Symbols of Power: Aspects of Royal Propaganda in the United Monarchy." *Biblical Archaeologist* 49 (1986): 166-73.

제 8 장

Coogan, Michael David. "Canaanite Origins and Lineage: Reflections on the Religion of Ancient Israel." In *Ancient Israelite Religion: Essays in Honor of Frank Moore Cross,* ed. Patrick D. Miller, Jr., et al. Philadelphia: Fortress Press, 1987.

Coote, Robert B., and Coote, Mary P. *Power, Politics, and the Making of the Bible.* Minneapolis: Fortress Press, 1990.

Garbini, Giovanni. *History and Ideology in Ancient Israel.* New York: Crossroad, 1988.

초기이스라엘 이해의 새로운지평

2011년 1월 20일 | 초판1쇄 인쇄
2011년 1월 25일 | 초판1쇄 발행

옮긴이 | 정희원
펴낸이 | 신일희
펴낸곳 | 계명대학교출판부
704-701 대구시 달서구 달구벌대로 2800
전화 053-580-6233 팩스 053-583-5213
http://www.kmupress.com

등 록 | 1970. 9. 1. (신고번호 제347-1998-1호)

ISBN 978-89-7585-527-6

값 14,000원